思念集

贾植芳先生
诞辰百年纪念

张业松 编　杨斌华 策划

上海书店出版社
SHANGHAI BOOKSTORE PUBLISHING HOUSE

图书在版编目(CIP)数据

思念集:贾植芳先生诞辰百年纪念/张业松编.—
上海:上海书店出版社,2016.6
ISBN 978 - 7 - 5458 - 1292 - 3

Ⅰ.①思… Ⅱ.①张… Ⅲ.①贾植芳(1919—2008)
-纪念文集 Ⅳ.①K825.6 - 53

中国版本图书馆 CIP 数据核字(2016)第 138040 号

策　　划　杨斌华
责任编辑　杨柏伟　邢　侠
美术编辑　郦书径
技术编辑　吴　放
摄　　影　沈建中

思念集:贾植芳先生诞辰百年纪念
张业松　编
上海世纪出版股份有限公司
上海書店 出版社
(200001　上海福建中路 193 号　www.ewen.co)
上海世纪出版股份有限公司发行中心
上海商务联西印刷有限公司印刷
开本 710×1000　1/16　印张 20.5　字数 290,000
2016 年 6 月第 1 版　2016 年 6 月第 1 次印刷
ISBN 978 - 7 - 5458 - 1292 - 3/K·231
定价 70.00 元

目 录

为贾植芳祝寿

何满子

　　贾植芳兄今年89周岁,按中国习惯,以虚龄办寿庆,应该祝贺他的九旬大庆。去年几个老朋友祝贺他的生日聚会时,便有人怂恿我作一篇为他90大庆的祝寿辞。这文章很难写,他这90年不仅是风风雨雨,而且经历的是严霜烈日。说实话,老贾能顶住一次又一次的摧折和磨难,坚强而又皎洁地挺存到今天,绝非常人所能办到。他的一生就是一部悲壮的史诗。如果祝寿辞不是一篇虚应故事、以华美的词藻编织成的称颂之辞,而是恰符他的生平和人格的表彰,那我实在无能,哪怕使出吃奶的力气也没法写得像样。虽然,我和他相交了半个多世纪,还遭受过共同的灾殃,可以忝称知友或至交;但我多番经营、踟躇,仍然不敢动笔。

　　于是我想,与其作一篇秀才人情的祝寿辞,倒不如记下一点和老贾交往中的前尘旧影作纪念,有些旧事或许可以逗起他的回忆,在举觞称庆时辗然一笑。

　　我和老贾缔交于1949年,那时我在大众书店上海店编辑部负责。记得好像是梅林推荐他的一本译稿,恩格斯的《住宅问题》,我约他来面谈。这之前我曾读过他的几种小说,特别对《人生赋》留有较深的印象。一种说不出道理来的悬揣,我觉得小说的作者应该是一个孔武有力的壮汉,兴许是小说署名"杨力"的"力"字作怪吧。那天,他和夫人任敏一道来了,一见面,这个署名杨力的贾植芳竟是一个如此瘦削甚至显得干瘪的小个子!我有点吃惊地冒出一句:"你就是杨力吗?"他有点发怔,风趣地回答:"是。还有假吗?"他,任敏,我,都不禁笑了。

　　促使我们交往密切越来的触媒,似乎不是文学,也不是什么事务,而是酒。当他次年由苏州搬到上海来以后,我是他嘉善路寓所中的常客,至少

1

是隔天在他家里一同喝酒。1951年，两人同在苏州"华东革大"政治研究院学习的半年中，每到下午三点自由活动时，他就经过我的宿舍门口，喊着"老何，喝酒去！"以至我同室的学友都学会了他的山西腔"老何，喝酒去"来调侃我。在举杯神聊中，我爱上了他的机智、风趣、乐天、坦率和旷达的心性，这种性格和品格几十年一贯制，经历了如此深重的灾难，始终未变。

可是，有几件事，却是镌刻在我记忆中永不会磨灭的信息。我以为，这几件事足以看出老贾人格的核心。

老贾给人的最初印象甚至长期印象，是他为人坦荡、风趣、随和，与物无竞，像是个无棱无角、遇事随缘的好好先生。往好处说是久经历练，宽容大度的君子；往坏处说是老跑江湖，老于世故的油子。绝没想到在节骨眼上却是坚持、执著、寸步不让地守护原则和信念的硬汉。1952年年初的一件事让我看到了他性格的这一核心部分。

那时，我们同在震旦大学中文系教书，他是系主任。我开的课中有一门"文艺批评"。那时还在高等学校院系调整之前，虽然教学上的框框还没有后来"舆论一律"下的严峻死板，但某种意识形态上的限制是隐约存在的，总之，大家都有某种戒心。学期开始时，华东教育部高教处处长曹未风邀集各大学文学系的教师开座谈会。曹未风翻译过莎士比亚的戏剧，对文学教学相当关心，会上讲述了文学教学的各种问题，也涉及文艺批评的标准，强调了政治标准第一，艺术标准第二之类的批评规矩。领导的意见虽然不是有约束性的规定，但多少是"打招呼"的所谓"吹风"性质，不能不认真对待。那次座谈会老贾因事没有去，会上吩咐回去要向系里传达。

我回来向老贾转述了座谈会的情况，讲到文艺批评的标准问题时，我说：按照马克思、恩格斯的文学观，批评的最高标准是"美学的和历史的统一的标准"。我这课该怎么教？莫非该讲政治标准第一，艺术标准第二这类昏话吗？

老贾老半天沉吟不语，猛吸着烟，突然，他将烟蒂狠劲地摁熄入烟缸，拍了一下桌子，激动地说："大学讲堂里是讲真理的，不是讲政策的！"

过了片刻，他在室内来回踱步，平息了激动后对我说："你不要写讲义，不要发讲义，你讲你的。"

他的意思当然是告诫我要不落言筌，其实这也是鸵鸟政策，不发讲义也有学生的笔记。我说我避开敏感的问题就是。

从这件小事，我体认出老贾绝不仅是嘻嘻哈哈说说俏皮话，什么都能容忍的犬儒。

这年下半年高校院系调整，震旦大学撤销。9 月份，高教处找我谈话，说是要派我到芜湖安徽师范学院（即后来的安师大）去任教，表面上虽是征求我的意见，但事实上是无可还价的。我家属在上海，没有去外埠的思想准备。虽没有回绝这一分配，心里却在打另外的主意。那时我实在不识时务，不懂得在解放后的制度下，"人在单位中"，必须在某个单位花名册上列名才能存活，竟妄想像解放前那样当职业作家。我的如意算盘是，当时正在写几本评论古典小说的书，同时，顾颉刚、赵景深又约我为新成立的四联出版社将《聊斋志异》选译成白话文出版（后来 3 本论古典小说的书和 4 种《聊斋志异》译本都在 1954 年出版），靠版税也可以维生。当时老贾已转至复旦大学，我特别到复旦他的宿舍中去访他，商谈此事，听听他的意见。

我们一边喝酒，一边陈述我做自由撰稿人的打算，任敏还一面说："生活有困难大家朋友好帮助嘛。"不料，老贾却将酒杯往桌子上使气地一放，圆睁了眼向我开训："绝对不可以！"说我异想天开，做白日梦，也不想想如今是什么世道。一顿训，训得我哑口无言，这才缓过来劝告我，说可以拖一拖，争取另派工作。后来，果然如他所说，我被派到新成立的华东速成实验学校的高中师资训练班去讲课，既不离开上海，也避免了他所说的"异想天开"的做职业作家的蠢举。

这一回，我体认了老贾实心为朋友打算，真率地进逆耳忠言的坦荡性格。

1955 年春节，当时在台盟工作的朋友张禹得了一笔稿费，老贾作主，要他拿出点钱，由老贾包梢，在锦江饭店订席，邀集上海的朋友欢聚。那时批判胡风文艺思想的运动正进入高潮，胡风在文联会上辩驳的发言刚由《文艺报》发表，席间朋友们都纷纷议论这件事。老贾忽然激动起来，拍拍掌叫大家禁声，站起来举着酒杯说："老胡这篇发言还敢提点不同意见，表现了中国知识分子刚正不阿的骨气，是条汉子。大家起来为他干一杯。"在座的朋友都举杯响应。老贾是乘着酒兴,说的也是大家有同感的真心话,当时虽然谁也没有超人的想象力,能料到不久就会兴起以政治手段来干预文学的冤案,但其时一面倒地批判胡风的气焰已十分炽烈,稍微有点心眼儿的人定会出言谨慎,这事也可显出老贾的率真品格。

是年 5 月 13 日,舒芜构陷"胡风反革命集团"的材料出笼。几天后,老贾和我等大批朋友都被株连入狱。最蹊跷的是,不知是从什么渠道,上面知道了老贾在锦江饭店举杯为胡风浮白之举,这次聚会被上纲为"胡风集团布置退却"的集会。什么叫"捕风捉影"?这就是。

1994 年我和老伴举行金婚庆礼,在上海的当年锦江饭店聚宴的朋友都应邀参加了我俩的金婚宴。席间,老贾举杯道:"1955 年在锦江饭店一席酒,是我发动,大家都去坐牢。这回如果出事,你老何负责。"这便是老贾的风趣,却令人感慨系之。

老贾从 1955 年起坐了 12 年班房,释放后又挨受了 12 年的监督劳动,直到 1979 年我们才重晤。令我惊讶的是,他的外貌几乎没变,还是我初见他时的 30 多岁的模样,一点不见老;更不说性格、脾气和谈笑风生之一如既往了。总之,从身体到精神,对他下了大劲的"改造"可是白费劲了。他却还调侃我,说:"老何,你这个花岗石脑看来原封不动。"

倒是前年任敏之死,刹那间改变了他。失去了 60 多年患难伴侣的老贾一夜之间变得龙钟了,平时调笑戏谑不离口的他也变得沉默寡言,耳朵也更重听,复杂一点的意见交换必须诉之于笔谈了。所幸没有老年人常患的心脑血管病,比起多数同年龄的人来仍不显老,思维也很活跃,还能写作和接应纷沓的宾客和门人,也堪称人瑞了。

我在上海的朋友中以他为最年高,因此,每年春节,我只去他家拜年,其余的都比我年轻,该他们来拜我的年。除了特别有事必须见面以外,每年也只会晤这么一次。今年当然要去拜寿,就以此文预作祝寿之辞吧。

刊《世纪》2004 年 9 月号

(原载何满子:《文心世相——何满子怀旧琐忆》,哈尔滨:北方文艺出版社 2015)

贺贾先生九十大寿

王安忆

贾先生：

我祝您健康，长寿，永远和我们在一起。有了您在，许多品质和学识就有了传统，更重要的，有一种性格就可以生动地影响我们。这种性格是真正的纯真，它澄清了世俗的晦暗，让人生明朗——即便是处在罹难中，这就是您的性格。我没荣幸做您的学生，可在心里，我一直当您是老师，在此，就允我以一个学生的名义向您道贺，贺您大寿！

王安忆
2004 年 10 月 11 日

（原载陈思和、王德威主编《史料与阐释　贰零壹壹卷合刊本》，复旦大学出版社 2013）

在庆祝贾植芳先生九十华诞学术讨论会上的发言

章培恒

敬爱的贾先生,诸位女士,诸位先生,今天我们聚在一起,以崇敬和欢乐的心情,祝福贾先生的九十大庆。

我是贾先生的早期的学生之一,所以除了和大家一样具有崇敬和欢乐的心情以外,还具有很深的感激和骄傲的心情。感激的心情是因为就我个人来说,贾先生教给了我很多。既教给了我做人,也教给了我做学问。尽管我现在所从事的是中国古代文学研究,但是我在中国古代文学研究方面,如果说能够有一点成绩的话,那么跟我的古代文学的两位老师蒋天枢先生和朱东润先生的教导固然是分不开的,跟贾先生的教导同样也是分不开的。贾先生所教导给我的当然不是具体的研究中国古代文学的方法跟路径,但是贾先生教导给我研究中国文学的方法和路径。而这个研究中国文学的方法和路径,是体现在中国现代文学的研究里面,同时也是研究中国古代文学非常需要的。如果没有这样的一种指导,我当然还会做中国古代文学的研究,但是跟现在的情况,可能会很不一样——而这一种很不一样在我来看并不是我所希望的,我应该说正是我所害怕的。我在中国古代文学研究里面,有人说我的功夫都是邪派武功——就是武侠小说里面的邪派武功。换句话说在古代文学研究领域里面并不是正宗的,但是我觉得这个不正宗实在是我很喜欢的,而这个不正宗也就是从贾先生的方法和路径里面所学到的。所以我想贾先生对我的影响或者说对我的学恩这个是一辈子的,既在做人方面也在做学问方面。我所具有的这样一种感激的心情就是从我个人与经历感受到的。

另外还有就是骄傲的心情,这个骄傲是因为作为学生有贾先生这样一个老师,这个是很值得骄傲的。我想刚才彭裕文书记讲到贾先生对复旦大学的贡献,也确实是这样。贾先生是 1952 年到复旦的,到 1955 年就被弄到监狱里面去了,所以执教的时间非常短。但是在那个短短的时间里,贾先生就培养出来了一大批的学生,包括今天在座的范伯群先生,还有现在的华东师大的张德林先生等等一大批,也不过是短短的两年多时间。但到贾先生复出以后,一下子又培养出来了一大批学生,在复出以后的学生里面,陈思和先生、李辉先生当然是最早的,那么像谢天振先生不算是真正的学生,也算是从贾先生那儿学到很多东西。下面还有一大批,这个一大批简直就数不清了,大概这里面比较年轻就是张新颖先生他们了。50 年代的学生数得清,80 年代以后的学生就数不清,就不去数它了。那么诸位学生能够有这样的一位老师在做人上、在做学问上、在培养学生上,还有培养广大的青年上——我现在在中国古代文学研究中心工作,我们的单位里面都是研究中国古代文学的,但是我们单位里面的很多同事都是从贾先生身上学到很多东西,而且也经常到贾先生家里。贾先生也都是把他们当作朋友一样对待。比如今天在座的我们中国古代文学研究中心副主任陈广宏教授,他翻译的一个著作,是关于周作人的,那就是贾先生给他写的序,实际上这个书的翻译也是受到贾先生的指导。所以很多年轻人都是很自觉的拥在贾先生的周围,从贾先生那儿吸取营养。我想,一个九十岁的老人在今天还有那么大的青春活力,能够和青年打成一片,这个是非常不容易的。所以我想,有这样的一个老师是我的一个很大的骄傲。

今天我们在一起庆祝贾先生的九十华诞,我衷心的祝愿贾先生健康长寿,祝愿贾先生永远保留这样的青春的活力。谢谢大家。

2004 年 10 月 15 日

(张业松据录音整理,未经作者审订)

(原载陈思和、王德威主编《史料与阐释 贰零壹壹卷合刊本》,复旦大学出版社 2013)

敬重贾植芳

——在庆祝贾植芳先生九十华诞学术讨论会上的发言

赵长天

非常高兴能够来参加庆祝贾植芳先生九十华诞学术交流会。我先代表上海市作家协会,代表上海文学发展基金会,衷心祝贺贾植芳先生九十华诞!

我认识贾先生将近 20 年,我当然非常遗憾没有缘分没有福气,像陈思和一样成为贾先生的弟子,但是我心里面是把贾先生当作我的老师的。这个话不是客气的话,因为我在作家协会工作,当然那么多的文坛前辈都是我的老师,但是我说贾先生是我的老师,我是有一个具体的意思。

1972 年,我那个时候在部队当兵,成都军区的空军成立了一个创作组,把我调到了这个创作组去。在我们组里面有一个部队的中年作家,他有一天就跟我说,我有一本书,一本非常好的书,我可以借给你看,但是有一个条件,第一你不能再借给别人了,第二是绝对不能弄丢了。那我说好的,我能够做到,他就给我拿来了。拿来了这本书是什么书呢? 就是《契诃夫手记》,贾先生翻译的。我当时也不知道贾植芳是谁,所以当时我对他印象也不深。我就是看这本书,觉得真是一本奇书。我后来好像也没见过有类似的这样的书,就这样一个伟大的作家,他告诉我们生活是怎么奇妙的变成小说和戏剧,我觉得再没有别的书能够再这么好的教给人懂得什么是创作。我觉得我对于小说的理解,最开头最主要的是通过这本书来理解、来知道创作的一种说不明白的东西。它不是一个道理,它是一个很具体的东西。后来等我到作家协会,有机会认识贾先生以后,才知道这是贾先生翻译的。

那么我有时就想,如果贾先生这一辈子什么事情都不做,就是只翻译了这么一本书,贾先生对中国文学的贡献、影响就已经是功德无量的事情了。我相信很多很多的中国作家,是从这本书里面学到知道什么是创作什么是文学的。当然贾先生是远远不止这本书,这本书我刚才特地翻了翻《贾植芳画传》,好像里面还没有它的照片呢,说明这本书在贾先生的著作里面,还不是最重要的。贾先生还有更多更多的著作。而且刚才彭书记也讲了,贾先生又是作家又是翻译家又是学者。我有时候就觉得非常敬佩。有时候也可以有机会到贾先生家坐坐,到贾先生家坐在那儿我就在想,如果我那个时候有机会来复旦读书听贾先生讲课,我想听贾先生上课一定是一件特别特别快乐的事情。你和他坐在一起你就会觉得特别快乐,就特别有意思。那么,一个作家的天才,我觉得一个作家的天才,它就是这个作品什么是好,这个作品好不好,我觉得不是说不一定非要是什么深刻,就是有意思,我觉得这是说不出来的东西,就是有意思就是有趣,跟贾先生在一起就是有意思。贾先生就是具有这样一种天才。

对于贾先生,今天我这么一个发言,不允许我乱说,我只能占很少一点时间来表达一个敬意。那么我对贾先生我确实是非常非常的敬重,我对贾先生敬重我觉得主要是两个方面的敬重。第一方面的敬重是贾先生的人格,他对于社会,对于时代,对于作为一个作家一个学者应该承担的责任。我觉得贾先生吃了那么多的苦,到晚年,依然不变,这个是令人敬重的。第二个令人敬重的是贾先生的生命活力。贾先生在 90 岁还有这样的一种生命活力,看贾先生现在发表的日记,你看《新民晚报》刊登的贾先生到澳大利亚大使馆为了签证去做体验,看了真是要笑死人。就是觉得,怎么这样一位老人还有这样的一种幽默感,有这样一种活力。我觉得这个是最值得令人羡慕和崇敬的,因为我觉得生命是最最伟大的。

最后我衷心祝愿贾植芳先生,当然不可能万寿,但是我想贾先生活到百年当然是没有问题的。谢谢大家!

2004 年 10 月 15 日

(原载陈思和、王德威主编《史料与阐释　贰零壹壹卷合刊本》,复旦大学出版社 2013)

哀贾植芳

孙 钿

不要忘记你的手杖
不要太怒气冲冲
且让我敬你一杯汾酒

你握住我的手
只对我说
难兄难弟啊难兄难弟

我们却在牢狱进进出出
悲惨的岁月
一年又一年
想起你
禁不住心酸流泪

人生啊
我们的人生
而你
逍遥去了
而我
尚在煎熬余生

且让我敬你一杯汾酒

我翻开你的文集

想起你

泪涌如泉

一路走好啊

不要忘记你的手杖

——2008.4 月

（原载钱志富：《孙钿诗歌赏析与研究》，北京：作家出版社 2010）

整理者小记：

整理者最早见到孙钿先生是 2001 年深冬，而孙钿先生辞世是 2011 年 6 月，也就是说，该诗的整理者与孙钿先生忘年交的时间差不多十年。在这十年中，整理者差不多每年无论是春夏秋冬，只要有机会，总是要赶到孙钿先生所在的住所，跟他一起谈论过往。孙钿先生活到 95 岁高龄，他的晚年还算平静和幸福的，老伴和儿女对他的照顾尽心尽力。老人很重感情，无论是对普通朋友或者当年的同案犯，只要有过交往，他总是深深地怀念着。所以，他常常写出许多纪念和怀念故友的文章和诗歌来。贾植芳去世之后，老人写成了这一首深切怀念之作。该诗被收入作家出版社出版的《孙钿诗歌赏评与研究》一书中。如今孙钿先生也已经去世整整五个年头了，睹其诗，想其人，感慨系之。

钱志富　2016 年 4 月 22 日于宁波大学

五年来的思念

陈思和

　　贾植芳先生离开这个世界已经五年。但我常常觉得，先生并没有离开。因为，一个人的生命不仅仅依赖肉身而存在，人的生命可以依托于三个层面：第一层当然是寄植于人的肉体，这是最物质的层面，通常唯物论者相信，人活着，生命就存在，人死了，生命也就随肉身而消失；我是个唯物论者，我也从来不相信鬼神，但我还是认为，人的生命现象还远不止那么简单。一个人虽然死了，他生前认识的，有过交往的人，他的爱人、亲属、子女、朋友，后辈，亲疏不论，只要想起他来，音容笑貌历历在目，他的言论行为依然激励他人，怎么就能够判断他的生命已经不存在了呢？不是明明活在他人的记忆和思念中吗？这就是生命所依存的第二个层面，属于虚幻的、感情的层面。不过，人事总有代谢，当那些保存生命信息的记忆、思念的拥有者也陆续逝去，疏远的晚辈对他不再有回忆的时候，他也许就真正地消亡了，这是生命的再度消失。但是还有例外，那就是有一部分人的生命信息通过某些物质——文字、图像、声音等，通过某种有形或无形的遗产，还能够继续被保存。譬如说，我们没有见过鲁迅，也没有与他生活在同一时代，但是，我们通过读鲁迅的著作，看鲁迅的照片，通过他人关于鲁迅的回忆、研究、阐释……，慢慢地，鲁迅在我们的心里活了起来，他经常在我们的念想、议论之中。也许我们心中认定的那个鲁迅，与真实的鲁迅毫无关系，与鲁迅亲友们的回忆中的鲁迅也没有关系，只是我们由己推人的模糊想象而已，但是鲁迅的生命信息依然是存在的。贾植芳先生也没有见过鲁迅，但他可以通过鲁迅亲炙者胡风、冯雪峰以及那个时代的信息，感受到鲁迅在他心里复活。即便如孔丘赢政之流，只要他们的名字、思想、事迹还在我们的关注之中，他们的生命信息还是会存在于

12

当代。这是生命所依存的第三层：它是依附于某些物质媒介传达到后世的一种信息，尽管这种信息可能是极其模糊的，但也可能因一人千形愈加丰富了。逝者的生命信息穿越时空，只要与另一个活着的生命相逢就有可能被激活，那是属于精神的层面。有时候，当我们走过墓园，望着无数墓碑上的名字、照片、碑文，我们会感受到某种生命信息的存在，精神的不朽是存在的。

由此想起古人所说的"三不朽"。我以前在纪念先生的文章里分析过"三不朽"，那时候我仅仅是从一个人生前如何立德立功立言的关系上来认识，以为立德在于社会行为的表率性，立功在于岗位上的业绩，而立言仅仅是前两者的"注释"。但是当我把思考转向一个人死后的生命依托时，"不朽"的意义才真正地从三个层面显现出来——人活着的时候，生命价值通过人生行为（尤其是岗位上的工作）所达到的业绩来体现，是为立功（即"不朽"之基础）；人在去世后，其生命依然保存在他人的记忆、思念中，是为立德（即"不朽"之可能）；而时过境迁，后世人仍然从阅读逝者著作、感受逝者事迹中获得鼓舞，其生命信息依然与后世的无数生命相逢、交流和沟通，产生出模模糊糊但又极有启迪的效应，那是立言。立言是立功、立德的延伸，可以延续到不可知的未来世界，完成生命价值的最终"不朽"。而且，立言可以是生命主体之"言"，也可以是他人、后世的人们对逝者的生命信息之所"言"。"立言"是一种集体性的行为，其容纳的生命信息愈多延续的时间也愈长，总体的生命能量会超过个体的生命信息，逝者的名字就成为一种集体性的符号。

我原先打算在贾植芳先生五周年忌日写一篇先生对我教诲的文章，但不知为什么，一敲键盘竟扯上生命不死的话题，也许，撇开这个词含有的"长生不死"的庸俗性，从纯粹精神层面来说，它还包含了生命信息从一个生命传递到另一生命的无限性，世界上没有永不腐朽的有机体生命，但是生命的繁殖本能抗衡了腐朽的宿命，生命不仅繁衍，而且在繁衍中延续、进化和变异，这种"传"的意义便是不朽；精神现象也是一样。世界上没有一种精神理想会永远不过时不腐朽，只有当精神理想被后世不断地阐释修正、并在实践中继承发扬，才会成为一种精神传统得以保存。我是1977年恢复高考后的第一批幸运者，但是我经常在想，假如我当时没有考入复旦大学，也许我在以后的三十年里有很多种人生道路可以尝试，可能成功也可能失败；假如我当年没有在中文系资料室遇到贾植芳教授，而是跟随了别的导师，那我也有可能走的是不同的道路。一切可能性都是存在的，但是传统还是制约个体生命的选择。

记得在先生九十诞辰的时候，复旦中文系办过一个祝寿会，会上章培恒先生说了一段话，至今记忆犹新。章先生一口绍兴话，"这个、这个"口音很重，现在根据他发言的整理稿，是这样说的："我在古代文学研究方面，如果说能够有一点成绩的话，那么跟我的古代文学的两位老师蒋天枢先生和朱东润先生的教导固然是分不开的，跟贾先生的教导同样也是分不开的。贾先生所教给我的当然不是具体的研究中国古代文学的方法和路径，但是贾先生教给我研究中国文学的方法和路径。而这个研究中国文学的方法和路径，是体现在中国现代文学的研究里面，同时也是研究中国古代文学非常需要的。如果没有这样的一种指导，我当然还会做中国古代文学的研究，但是跟现在的情况可能会很不一样。——而这一种很不一样在我来看并不是我所希望的，我应该说，正是我所害怕的。"这段话出自章培恒先生的内心所感，我禁不住想进一步深究，章先生感到害怕的、因为有了贾先生这位名师才得以避免的，究竟是一种什么样的状态？章先生接着说下去："我在古代文学研究里面，有人说我的功夫都是邪派武功——就是武侠小说里面的邪派武功。换句话说，在古代文学研究领域里面并不是正宗的，但是我觉得这个不正宗，实在是我很喜欢的，而这个不正宗也就是从贾先生的方法和路径里面所学到的。所以我想，贾先生对我的影响是一辈子的，既在做人方面也在做学问方面。"我体会这段话里两个关键词：一个是"不正宗"，另一个是"做人"。而那种"不正宗"的做学问的方法和路径，恰恰是章先生为人所喜欢的，因为体现了他的人格的魅力；而所谓"正宗"的做学问的方法和路径，是在当下教育体制内大多数人都在平平稳稳走着的治学道路，却是章先生非但不为，反而感到"害怕"。这就是做学问和做人结合起来的一种研究方法和路径。那么，贾先生到底是教给了章先生什么独门秘籍？把这位学生时期就加入了地下党、1950年代初院系调整后身为学生就担任了复旦中文系第一任党支部书记、后来成长为名重士林的古代文学专家，变成了"邪派武功"的"高手"？章先生的学问之大之深，非我所能议论，章先生生前最后一本大书即他领衔完成的《中国文学史新著》(第二版增订本)，是耗尽他最后心血的一部新意迭出的文学史，在这部"新著"里，他力图再现人性发展与文学发展的同步历史，强调文学内容的演进是通过文学形式的演进而体现出来，并且站在"五四"新文学的现代立场上重新审视、挑剔古代文学的精华与糟粕，批判了儒家正宗的伦理学说如何压抑人性的自由表达，而又大力推举人性如何冲破这种清规戒律，通过了"不正宗"的文学形式曲折表达了觉醒的信息，真是道高一尺魔高一丈，正宗的主流文学史以文学反映社会矛盾为标准，而这部被称为"石破天惊"的"新著"则高标人性的自由、感情的强烈为判断文学是否优秀的标准，突破古代文学史研究领域的瓶颈，完成了"重写文学史"的尝试。我想，章先生要说的"正宗"与"不正宗"，大约就是指这些在文学史研究领域里对主流的学术定论的大胆突破，另标新帜，在学术研究中体现出强烈的人性的力量。这种深得"五四"新文学的核心力量——从人性的视角来反观古代文学研究，是章先生与主流学派的分界线，而这种特立独行的反叛的批判精神，也许正是贾先生传授给章先生的最重要的人格的力量。

我们可以再看看贾先生的另外两位弟子，他们都是研究现代文学的专家，一位是曾华鹏教授，一位是范伯群教授，他们都是复旦大学1955年届的毕业生，那一年他们的老师因胡风冤案而罹难入狱，学生也受到牵连。但是他们两人在艰难的环境中坚持合作研究现代文学，从作家论开始，在"双百方针"临近尾声的1957年，竟然在《人民文学》发表了那个时候最有分量、也是"石破天惊"的《郁达夫论》，这篇长论与曾、范两位前辈后来合著的一系列现代作家论著作，构成了现代文学研究领域一道很特殊的"风景"。我在一篇文章里说过这件事："由于1955年政治风云的摧残，贾先生过早地被中断了学术生涯，但是他的教学思想却有他的学生继承和发扬，并在实践中融化在现代作家论的研究成果中。我们可以看到，在新民主主义文学史理论中，作家被经典化的过程是严格经过政治意识形态的过滤而确立起来的，所谓鲁、郭、茅、巴、老、曹加赵树理(早期还加上瞿秋白)的作家排名模式，就是典型的例证。但是贾植芳先生却给学生提供了另一个作家谱系，我听说，当时贾先生为四位学生布置了作家论的作业,要求他们每人写一本作家研究的专著,并且联系了出版社,准备一起推出。被指定的四本作家论,据说是冰心论、郁达夫论、王鲁彦论和朱自清论。我们可以从这两个不同的作家谱系的比较看出,贾植芳先生更加重视的是一些在文学史上有创作实绩的自由作家,而不是按照新民主主义革命地位的重要性来排名的经典模式。尤其可贵的是,王鲁彦作为乡土文学的重要作家,曾经一度受到胡风等左翼作家的轻视和误解。王鲁彦英年早逝,已经无力再站出来为自己辩护,而作为胡风朋友的贾植芳先生却一点也没有受到自己朋友的影响,他毫不掩饰自己对鲁彦乡土小说的喜爱和重视,指导学生去研究鲁彦,宣传鲁彦。假设一下,如果没有1955年那场残酷的文字狱,在1950年代中期学术界将整整齐齐地推出四种由年轻人书写的有学术分量的现代作家论,将是给学术界带来多大惊喜的收获!"这种局面在当时虽然没有出现,但经过两位学者在逆境中的努力,终于在1980年代,他们的作家论、鲁迅研究等著作喷薄而出,成为学术界一对引人瞩目的"双打冠军"。进而,范伯群先生在年近七十,被退休后独自漂泊到复旦大学,在章培恒先生主持的古代文学研究中心另辟径溪,展开了现代通俗文学的系统研究,终于在八十高龄的时候,他的研究成果得到学术界的高度关注,他的学术成果对于正宗的现代文学史的研究思路、框架结构及其内涵,都产生了巨大的解构意义。这又是一种"重写文学史"的实践。

我不是故意把学生的学术成就完全归功于老师。事实上,作为教师的贾植芳先生因为罹难而无法完成对学生学业上的完整指导,但是他慧眼识英才,把优秀学生的才华充分调整到了一个火山口,接下来就让它自然地喷发了。而通往这个火山口的途径,恰恰不是具体的学术方法,而是将自己置身于现代文学的传统之流努力探索奋进的知识分子立场和精神,这种立场就是让自己从正宗的主流的传统规范中走出来,通过自己的独立思考,重新来审定自己的研究对象。所以,贾先生的做人道德和作文风格,都不是四平八稳、唯唯诺诺、在集体主义的传统中把自己很深地埋藏起来,而是相反,他的为人和文字里处处能够看得到傲骨在格崩崩地发出声响。在做人方面,他在漫长的人生岁月里相继成为民国政府、日本宪兵队以及共和国的囚犯;在文学方面,他学习鲁迅、追随胡风、崇拜尼采、服膺陀思妥耶夫斯基和契诃夫,至死不渝。在上世纪 80 年代初,思想解放运动尚未深入,知识分子在待人作文上还有许多顾虑。有一家刊物找人写一篇台湾诗人覃子豪的小传,找到了诗人当年的诗友贾芝先生,贾芝先生又把这个任务转交给贾植芳先生,植芳先生写了以后,文章转送到刊物编辑部,编辑误以为是贾芝先生写的,最后送到主编手里,那主编是贾氏兄弟的朋友,他一看就说,这篇稿子不像是贾芝风格,倒是像贾植芳的风格。显然那位主编太熟悉贾先生的风格了,文字背后总是有一种桀骜不驯的人格力量。这种力量,在正宗的主流传统看来只能说是"邪派武功"了。

从大的方面来说,"五四"新文学运动本身就是一场先锋文学运动,是对两千年来占统治地位的儒学传统进行比较彻底的批判和清算,进而形成了以西学(后来又具体为马克思主义)为主导的新文化运动,与现代性的世界潮流接上了轨道。我们今天的人们已经很难理解当时新文学运动对传统所采取的决绝的决裂态度,如鲁迅,曾经公开号召青年人要少看、甚至不看中国书,这个话,现在用在哪儿都会遭到耻笑,但是只要上网看一看,在 21 世纪已经过了十三年,离《新青年》创办(1915 年)已近百年的今天,竟然还有人鼓励学生着古衣冠行跪拜礼,据说这样可以来对抗全球化以及世风日下的社会,那你就不难理解当年先驱们要反传统所面临的艰难和绝望了。传统的生命就是要在自我的内在裂变中发展延续的,在这个意义上,20 世纪第二个十年的那场先锋文学运动,正是担当了正宗传统的"邪派武功",成为它的批判者和重写者。而鲁迅的精神,正是这场先锋文艺运动的核心力量。

贾植芳先生对鲁迅的心仪是发自内心的,他与胡风的交往,缘于他对鲁迅为代表的新文化传统的倾心与向往。1937 年初,在东京留学的 21 岁的贾植芳先生在书店里发现了上海生活书店出版的《工作与学习》丛刊的头两辑,从它的编辑风格、撰稿人员阵容中,他惊喜地发现,"这是一个坚持和发扬鲁迅的战斗文学传统的严肃文学刊物。"他凭直觉认定,鲁迅的生命在这个刊物里复活了。于是就向刊物投稿,他不知道这个刊物的实际主编是胡风,也不认识胡风,仅仅是出于对心中认定的鲁迅的信任,他就积极向胡风主编的刊物投稿,逐渐走上了文学创造的道路,成为文学史上称作"七月派"作家的一员。显然，贾植芳先生成为胡风的密友最初是出于对鲁迅的认同，而胡风作为鲁迅亲炙的弟子，也一定会向植芳先生讲述他心中的鲁迅，于是，鲁迅的生命再度、三度地复活于他们之间越来越深厚的友谊之中。但是在上世纪三四十年代的政治党派斗争中，鲁迅是被卷进去了，随着中共党内的权威们不断地关注鲁迅、利用鲁迅和诠释鲁迅，鲁迅在左翼政治派系中的地位越来越高，成了代表某种政治力量的符号。而在这个被符号化的过程中，胡风又渐渐地被边缘化，尤其是1942年《在延安文艺座谈会上的讲话》传到重庆以后，胡风的文艺思想和文艺理论，差不多也成了不正宗的"邪派武功"了。

"五四"新文学的传统一脉相传，差不多有了近百年的历史。到时候自然会有很多正宗的主流的权威出来写纪念文章，四平八稳，中规中矩，长江后浪推前浪。而一部百年历史对我来说，记住的是：反叛者秋瑾女士牺牲于1907年7月15日，鲁迅先生去世于1936年10月19日，胡风先生去世于1985年6月8日，贾植芳先生去世于2008年4月24日，章培恒先生去世于2011年6月7日，曾华鹏先生去世于2013年1月27日。这是一部文学史还是学术史？思想史？生命史？这并不重要，但是它在偏得中承传知识分子的理想火种，在"不正宗"的艰难道路上磨炼人格，在一代一代的牺牲与传承中获得永生。

2013年7月2日于鱼焦了斋

（原载《人民文学》2013年第9期）

先生的来信

李　辉

　　我与贾先生的通信始于 1980 年，止于 2008 年，时间跨度二十八年，计有数十封之多。2000 年，先生在大象出版社出版《写给学生》一书，我从 1980—1992 年之间的先生来信中，挑选出 35 封公开发表。如今，我从 1992—2008 年之间的先生来信中，另找出 9 封加以整理收入《贾植芳先生纪念集》之中。其中，先生的最后一封亲笔信写于 2008 年 3 月，距生命终点他只剩下一个月的行程了。

　　在这几封来信中，先生相继写到了陈思和、山口守、坂井洋史等，他们都是先生在复旦的学生；李存光虽非学生，却因研究巴金而与贾先生有了密切交往。简短几封信中，与先生关系密切的几位学生和朋友却都出现了，实属难得。因此，我将之视为先生与学生交往史的珍贵记录。

　　整理先生来信，又一次在他的有力而难以辨认的"天书"中感受熟悉的温暖。他对学生们学习、工作的指点与关心，特别是对我和应红事无巨细的关爱、叮嘱，再次阅读，仍让我情不能已。此刻，非"感动"二字能完全概括我的心情。对于我，先生的意义早已超出了导师的范畴。山口守兄曾在一封信中这样叙述他的感受："丧礼那天，我在赶机场的车上因旁没人而直哭，司机先生是个好人，装着没听见我的哭声。我自己也没想到哭声不是从喉咙里出来而是从内心深处出来的。后来到美国开会。会议结束之前，有一位美国的大学老师过来和我聊天，知道我曾在复旦大学，就问来我的老师是谁。我就说'贾植芳老师'，但一下子嗓子哽塞，说不出第二句话，眼泪盈眶，就说不下去了。她可能猜到我这么难过的原因吧，直安慰我，甚至旁边的几个人都很同情我，竟使我更难过。"

　　我们有同样的悲伤与失落。

2008 年即将结束的某天夜里,我梦见了贾先生和师母两个人,说是要给先生过生日。同时梦到他们两位,这还是第一回。天亮了,我发短信告诉贵芙:"昨天晚上我梦见贾先生和师母了。"贵芙回信说:"这几天要把先生的骨灰与师母合葬。"患难与共相濡以沫的恩爱夫妻,终于又要一起居住,永远不再分开了。

同在 2008 年,我的妹妹因病去世,山口守兄来信安慰我,有一段话他写得特别好:"回想到那年我们访问你的故乡,见到你妹妹,已成了难忘的记忆。因为我是个无神论者,对任何人的逝世不能说'安魂'或'离开人间'这种话,但将他们的形象可埋在自己心里深处,并永远记在记忆里面,这样故人就能活在自己脑子里。有时做梦能见到他们。这几年我也死了几位亲友。晚上睡不着时,时常想他们太难过,但后来我才想,回忆或梦里能见到故人也不坏,要不然他们会消失了。"

梦见先生和师母,说明他们没有消失。

他们怎么会消失呢? 先生和师母的思想和情感,就活在这些书信的字里行间,活在我们的记忆和梦里。

写于 2009 年 1 月 17 日,北京

(原载陈思和、王德威主编《史料与阐释　贰零壹壹卷合刊本》,复旦大学出版社 2013)

乡贤、前辈、师长

——怀念贾植芳老前辈

董大中

粉碎"四人帮"以后，我把研究重点转移到山西作家和学者身上，首先是赵树理，高长虹和狂飙社山西籍作家为第二选题，解放以前山西的几位文化名人如景梅九、卫聚贤、常乃德以及《鲁迅日记》中提到的田景福等人，也都在关注之列。贾老之名，是在"粉碎'胡风反革命集团'"运动中听说的。那时，我建立了一个笔记本，专门收集现代作家生平资料和所使用的笔名。"胡风反革命集团"成员的情况都及时收录下来。其中属于乡贤的，是贾老，自然引起我特别注意。从内心说，我当时是同情他们的，总觉得太可惜了，或者太不幸了。既是乡贤，又是错误路线的受害者，使我跟贾老之间在感情上有了一丝联系。贾老"复出"以后，曾想着以后如到上海，一定要去拜访。不久，我们就相识了。贾老既是我的前辈、师长，又是乡贤，我敬重他，感激他对我的深厚的情谊和无私的帮助。

一

我跟贾老交往，跟赵树理研究有关。

一九八二年初，我所在单位山西省作家协会，决定举办一次全国性、高规格的赵树理学术讨论会。这事是由我提议、也由我具体筹办的。贾老复出后做了不少工作，最重要的成就之一，是主持编辑赵树理研究资料，我见到的是福建人民出版社作为《中国当代文学研究资料》之一于一九八一年六月出版的《赵树理专集》。早就想向贾老请教一些问题，筹备赵树理学术讨论会提供了一个绝好的机会。具体筹备工作是从四月一日开始的。大约五六月间，我们以筹备小组的名义，向国内写过赵树理论文的学者和有关系的作家发出公函，征集论文和他们的意见，有的附了我个人的信件。贾老和王瑶先生是我心中一定要请到的两位山西籍现代文学研究家。王瑶先生已经有过交往。头年是鲁迅诞生一百周年，我约王先生写了《鲁迅与山西》的文章在《汾水》(1982 年改名为《山西文学》)发表。我给贾老的信是哪天写的，记不起来了，记得不久就收到了他的回信。他答应参加我们的会议，我感到欣慰和高兴。

在这之前，我没有参加过国内任何大型的学术讨论会，这个会究竟怎么开，心中没底，只能向一些参加过会议的人请教。海南岛刚开过一次有关现代文学的讨论会，山西有王忠卿等人参加，听说他还跟人就赵树理的文学创作展开了激烈的辩论。根据参加者的讲述，我们制定了这次会议的开法和日程，是小组讨论和大会发言相结合。这次学术讨论会有一百多人参加，收到六七十篇论文。贾老由唐金海陪同，于八月二十七日到太原，头三天参加小组讨论。在九月一日上午的大会上，贾老做了长时间的发言，介绍了赵树理作品在国外流传情况和国外赵树理研究情况，这一点是我们过去很少知道的，觉得收益很大。讨论会期间，贾老赠我《赵树理专集》的前两个版本，即十六开打印本和复旦大学内部铅印小 32 开本(分上下两册)，都题为《赵树理研究资料》。从九月二日起，全体赴五台山游览。三天内，我一直陪伴在王瑶和贾老二人身边，他二人在这次会上相见，也都很高兴。这次会也是他二人相识之始。回太原后，我给贾老安排了住处。以后他回故乡襄汾县探亲访友。这似乎是贾老好长时间第一次回故乡跟亲友见面。

这次学术讨论会以后，我跟贾老成了经常联系的忘年交。我有事，首先向贾老请教。对贾老托办的事情，也总是努力去做。贾老待人诚恳，热情，没有架子，视我如小弟。

我编《赵树理学术讨论会纪念文集》，根据会上的录音，收入了贾老的发言全文和照片。我寄给贾老几册。我那时在《山西文学》编辑部负责编发理论批评稿件，后来担任副主编。一九八三年，我在《山西文学》第 11 期编发了贾老的短篇小说《歌声》，接着发表了评介这篇小说的《〈歌声〉和它的作者》。写作这篇评介文章的两位作者，内蒙古民族学院的孙桂森和晋东南师专的李仁和,也是一九八二年赵树理学术讨论会的参加者。他们在会上跟贾老相识,以后到复旦大学进修,成为贾老的座上客,闲谈间对贾老的人生经历和生活感受了解多多,写了这篇文章。

我编《山西文学》理论批评稿件期间一项比较大的工程,是开辟《我的第一篇小说》专栏,连续刊发著名作家回忆自己第一篇小说写作经过的文章,每期一篇。这一工作从一九八二年七月开始,一直延续了两年多时间。我于一九八四年四月给贾老写信,希望他为这个栏目写一篇文章。贾老如约写了文章,并及时发表。我刊这个栏目面世以后,《新港》等好几家刊物也开辟了类似的栏目,一时许多作家都写了同样的文章。后来我把《山西文学》发表的文章以及《新港》和《文汇报》上发表的王西彦等人同样性质的文章收集到一起,又找到文中所谈第一篇小说原作,编成专集,由中国文联出版公司出版。贾老的第一篇小说,是一九三一年发表在《太原晚报》上的《一个兵的日记》,署名"冷魂"。贾老说,"它是用第一人称的日记体写的,写的是阎锡山旧式军队生活的野蛮和腐烂,初次表现了我对现实生活秩序的不满和抗议,对它的告发。"我跑了几个图书馆和档案馆,都没有找到这篇小说。在这前后,我为找田景福、李尤白等前辈友人当年在山西发表的作品,也曾奔波过。我深深感到,保护、保存好过去的文献资料,十分重要。八十年代后期,我开始搜集、收藏山西解放前的书、报、刊,跟寻找贾老第一篇小说的困难,是分不开的。

二

八十年代初起,日本有位企业家叫小林荣,以自学而搞起翻译。他每年从《山西文学》上选择七八篇小说,译为日文,编成一本《中国农村百景》,自费连续出版,每本印一千册,先后出版了三本。他原为企业总裁,为了把这一工作做下去,同时到了快退休的年龄,他辞掉总裁,改任"勤务"。我们为小林荣先生这种精神所感动,决定邀请先生夫妇来访。这是一九八四年初的事。这事由我负责,访问时间定在四月底到五月上旬。按照日程安排,小林荣访问结束后经上海返回日本,我和翻译梁继国先生陪同到上海,顺便去看望贾老。我把这个意思在信中报告了贾老。贾老立即回信，要我一定去他家，并把住址告诉了我。

五月五日，我们一行到上海。六日上午，我和梁继国先生一起赴复旦大学拜访贾老，贾老正好在家。时近中午，贾老邀我俩同用午饭。贾老热情、好客，我们边吃边谈，话题不断。我说到参观鲁迅纪念馆所见（展柜内有高长虹《心的探险》），想看鲁迅故居，故居不开放，我们只在门外拍照留念。贾老善谈，时有妙语，引得我们大笑。餐毕，我请贾老稍事休息，贾老却继续跟我们谈话。这时相继有人来。最先来到的是孙桂森，接着是复旦中文系的一位负责同志和第二军医大学骨科主任刘大夫。在前，贾老在一次车祸中受伤，由刘大夫亲自做手术，现在贾老的石膏板还未卸去。下午四点多，孙桂森受贾老之托，带领我们游览复旦校园。这次小林荣来访，跟美国总统里根访华日程大体相同，只是迟了几天，可以说是跟着里根的脚印走的。里根于四月二十六日到京，小林荣夫妇是二十八日；里根二十八日游览长城，我们第二天去；里根先到西安，于二十四日参观秦俑馆，我们赴上海前，于三日去了；五月一日，里根在复旦大学发表讲演，我们特地看了里根下榻的地方和发表演说的场所。

五月八日，我和梁继国先生再赴贾老处，跟贾老、任敏等相谈甚多。其间，孙桂森和李仁和亦来相谈。我向贾老约稿。五月十五日，收到贾老一封信和《我的第一篇小说》稿。信未能找见，稿在《山西文学》第11期刊出。我于五月十六日复贾老，并附《赵树理学术讨论会纪念文集》，请贾老把我们记录整理的他在大会上的发言校阅、修改一下，以备正式发表。梁继国先生原来在山西大学外语系任教，自一九八三年起，他多次赴日本进修，后来在日本工作，现在是日本一所国立大学的教授。这次拜访以后，梁先生也跟贾老建立了友谊，我们见面或通信，经常说到，贾老在给我的一些信里，也说到梁先生。

一九八五年初，我负责筹办《批评家》杂志。这个杂志的名称和办刊方针、选稿方向都是根据我的意见确定的。我向几位熟识者发函，想有一部《文艺批评学》之类的著作连载，也向贾老求助。筹办之初，"方法热"在我国学界兴起，文艺批评尤其显得热闹，我们在这方面做了一些工作。还开辟了《外国学者论中国当代文学》等专栏。刊物多少能给人以新鲜之感，受到一定程度的欢迎。这个刊物行世五年，一九八九年底停刊。对我办这个刊物,贾老积极支持,多方鼓励,我们的多次通信都跟这个刊物有关。在这个刊物上,除贾老本人的《〈报告文学春秋〉序》外,还发表了陈思和《交织着回忆与理想的歌——读〈贾植芳小说选〉》、《从批评的实践性看当代批评的发展趋向——我的批评观》和徐俊西《文学理论范畴概念科学性的探讨》等文,陈、徐二人的稿件也都是贾老推荐的。对批评和批评家的研究,是我刊的一项重要内容。《批评家》创刊后,我们组织编发了有关胡风的一篇文章,是《胡风的诗人论——谈他对田间与艾青的发现》。胡风逝世后,一天贾老写信问我,说胡风有遗文已整理出来,可不可以发表。我当然很需要这方面的稿件。因为不知道胡风的通讯地址,我请贾老代为转达。随后收到张晓风信,说《五把刀子》一文已有刊物发表,以后再有稿子时给我。贾老后来还有稿件给我,可惜因为停刊,不能发表。

以后,我每到上海,第一个去处,必是复旦大学贾老府上。二○○二年九月,我在杭州休假。一天,我匆匆登上了赴上海的车,在文庙旧书市转了一圈后直奔贾府。我上一次看望贾老是一九九七年。五年不见,贾老明显老了,但精神很好。贾老说我在《新文学史料》上发表的《狂飙社编年纪事》和在《中华读书报》上发表的文章他都看了。他留我用晚饭。我直到九点才离开。最后一次,是二○○五年三月三日。那时我写了一部约有六七万字的《董永故里考》,有些问题想向一些学者请教,专程前往上海。我到复旦大学时已是十二点多,贾老刚刚睡下,我没有让惊动贾老。后来这部稿子扩大成二十多万字的《董永新论》,出版后我照例寄贾老一部请指教。

三

一九八六年九月,是赵树理诞生八十周年,山西省作家协会不仅要举行第二次赵树理学术讨论会,还要举行隆重盛大的纪念大会。贾老在跟我的通信中,多次谈到这件事。这事是早在一九八五年夏天就开始筹备的,那时还准备建赵树理文学馆,十一月前后我和老诗人冈夫、赵树理的女儿广建曾到北京找薄老,商谈此事。

在我再三邀下,贾老出席了这次会议,陈思和先生相陪。这是一次国际性的学术讨论会，日本有釜屋修教授及夫人、荻野脩二教授、加藤三由纪女士和以著名诗人加藤克己、小说家桂英澄二人组成的埼玉县友好代表团（按，埼玉县和山西省结为友好地区）参加，美国有马若芬女士参加。另有香港卢玮銮女士参加，是由贾老代我联系的；他头年九月赴香港讲学，前后我几次写信给他，说了我们搞纪念活动的计划和请香港学者与会的打算。卢玮銮女士在香港中文大学教书，着力搜集内地作家在香港活动资料；她又是著名作家，笔名小思，所写散文精于构思，含蓄蕴藉，小巧玲珑，十分可爱。她带来了根据赵树理小说改编的电影《小二黑结婚》在香港上映盛况的资料。这次学术讨论会跟上次做法不同，一开始就是大会发言，在大众化问题上有激烈争论。九月二十二日下午，我们特别安排了一场大型报告会，有近二百人听讲，迎泽宾馆十楼大会议室座无虚席，陈思和等人在会上做了精彩的报告。会后，与会人员兵分两路，一路赴五台山等处游览，一路南下长治市和赵树理故乡沁水县尉迟村访问。一直到九月三十日送走所有客人，这次纪念活动才告结束。贾老跟陈思和未去以上两地，而是回了襄汾老家，二十九日返回太原，转乘飞机回上海。

进入新时期以来，贾老不仅在现代文学研究上做了许多开创性工作，而且也是我国比较文学的开拓者。参加赵树理诞生八十周年纪念大会暨第二次赵树理学术讨论会的日本学者釜屋修先生，最早撰写和出版了《赵树理评传》。不久，他在日本发起组织了中国农民文学研究会，随即改名为中国当代文学研究会，这一学术团体成立后，始终坚持活动，出版刊物，团结了东京地区一大批研究中国现当代文学的学者。在一九八六年的赵树理学术讨论会上，釜屋修先生做了题为《两个农民作家——伊藤永之介和赵树理》的学术报告，对两位作家的出身、主题选择、艺术风格等做了比较。贾老对这个报告很感兴趣，建议作者加以整理，在中国的比较文学杂志上发表。釜屋修先生回国以后，继续搜集资料，竟发现两人曾经见过面，而在太原的大会发言中明确说未见过面。釜屋修先生立即以无比兴奋的心情，把这一发现告诉了我。他把论文做了很大的扩充，在《驹泽大学外国语部研究纪要》第 17 期（1988 年 3 月）发表。我收到刊物后，当即寄给贾老，贾老请他的朋友陈秋峰先生译成中文，共有将近四万个汉字，后来收在《赵树理研究文集》下卷《外国学者论赵树理》一书里。为了这件事,我跟贾老通信多次。

我跟贾老谈到在香港出版的一本赵树理著作。一九八五年秋天,日本研究中国现当代文学、在赵树理研究上写过多篇论文的加藤三由纪博士来山西大学留学,经常在我处闲谈,一次说,香港出版了一本赵树理的书,是剧本《万象楼》,按手迹排印,书前有很长一篇序,从序中得知作者是赵树理的亲属。她还把同一作者在日本发表的一篇文章的复印件给我看。赵树理的家属我是了解的,却怎么也猜不出来那位亲属是谁,越发想要看到这本书。当时她没有见到香港的版本。贾老赴香港讲学前,我请贾老留心,如见到这本书,顺便买下。后来加藤女士找到了这本书,并给我复印了一份,我又给贾老复印。《万象楼》是赵树理一部重要作品,他自己说他的文学生命是"生于《万象楼》,死于《十里店》。"这个剧本写于一九四二年,当时就曾出版。一九五〇年在《工人日报》连载,一九五九年做过一次修改,其题目后标有"改本"二字,即这个手迹。两年前我重编《赵树理全集》(六卷本),长治杨宏伟先生提供了这个剧本的另一种版本,封面注明:"此戏原是上党宫调,后经原作者改为落子,并声明不经作者同意,请勿再改。"即是说,在这个剧本诞生之时,就有两种本子,一是宫调,即人们常说的上党梆子,一是落子。这两种本子是相差很大的,不是字句的改动。赵树理在这个剧本上花费的精力可真不小!

九十年代初,国内几位著名的赵树理研究者商议,为了更好地开展赵树理研究,宣传推广赵树理文学精神,发起组织一个全国性的学术团体,定名为中国赵树理研究会。我受命跟各方联系。一九九二年初将一应手续办好,送中国作家协会审批,又经中宣部批准,然后送民政部登记。十一月初,在北京举行了成立大会。陈荒煤担任首任会长,我为法人代表。贾老被聘为顾问。陈荒煤逝世以后,我请贾老继任会长,贾老很痛快地答应了。贾老不仅积极参加了赵树理研究,取得了丰硕成果,而且在组织开展赵树理研究上发挥了重要作用。

四

如同对赵树理的文学成就十分关注一样,贾老对乡贤的文化成就也是很关心的。这一点正跟我的想法不谋而合。

上世纪八十年代中期，我的赵树理研究搜集资料工作阶段基本结束，便把精力逐步转向高长虹和整个狂飙社。一九八八年前后，由于得到张磐石等几位老前辈的大力支持，这一工作比较顺利地开展起来。主要是跟山西盂县政协合编《高长虹文集》。一九八九年我的几乎全部时间都用在这一工作上，编辑《批评家》成了"副业"。《高长虹文集》共三卷，是陆续付排的，到这年年底，三卷全部印出，由中国社会科学出版社出版。一九九○年二月十九日，在北京鲁迅博物馆举行了盛大的出版座谈会，有北京著名现代文学和鲁迅研究专家、著名作家和文艺界领导人近百人参加，唐弢、贺敬之、马烽、许觉民、康濯、曾克等都发了言，程思远、陈荒煤致了祝辞。贾老对我这一工作给予的支持是令人难忘的，他高度评价了《高长虹文集》出版的意义。我对此感到特别欣慰。在《高长虹文集》出版之后，我又帮助盂县的朋友编辑出版了《高长虹研究文选》和《高歌作品集》，跟武乡县的朋友和山西作协的王稚纯合伙编辑出版了《高沐鸿诗文集》，高歌和高沐鸿的作品集都是两卷本，各有一百余万字，其字数跟《高长虹文集》相若。《高歌作品集》的两卷，分别题作《野兽样的人》和《情书四十万字》。由于山西资料缺乏，《情书四十万字》的第三、第四卷，未能找到，我想来想去，想到了贾老，请他在上海想办法。贾老很快从上海图书馆找到了。为此事，我和贾老有多次通信。我让盂县朋友把复印费给贾老汇去，贾老竟把余款退了回来。他热情助人，不误时机，这种精神，令人感动。每想及此，我总是感激不尽。

在高长虹研究上，我以为，首要的问题是把高长虹跟鲁迅的关系搞清楚，而在"高鲁冲突"中，"月亮诗"又具有特殊的重要性，是最先应该厘清的，所以，我九十年代出版的几本书，重点都在这方面。先写了《孤云野鹤之恋——高长虹爱情诗集〈给——〉鉴赏》，又写了《鲁迅与高长虹》。河北人民出版社先已出版了《鲁迅与周作人》等书，我那本书本来计划题作《高长虹和鲁迅及许广平》，主要梳理高、鲁二人的关系兼及许广平。他们听说我有这么一部书稿，便想把它编入鲁迅跟现代文化名人关系的系列里，于是改了书名（几年前，廖久明先生写有同样一本书，我建议他用了这个名字），后来我又为他们写了《鲁迅与林语堂》。当《鲁迅与高长虹》的出版已确定无疑的时候,我请贾老作序,贾老慨然允诺,并很快把稿子寄来。这是贾老对我研究高长虹的巨大支持,也是为高长虹这位杰出诗人和作家,为狂飙社这一中国现代文学史上第二大文学社团"平反昭雪"、恢复名誉所做的一件实事。贾老的这一功绩,是不应该忽略的。

在通信中,贾老要求我写一部《高长虹传》。我因为在赵树理研究中写过《评传》,不想重复同样的做法,所以一直没有动手,只为《三晋文化小丛书》写过一个《狂飙盟主高长虹》的略传。这是有愧于贾老的。直到前不久,一些熟识的朋友仍在劝我写高长虹评传。我一面重温贾老对我的期望,一面念及友人的殷殷之心,前些时赴阳泉参加高长虹诞生一百一十周年纪念座谈会,思想上有所松动,并想好了题目,是《世界,在他脚下》。能不能如愿写出这本书,尚难肯定,因为我还有别的题目早已在酝酿中了。

在一九九二年的一封信里,贾老说:"你在咱们家乡这几年由赵树理起始,到高长虹高歌,编纂了好几种我省现代文化名人或作家的文集,因此我想,有你现在的环境和条件,不妨把辑录我省近现代文化名人遗著,作为一个事业中心。我想到我们晋南安邑的景定成(梅九)先生,他是早期的日本留学生,也是中国无政府主义的早期倡导者,他早期在北京创办的《国风报》,在中国无政府主义运动和新文化运动中,有很大的历史影响。他又是一个作家和翻译家,他的忏悔录式的自传《罪案》类乎老托尔斯太的《我的忏悔》一书(他也伙同张墨池译过此书)曾风靡一时,很有影响;他又是印度诗人泰戈尔的早期译者之一,他抗战后移居西安,除继续支持《国风报》外,在《红楼梦》研究上颇下功夫,著有《石头记真谛》一部(二册),等等。但这许多年来,他已被历史湮没,被人遗忘。因此,为了保存文化史料,发扬先贤的启蒙精神,你似乎可考虑编一本他的文集或诗文集。此事不妨先和他的家乡安邑县商洽,如能找到他的后代或学生,找到资助,搜集到他的全部遗著,我想是很有历史意义和文化价值的一件事,不知你以为然否?"又说:"我在抗战中的四十年代初间,曾在西安居留,拜访过他一次,并求他题赠《石头记真谛》一部为念,可惜几经离乱,也早失去了。"

景梅九是我小时候经常听说的一位现代文化名人,他的故事在我的故乡流传很广。我在八十年代发表的《且说景梅九》一文开头说："我小时候听说的第一个古代名人是舜,第一个现代名人是景梅九。"景氏的文化成就是多方面的。在国学研究上,有人把他跟章太炎并举,称为"南章北景"。他的考《红》治《易》都很有名,其《石头记真谛》被称为"红学索隐派集大成之作"。他是我国世界语运动的先驱者之一,鲁迅曾任教的北京世界语专门学校,是他跟朋友共同发起的,陈廷璠所写《创办北京世界语专门学校的提议》就刊载在他的《国风日报》的《学汇》专刊上,这个专刊是当时中国无政府主义者最主要的阵地。景亲自把爱罗先柯的《世界语者之宣言》翻译发表。他还用世界语翻译了但丁的《神曲》。景梅九是最先写白话文学的一人。一九○四年冬,他在日本和秋瑾合办《白话报》,以后写了多篇白话小说,包括以秋瑾为原型的《一夕》。他的白话文学作品,脱离了章回小说的窠臼,而跟五四以后的白话文学相通,实际上是新旧文学的桥,只是他的影响限于山西。我在写《鲁迅与山西》时,在高长虹研究上,都跟景梅九碰头。在日本东京,景很可能跟鲁迅在章太炎住所相见;鲁迅病重,景氏曾写信慰问,时间在六月。这些,已写在《鲁迅与山西》里了。最早称赞高长虹有才能的,是景梅九,那是高长虹幼年时候;一九二四年冬,高长虹到北京开展狂飙运动得到大力支持的,还是景梅九,高长虹创办的《狂飙》周刊,就靠了景梅九的资助,用了《国风日报》的名义;鲁迅说高长虹"似是安那其主义者",不是出于高长虹的思想,而是因为高跟景梅九这个"著名无政府主义者"有特殊关系。

像这样一个人,确实不应该遗忘。贾老要我为景氏编辑文集,的确是极其重要的一个建议,我也早在思考之中。我所感动和佩服的是贾老对乡贤和故乡文化的热爱之情。

五

多年来,我有一个隐秘的想法,我搞收藏活动,即服务于它。贾老所说景氏的一些著作,我大都收集到手。景氏最有名的白话中篇小说《罪案》,是在北京《国风日报》连载的,后来出了单行本。单行本和连载本我都有。贾老受赠于景氏本人的《石头记真谛》,人们说起来有好几个名字。

我所存藏的称为《红楼梦真谛》，分上下两册。一位朋友所藏，分为四册。要了解红学"索隐派"是什么样子，这本书是最主要的研究对象。前几年出了新版，有郭预适的长篇分析，我以为对其评价有偏颇之处。试比较最近几年刘心武等人的一些说法，跟这本书说的有多大区别呢？全盘否定索隐派的做法，并不见得适宜。

贾老解放前的著作也是我在收藏活动中格外留心的，还算有所获，是一九四九年棠棣出版社出版的《近代中国经济社会》。这本书的《前言》第一条说："本书系以现代中国人民观点，从事研究作为史的形象的清代经济社会构成，是意图解释并搜求清代经济社会的意义所在，侧面则在批判的说明了一个政权的兴亡的必然性法则，予我们以警惕和勇气，以坚定建设新中国的出发点——这是笔者写作本书时，除过严守学术立场外的现实意义和希望。"在诚挚而严谨的叙述中透露出的，是对新中国的热爱和为建设新中国出力的善良愿望。全书除《序编》外，共分三编，分别论述清代国家之经济政策、清代社会构成和清末各种产业（称为"产业的诸系列"）。在人们印象中，贾老的治学领域在文学，这本书把人们领到另外一个景区，这使我们看到贾老学识的广博和用力之勤。一九四九年，那是划时代的一个年份。这本书于这年一月写完，随即"付排"，九月出版（见版权页）。在这本书问世之际，作者所期待的新中国呱呱坠地了。这是多么有意义的一件事啊！

贾老是我前辈，从相互关系说，亦师亦友。他赠我的一本本著作是我们深厚情谊的最好纪念。

2009 年 2 月 10 日完稿

（原载陈思和、王德威主编《史料与阐释　贰零壹壹卷合刊本》，复旦大学出版社 2013）

贾植芳先生给我的十封信

钦　鸿

　　贾植芳先生上年去世的时候，我正患重病刚刚从住了两个多月的医院里回家，未能赶去上海为他送行，至今想来仍觉十分愧疚。

　　接到讣告后，我写了一封唁函表达深切的哀思，云："顷接贾植芳先生不幸病逝之讣告，不胜哀痛。贾先生是我走上文学研究之路最早的引路人之一，二十余年来对我关怀备至，曾多次为我和我参与的著作写序，奖掖扶植，不遗余力，倾注了一个仁厚长者对后辈学人的殷切期望，也成为我一生难以忘却的最珍贵的精神财富。先生虽然驾鹤仙去，但风范长存，业绩永在，千古流芳。"这封唁函是我想对贾植芳说的由衷之言，也大体勾勒出他多年来对我的引导和帮助。

　　我最早知道贾植芳先生的名字，是上世纪六十年代就读于复旦大学附中期间。当时只听说大学部中文系教授中曾有贾植芳其人，但属于被镇压的"胡风反革命集团"的骨干分子，自然"面目狰狞"，因而从未想过以后会跟他发生联系。"文革"以后，我在黑龙江一所县城的师专学校读书，虽然地处偏僻，但由于整个中国已经春回大地，自然也暖风阵阵，传来许多出乎意料而又合乎情理的消息，其中之一，就是曾经被钦定为铁案的"胡风反革命集团"竟然是新中国成立以后最大的冤案，包括胡风、贾植芳等人在内的一大批蒙冤系狱的"胡风分子"正在陆续平反。这，事实上已经注定了我日后将会与贾植芳先生建立联系并成为忘年之交，然而当时我并不知道。

　　1982年初，我在教学之余开始着手现代作家笔名研究的项目。我从小爱好现代文学，在上海读中学时期经常到福州路旧书店去翻阅各种民国书刊，对现代文坛层出不穷、纷繁多变的笔名现象甚感兴趣。二十多年后当我侧身于现代文学研究领域时,再一次感到现代文学笔名现象就像深不可测的大海,尽管已经有一些学者编印若干作家笔名录,但仍然存在着许多问题,需要我们作进一步的收集、整理、辨析、正误。经过反复的考察和研究,我决定在前人工作的基础上,通过直接向作家、研究者征求笔名和查阅现代报刊进行验证、落实这样双管齐下的办法,来编一本收罗较全、准确可靠、检索方便的现代文学笔名工具书。于是,我与闻彬一起,以克山师专中文科《中国现代作家笔名索引》编辑组的名义,首先向全国各地的现代作家们陆续寄发了数百封笔名调查函,也寄给了贾植芳先生。

查阅我的日记记载,我是当年 10 月 11 日给贾先生寄出调查函的,可能是路途遥远、交通不便的缘故,此信寄到贾先生家已是 11 月 15 日了。当天,贾植芳在他的日记里写道:"收到黑龙江克山师专寄来的征求笔名函,他们在编《中国作家笔名索引》,下午写了校阅的复信,明日发出。"(见贾植芳《早春三年日记(1982—1984)》第 85 页,大象出版社 2005 年 4 月出版)他在收信的当天立即写了"校阅的复信",并且洋洋洒洒地写了七页信纸,可见他对此事相当看重。在信中他热情地肯定了"这是件很有意义的工作",认为虽然已经出版过袁涌进 1936 年在北平编印的《现代中国作家笔名录》、朱宝樑 1977 年在美国编印的《二十世纪中国作家及其笔名》等书,但这些出版物"往往错处很多(尤其是不同作家用过同一笔名这一特殊情况),遗漏更所难免,因为这个工作是细致而又分散,不易求得完整和正确"。因此,他特别赞赏我们"采用征求作者本人及其家属的支持办法"来编笔名录,认为藉此"可克服上述那类缺点"。同时,他还详细地列述了自己使用化名、笔名的具体情况,并提供了他的朋友路翎、阿垅、芦甸、鲁藜等人的地址和线索,以帮助我们开展工作。

贾先生的支持使我非常感动。在此之前,我还有些犹豫,毕竟反"胡风"运动的阴影还没有完全驱散,因此我们虽然从 1982 年初便开始了笔名调查工作,可给他寄发调查函却迟至十月中旬。然而没有想到他的复函却如此热情而详细,更以一个文史研究家的眼光,在评析已有的几种现代文学笔名录的基础上,充分认可我们的工作。这实在是对我们的极大鼓舞。这封信也驱散了我当时心中尚存的疑惑和顾虑,一下子拉近了我与他之间的距离,从日后我们的交往看,这封信正是吸引我向他走近的起点。

　　第二年4月中旬，我去杭州出席中国现代文学教学研讨会。会议期间，遇见中国社科院文学研究所所长马良春。他听我说起正在进行的现代文学笔名调查项目，遂问我是否愿意纳入他们研究所主持的国家重点项目"中国现代文学史资料汇编丛书"，嘱我回去写一个详细的材料寄给他，他将提请编委会讨论，使之列入"丛书"计划之内。会后回到上海，我去贾先生家里向他汇报此事。这是我第一次登门拜访贾先生，但贾先生却对我一见如故，完全将我视若他熟悉的晚辈朋友，滔滔不绝地对我讲了一两个小时。他对编纂现代文学笔名录甚表支持，说他作为"中国现代文学史资料汇编丛书"的编委，认为编委会一定会将我的工作纳入他们的项目之内，这自然大大坚定了我的信心。贾先生还谈了笔名的起源、发展以及在现代文坛的各种表现，谈了笔名收集、整理和研究的重要意义，这些观点后来都写入他为我们编的笔名录所写的序文里。谈话中，他还就如何编纂笔名录谈了许多指导性的意见。特别是，他在举例评议古今众多工具书编辑得失的基础上，指出编笔名录主要是向学界提供查寻现代文坛各种笔名的一种工具，因此一定不要人为地去区分所谓大作家的笔名或小作者的笔名，应当兼收并蓄，尽量收集入册，以备查索。贾先生的这一意见，给我以很大的启发。当时，我正为笔名录的收集范围而踌躇。已经出版的几本现代文学笔名录，以及当时一些单位和个人正在编著的笔名录，收录的仅是一些较为著名的作家，然而实际上，现代文学报刊上大量出现的各种笔名，并不都是著名作家的笔名，还有许许多多是那些并不太出名的作家和文学作者，还有相当数量的偶尔涉及文学写作的各界人士。如果仅仅局限于著名作家的笔名，那么编出来的笔名录势必仍然不能反映现代文学的全貌，仍然不能满足读者和研究者的实际需要。但如果要将范围扩大到整个现代文坛的各类笔名，则不但从来没有人做过，没有前例可循，而且工作量之大也可想而知。就在我疑虑不决时，贾先生的一席话振聋发聩，使我拨开了迷雾，看清了方向，决心克服各种困难，尽最大的努力，编一本能切实满足教学和研究需要的全方位收录现代文坛笔名的工具书。后来，中国社科院文学研究所果真将我的工作纳入"中国现代文学史资料汇编丛书"计划，从而给了我许多有利的工作条件，合作者徐迺翔也很支持我的想法,前后经过七年的艰苦奋斗,终于编成一本收录近七千名文学作者、三万余个笔名的《现代文学作者笔名录》,由湖南文艺出版社于1988年12月出版。贾先生在序中对这本笔名录"覆盖面广、收录齐全、内容比较精确可靠而又检索方便"给予高度的评价,认为此书"可以说是用笔名形式勾画出来的一部中国现代文学全史,它对于开阔我们的眼界,开掘研究工作的广度和深度,都是一个值得称道的重大贡献"。许多年以后,我读到贾先生的《早春三年日记》,他在1983年5月2日的日记中写道:"今天是个有阳光的日子。上午,克山师专的教师钦鸿同志来访,他们在编《中国现代作家笔名录》,提了些问题,谈了些意见,十时别去。"可以看出,贾先生对我的来访非常重视,那一天他的心情甚佳,充满了"阳光"。对我而言,那更是难忘的一天。

1984年春,我去北京与徐迺翔商议笔名录工作事宜后,再一次来到上海。其间我经常跑图书馆查阅资料,还访问了许多在沪的现代作家,其中也有贾先生。这次访问贾先生,除了向他汇报笔名录工作的进展外,还有一件重要的事情,就是借阅美国朱宝樑编著的英文本《二十世纪中国作家笔名录》。前一年拜访贾先生时,他曾叮嘱我应该看看已经出版的两本笔名录,然后再超过它们。我告诉他,袁涌进编的那本笔名录,我已经全书抄录,但朱宝樑的一本迄未看到。他立即说道,上海图书馆藏有此书,他可以让复旦图书馆把这本书调来给我用,只是不能带到外地去(当时我还在黑龙江工作),只能在上海看,用完就还给他。这次我回到上海,先给他写了封信。那时他因车祸还住在医院里,但出院后马上就派人去上图借好了书,等我3月9日登门时,他就笑呵呵地把书交给了我。那一天,他又对我谈了许多,勉励有加,关怀备至,可惜我没有记录下来,时过境迁,现在已经记不清了。但他那天留我吃了午饭,并赠送了由他领衔编选的《文学研究会资料》上中下三册一套给我参考,还有他由衷的热忱和对我的信任、支持,却使我感动之至,留下了深刻的印象。虽然贾先生当时身兼复旦大学图书馆馆长之职,工作上有此便利条件,但如果不是出于巨大的信任和对笔名录工作的倚重,恐怕不会对我这样一个并无特别亲密关系、而且在外地工作的青年学人如此主动地鼎力相助的。从这件小事上,我深深地感受到贾先生宽厚仁爱的博大胸怀和他对我的殷切期望,并且从中获得了巨大的动力。我一直认为,如果没有贾先生以及许多像他这样的文学前辈对我的理解和支持,我是无法超越自己的条件,比较圆满地完成笔名录的编纂任务的。

这以后,我与贾先生一直保持着联系。我曾写信对他使用过的笔名进行核实请教,我从黑龙江调到江苏南通任教后,也及时写信向他报告。每次回上海出差或探亲,我总要登门拜访贾先生,向他汇报自己的情况,也听他用浓重的山西口音幽默地调侃文坛和现实生活中的各种人与事。他始终关心笔名录的进展情况,在 1985 年 4 月 1 日的信中,他写道:"'笔名录'如能早日峻[竣]工付梓,当是一大贡献也。"其殷殷关切和敦促之情,跃然纸上。当笔名录完稿以后,他又应我和徐酒翔之邀,为笔名录撰写了序文。1987 年 6 月的两封信,谈的就是写序之事。从信中可见贾先生当时工作非常繁忙,但他仍然抽空认真地执笔为文。写完寄出后,又推敲再三,又给我寄来了修改稿。此序先是发表在《人民日报》副刊上,后来冠于笔名录出版,不但使笔名录大为增光,而且在学术界产生了广泛的影响。

在此期间,我还参加了由贾先生和钱谷融先生任顾问、由广西人民出版社出版的《中国现代文学辞典》的编委会。这部辞典由徐酒翔任主编,它以"中国现代文学史资料汇编丛书"为基础编纂而成,撰稿者也大多是汇编丛书的编写人员,因而保证了作为一部新时期具有开创性的中国现代文学大型辞典的质量要求。贾先生对这部辞典非常关注,从编纂宗旨、全书体例、收罗范围、条目设置到具体释文的审订,他都作了指导性的意见,而且非常乐意地接受了为辞典作序的请求。在由他执笔并且与钱谷融先生共同署名的序文中,他评价该辞典是"一部专业知识广博、资料精确、释文谨严、行文简明、体例严密而又具有实用价值的专业辞书",是"中国现代文学研究成果的学术总结性的结集",并且高瞻远瞩地指出:"随着这部专业辞书的出版,不仅将引出我国现代文学研究工作的新高潮,有助于我们研究和教学工作质量的提高和专题研究的开拓;而且……对于促进世界性的中国现代文学研究工作的深入发展,加强国际间的学术文化交流,也将是一个很有益处的贡献。"贾先生的关怀和支持,使我们的编纂工作进展十分顺利。我作为《小说卷》和《诗歌卷》的责任编委,又因为离贾先生较近,因此经常向贾先生汇报辞典编纂的有关情况。实际上,这段时间也正是我为笔名录工作与他联系较密的阶段,所以与他过往甚多,近距离地感受到他对现代文学史料整理和研究工作的巨大热情,也真切地得到他对我们这些年轻的研究者慈父严师般的鼓励和引导。他总是满腔热忱地支持我们的研究工作,只要大的方向正确,他从来不吝啬肯定或赞美的话语,并且有求必应,竭尽全力。他也从不敝帚自珍,固执己见,只要别人言之有理,马上虚心接受,甚至还主动地征求别人的批评。他将笔名录序文寄我时,竟然要我"审阅",还说"如需要有所改动,就请您动手,不必客气"(见 1987 年 6 月 20 日函)。他为《中国现代文学辞典》所撰的序文完成后,我写信提出一点修改意见,他立即回函表示:"那篇拙文中您指出的一点,是可以改动的。"(见 1987 年 8 月 17 日函)他那种从善如流、虚怀若谷的品德,并不损害他的形象,而是大智慧、大学问的表现,是他高尚人格、宽阔胸怀的表现,让人觉得更为可亲可近。多年来,之所以他的家总是高朋满座,之所以看望他的人总是川流不息,我想原因就在于此。

过了几年,到 1991 年 5 月,我为自己即将出版的《现代文学散论》一书又向贾先生求序。这期间的联系,记录在 1991 年至 1992 年间他写的三封信中。

《现代文学散论》是我编纂现代文学笔名录的一个副产品。此书没有追赶当时学术界对鲁、郭、茅、巴、老、曹等现代著名作家的研究热潮,而把关注的重点放在那些一向被忽视或湮没却又曾经在现代文坛活跃过的现代作家,例如杨骚、辛劳、范泉、华铃、姚江滨等。我在扎实的史料收集和整理的基础上,对这些作家的生活道路和文学业绩作了比较全面的介绍和评述。我如此选择研究的重点,一方面是限于自己的条件,另一方面也是不愿意凑热闹,而企图开辟自己的研究天地,做一点力所能及的工作。对于我的选择,当时我时有请益的几位学术前辈看法不尽一致。蒋锡金先生不很赞成,他认为:"小作家……是作为大作家的陪衬和基础而存在的。小作家再搞也还是小作家,决不会变成大作家。"因此劝我"还是应当注意研究大作家"。但贾先生却不然,他先是在我编纂笔名录时对我注意收录"久已湮没无闻或受到不公正待遇,在这些年出版的现代文学史论著中消失的那些作家群"予以肯定（见《中国现代文学作者笔名录·序》），后来当我向他汇报自己正在撰写杨骚、辛劳、范泉等作家的研究论文时，他又给予了热情的鼓励，认为拙著"最大特点是作者将这多年来不见于正史官书，或为历史泥沙所淹没的作家、刊物与作品，通过他在浩如烟海的原始资料海洋里钩沉提炼，重见了天日，并加以自己的品评"。"虽然这些素材，不过是中国现代文学史这股历史洪流中的一些细流甚至泡沫，但它们也都是构成中国现代文学这座宏伟的大厦的砖瓦木石。它们作为一种历史的存在，理应受到我们的重视和研究。"（见《现代文学散论·序》）因此，他尽管"年老体衰，上半年的时间又大半在外面跑"，"劳累"致病，还"吊了三瓶营养液"，但仍勉力抽空，断断续续地为我个人的第一本著作撰写了序文。不仅如此，他还十分眷注拙著的宣传和出版问题。他的序写完后，就及时找机会将它发表于上海《书讯报》上。虽然其文被删去了部分句段，他仍很满意，说这是"登个不花钱的广告"，"因为书籍即是一种文化商品，还需要讯息作为媒介体来告知读者的"。我曾经向他报告过马来西亚华文作家协会将邀请我赴马访问，我打算在行前将这本《散论》出版，以便携书出国访问。他非常赞同我的想法，认为一个学者出访，携带的最好礼物莫过于自己的著作，藉此可以与国外的作家们进行文化和学术的交流。所以他在信中几次谈到书的出版，说"要紧的是请出版社赶快付排，能带上它出国才好"，"希望能早日看到尊著的出书，并能先睹为快"。当他得悉《散论》已经落实了出版社，又立即写信给我，说："在目前经济大潮的冲击下，文化出版界日益陷于低谷状态，出版学术性的书，很不容易，一般都要自己出印刷费，你居然能找到这么一家，也可以说是好运气了，值得庆贺！"其欣喜之情，溢于言表。对后辈学子的一点学术进步，即便微不足道，贾先生也是如此愉快，几甚于他自己取得的成就。

我收到贾先生最后一封复信，写于 2006 年 5 月 31 日。那时我正应上海人民出版社林青兄之邀，为他执编的一部名人书信集供稿，于是找出贾先生的五封旧信，打印一纸并附了原信复印件寄给他，请他核对。时隔十余年，贾先生已年逾九十，却依然一如既往、有求必应，很快便校核好了寄还给我，还客气地要我"原谅""迟复之过"，依然是谦逊如昨。在这前后，其实我一直没断了与他的联系，我曾多次自己或与文友结伴登门去看望他，好几次还曾与他合影留念，他还曾为我主编的《范泉晚年书简》写过一篇序，其间应该还有一些书信往返，可惜至今没有找到。不过就是这十封信，也已完全可以清晰地看到贾先生的道德风范，因披露于此，以为我对他仰之弥高的崇敬和思之无尽的怀念。

2009 年 2 月 5 日于南通四凤楼

（原载《出版史料》2009 年第 4 期）

贾先生的教诲

坂井洋史

（日本·一桥大学教授）

一

在中国，追悼故人时，"挽联"一下子云集而呈现"热闹"景观，对如此风俗习惯，我一直有些想不通。最沉痛难熬的时刻终于过去后，把经过慎重考虑和构思而精心制作的挽联送过去，这还可以理解。但是，敬爱的、亲近的人刚刚去世不久，正沉浸在悲伤的时候，竟"制作"出着意于形式之整齐的文本，如此心情似乎太不近人情，令人费解。原来，为要在文字上下工夫，就需要将感情等主观因素一度从自己心上甩开，对此射向清醒甚至相对化的眼光。在这个意义上，文本究竟是某种心理余裕的产物。我总觉得，它与惊骇、狼狈、悲伤的心理状态，不管如何也势不两立。

接到贾先生——我们不叫"老师"也不叫"教授"，就叫"先生"——讣闻时，震动着实巨大。我也早知道先生从去年初冬住进医院疗养，但是我从三月底来日的张新颖兄口中了解到先生基本上无碍，气候一温顺些就可以出院。当然九十高龄老人的病情随时会骤变，对此，我也不是说一点都没有思想准备。虽然如此，我还是受到冲击了。接到告别式的通知，恨不得一瞬间飞到上海。事与愿违，多么不凑巧，偏偏在告别式前后都有躲不开的事情已安排好。那么，至少要草拟吊文以表达我心中的追悼和感谢……但是，应从哪里下笔才好呢？长达二十年的学恩，点缀人的一生中也不算短暂的二十年(人生能有几个二十年？)之大大小小回忆，一会儿浮现在脑际，一会儿就消逝，明明灭灭，无从抓住，徒让片断的记忆驰骋在思想上,吊文终于未能成形。那时,我忽然想到"挽联",而仓促间草就的联曰:"贾先生千古:万难不屈傲骨存正气;人字端正桃李盈天下。"一看就知道,它太平庸、形式化,尤其是后一半,很明显,找不到适当的表现而就易逃避到无可无不可的常套成语以勉强完备"形式"。虽然深知如此毛病,但是不知为何,我也觉得释然,就把它寄出了。

难道我竟满足于这幅平庸的挽联吗?难道把它送过去就算卸责而能够获得心理上的安慰吗?都不是。仅仅十八个字,当然不能表达我心中的感情。实情恰恰与此相反。因为我早就看透千言万语也不能表达出我对于先生的感情和有关先生的许多美丽的记忆,所以干脆把这些统统赶到"形式"的背后去。采取"挽联"的体裁而成"形"的文字,只不过是套在洋溢的感情上之盖子或贴在盖子上的简单标签而已。到这时候,我就明白了:感情愈真率而洋溢,人愈丧失话语。历来中国文人或许因为看破语言表达能力的局限,所以作为权宜之计而以挽联这个"形式"来勉强对应局面也未可知。天真地相信语言能够表达一切的我,为自己的浅薄深感羞愧。

二

有一种看法以为晚年的贾先生对于人生非常达观,采取潇洒的态度,而如此看法似乎在世上较为普遍。真的如此吗?我未免怀疑。

九〇年代初,在复旦从事在外研究的我有过机会陪伴先生夫妇到外地去开会。与现在不同,交通也不甚方便,坐了八小时火车才到目的地。因为当时中国的高足们都有事不能同行,不周到的陪同任务就落到我们老外夫妇头上。幸亏这个偶然的机遇,那一次旅游给我们留下了许多难忘的美丽记忆。但是,在几天旅游中,一个情况让我觉得有点异样:先生似乎不大亲近与自己同年代一辈的人,虽然与会者里面有不少老人,而其中几位早在解放初期就与先生有过或多或少的接触。我看出先生的态度似非偶然的表现,所以回到上海几天后,委婉地提起这个疑问。先生的回答很简单,说:"我喜欢年青人,只交年轻朋友。"就是说,先生在那次旅途中始终贯彻这个"原则"。

的确，先生谈到那个冤案及其后来漫长的苦难岁月时，话题一涉及结下恩恩怨怨的人之月旦，不管世上后来的议论如何，其评价绝对不动摇。那也是很自然的。三十多年来的心中暗影和重担绝不会简单地消失。正因为如此，先生"只交年轻朋友"，换句话说，将希望托给未来，以承受心中的暗影和重担。这种态度，与忘却、宽容、达观、潇洒等等绝对不同，应该把它称为极其强烈的"执著"的态度也许妥当些。听说，先生也曾经将希望托给年轻一代，却落了一场空。但是，先生没有失望，没有变更自己的"原则"。多么宝贵的"原则"！一想到这个"原则"也竟然适用在异国的我头上，我的心就充满深挚的感激。

三

人往往依靠忘却，回避噩梦，以企图保持心理的平衡和安定。我猜想，刚直的先生不屑于这种"忘却"。如此态度，实在可以叫它为"傲"，而"傲"的核心，就是不将权威当作权威的反抗精神。我记得有一次日本同行当了什么教务主任之类，对此先生竟说了一句骇人的话："他当官了！"令人目瞪口呆。原来日本的教务主任什么的无权力无油水，只不过是苦差事而已。但是，按照先生的标准，"主任"非他，就是"官"。先生的反抗精神是深深渗透在骨头里的。不用赘言，达观、潇洒的反权威根本不会存在。

四

据我有限的经验，先生很少自己主动提起关于胡风其人的评价一类的话题，除非我们提问请先生回答。对我来说，印象更深的是，先生在海阔天空无所不谈的聊天中偶尔涉及的文学史上人物的逸闻。苏青、邵洵美、院系调整时期上海各院校的教授们等等，不管其人有无名气，一经先生诙谐幽默的描述，他们的风貌甚至于谈吐就活现在我的面前。

还是在九〇年代初，我把去杭州的计划告诉先生，先生就要我去拜访冀汸先生和郑泽魁教授，并写介绍信。在杭州，不谙地理的我，好不容易找到冀汸先生寓所叩门，很不巧，冀先生正睡午觉。但是，他看了看介绍信，马上跳起来，整整服装接待我，实在令人汗颜。至于郑教授，我去找杭州大学中文系而不遇，把介绍信留在办公室。当天晚上，他远路到我下榻的宾馆来，虽然他也并不确知这个异国后生究竟在不在。这也是只有贾先生的学生才能享受的厚遇吧。两个月后，我通过郑教授的介绍，终于能够见到老诗人汪静之先生。恰恰在当时，我研究湖畔诗社及其摇篮的浙江第一师范学校的一些历史情况，因此这次会见是非常难得的机会，直到今天依然是值得自豪的珍贵经验之一。不用说，究其根源，这也是贾先生的恩赐。

像我们"老外"研究异国的文学时，必然得依靠文字资料。这是不得已的无奈。我自己也经常自觉到由此而来的研究上种种局限和缺陷，引以为戒。虽然如此，经常接触到文学史上占有一席之地而自己就是历史人物的先生之言笑，又置身于以他为中心的人际圈内，我就觉得所谓"文学史"并不是书本上文字的枯燥罗列，而似为至今还在呼吸、成长的、不定形的生物。这个感觉，对于现在标榜从事文学史研究的我，无疑是不可多得的宝物，与此同时，也是时时打在动辄误以为书本和资料会告诉一切的懒惰精神上之警策。

五

至于贾先生日常生活上的琐事、我也偶然有过关联的一些逸事，连这些都不遗巨细地一一拾起来的话，即使是一年只见两三次面的异国学生，在二十年这个不短的时间中积累下来的记忆也真不少。先生留日时候的回忆和还没全部忘掉的日文片断、饮酒吸烟的习惯和食物的嗜好、先生对于学生的热心关怀等等……反正，既然写不完说不尽，那么让我将这些记忆尽数蓄在心中，赶到贫乏"文字"的背后去吧；让我永远执著于心中记忆的重量，以此为缘，时时回忆先生吧。

鲁迅在《为了忘却的纪念》的末尾如此说："要写下去，在中国的现在，还是没有写处的。年青时读向子期《思旧赋》，很怪他为什么只有寥寥的几行，刚开头却又煞了尾。然而，现在我懂得了。"向秀只能以"寥寥几行"结束《思旧赋》、鲁迅追悼左联五烈士时未能畅所欲言，都是当时他们所处现实中苛酷压抑所使然的，这与我拙劣的笔表达不出内心感情，当然不能同日而言。但是，如果有一天阻碍向秀和鲁迅之"笔"的现实原因全部被解除掉而任何话题都可以无忌讳地写出来，那么《思旧赋》和《为了忘却的纪念》会不会以完全不同的面貌而出现在我们面前？如此写出来的"完整"版本，会不会使作者满足？我怎样也不能那么想象。

原来，以为语言能够完整地表达感情或情绪，如此观念，在人人能够笃信启蒙万能的时代，充其量也就是十九世纪以前人人能够相信理性保证人类社会之无限进步的时代才能获得一定的合理性。一句话说，这不外是现代性思想。这种思想往往直接把文本和现实的人联结起来，对于其中间的媒介即语言视而不见。结果，透明化的语言不能拥有独立的价值，读者仅看物化的文本，就会迷信可以直接触到"人"，究竟把"人"看作极其单薄的存在，自以为理解它。这，乍看似为对于人，对于现实人生的重视，实际上只不过是对于人生之复杂和神秘的单纯化而已。当然，我也理解这个道理，也有时候写过类似的旨意，即：如果我们对于围绕、笼络我们，而且不知不觉间规定我们知识结构的现代性没有十分对象化，就不能把语言艺术丰饶的可能性汲上来云云。关于文本的各种体裁的问题也一样。至少在抽象道理的层面，我自以为十分理解我们通常认为是"文学"而不以为怪的小说、诗歌、戏曲等体裁，其实是遵照现代性的制度化要求而被人为地虚构起来的话语。

但是，老实说，这次我认真构思用什么样的"语言"来追悼贾先生，也认真思考先生在晚年集中精力而留下来的大量日记、回忆录、序跋类等文本在"文学"上的位置和价值，才能深刻体会到以前仅在头脑里理解的道理。想一想，这不外是先生赐予我的深刻、彻底的最后一次教诲。受到如此教诲，但是再也见不到先生的温容，永远丧失了直接致谢的机会，这是无法挽回的莫大损失。如此损失的感觉，随着时光的流逝，并没有淡化，偏偏与此相反，愈加强烈地捉住我而不放。

二〇〇八年五月三十一日

（原载《东吴学术》2011 年第 4 期）

回过头来，回到实感经验之中

张新颖

　　我的导师贾植芳先生 2008 年 4 月去世，已经两年多了。这两年我常常不由自主地回想在贾先生身边二十年的往事，零零星星，散漫无羁。有一些原以为不会有多大意义的小事、细节、神情、片言只语，总是顽固地浮现，一而再再而三，好像是说，你得明白。慢慢地，我似乎也多少有些明白了，一点一点地，一层一层地明白。譬如说，我曾经有四年的时间在报社工作，那期间先生对我常说的一句话就是，你们的报纸不好看，没有社会新闻。抱怨报纸不好看，这很普遍，也都心知肚明；但贾先生的抱怨，在政治意识形态之外，另有一个指向。"没有社会新闻"，是意识形态控制的一个结果，但也不能全赖在这上面。因为我所在的那张"知识分子的报纸"，比其他的报纸更没有"社会新闻"。也就是说，"知识分子"的观念、趣味、意识、方法，自觉不自觉地排斥了"社会新闻"，这里面有自以为是的"高雅"对粗糙的、"低俗"的、"上不了台面"的社会生活的傲慢与偏见。这个"原始"的、乱糟糟的、莫名其妙的、匪夷所思的实在的经验世界，不是"知识分子"、"文化人"、"精英"所乐见的，他们习惯上所乐见的，是经过了去粗取精过程之后形成的东西，是经过整理、阐释、概括、提炼、升华之后形成的东西，总之是实感经验经过人为的"合理化"改造之后形成的东西，与实感经验之间，已经"隔开"了。很长一段时间我不能理解贾先生为什么要搜集各种各样的小报来读，也不明白他为什么常常去买地摊上粗制滥造的书刊。现在，我想通了其中的一点。

　　从报纸说到文学，文学应该如何面对实感经验？与贾植芳先生"同案"（"胡风反革命集团案"）的王元化先生，借助于对黑格尔"知性不能掌握美"的理解,斩钉截铁地表达了这样明确的思想:"文艺作品不能以去粗取精为借口舍弃生活的现象形态。相反,它必须保持生活现象的一切属性";知性的分析方法"肢解了事物的具体内容,使之变成简单的概念、片面的规定、稀薄的抽象。"(《读黑格尔》,新星出版社,2006 年)王先生说这些话是在 1982 年,不只是讨论理论问题,而且针对了文艺创作实践的历史教训和当时的状况。直到今天,这种针对性仍然没有丧失,因为在我们现在的创作中,实感经验变成了"简单的概念、片面的规定、稀薄的抽象"的情形一直存在。

王元化先生关于知性的说法源于马克思在《政治经济学批判导言》里面的一段话,讲的是研究的过程和阶段,我们借用来观察实感经验和文学形式的关系,也会有启发性。"我如果从人口着手,那么这就是一个混沌的关于整体的表象,经过更切近的规定后,我就会在分析中达到越来越简单的概念;从表象中的具体达到越来越稀薄的抽象,直到我达到一些最简单的规定。于是行程又得从那里回过头来,直到我最后有回到人口,但是这回人口已不是一个混沌的关于整体的表象,而是一个具有许多规定和关系的丰富的整体了。"马克思描述了从开始——经过中间阶段——再回过头来回去的过程,我们的问题是,我们的文学观念往往只强调从开始到中间阶段的"上升","上升"到那里之后,就停在那里了,停在了半空中。再回过头来重新回到丰富的实感经验之中,没有这个意识、方法和能力。

我曾经写过一篇短文,题为《如果文学不是"上升"的艺术,而是"下降"的艺术》,就是针对这种常见的"上升"到半空中的创作而言的。我们着迷于、致力于从生活"上升"为"艺术"。可是,"上升"到了一定的"高度",还想继续"上升",却又"上升"不了,怎么办? 马克思的方法是,"行程又得从那里回过头来"。下来,回来,"下降"到地面,"下降"到丰富的实感经验之中,回到最初的出发点;而最初的出发点,"混沌的关于整体的表象",用马克思的话说,已经变为"一个具有许多规定和关系的丰富的整体了"。原来,回过头来重新回去的过程并非倒退,其实也是继续向前的过程，"下降"也即"上升"。

古老的辩证法和箴言：上升的路和下降的路是同一条路。

（原载《文艺争鸣》2011 年第 1 期）

贾植芳：从翻译实践考察其人格精神及其学术贡献

宋炳辉

集作家、翻译家和知名学者于一身的贾植芳先生，自上世纪 20 年代末起，开始了其长达半个多世纪的坎坷历程，这半个世纪的磨难，也成就了从一个山村孩子到知名的"七月派"作家、翻译家和人文学者的炼狱之路，行铸了其作为一名现代中国知识分子丰富多面的形象和深厚的人格魅力，其 92 岁的生命为理想和追求所贯穿，充满了奔波、动荡、苦难、抗争和思考。

他从中学时代起发表文学创作，1935 年春因参加进步社会活动而被北平崇实中学校方以"思想不良"之名开除，随后投身"一二·九"运动被北洋政府逮捕入狱，1936 年保释出狱后即流亡日本，入东京日本大学经济科学习，期间积极参与留日学生左翼文学活动。抗战后辗转回国，经国民政府军事委员会第三厅主办的"留日学生训练班"短期训练后，以随军翻译等身份先后在中条山、西安、重庆等地从事抗日战争，几度出生入死。不久与胡风相识并为其主编的《七月》杂志投稿。1943 年因策反郝鹏举而被徐州日伪政府军警监禁，日本投降后在上海以写作为生。1947 年又被国民党中统特务逮捕入狱，次年经多方营救出狱后，藏身沪西农户家中，写下《中国近代社会经济》一书。旋即又为躲避国民党特务的追捕逃往青岛直至战争结束。新中国成立后，先后在震旦大学、复旦大学中文系任教，1955 年因"胡风反革命集团案"被捕入狱，监禁 13 年后宣判出狱，于 1966 年回复旦大学接受监督劳动，"文革"中再次遭受种种折磨。1979 年平反后回中文系任教，曾担任复旦大学图书馆馆长之职，七十多岁正式退休后直至 2008 年辞世，思考著述不断。

贾植芳在中国现、当代文化历史中的成就和影响是多方面的。首先，他是作为七月派作家的主要成员而参与中国现代文学的进程。他在上世纪三、四十年代先后创作了短篇小说集《人生赋》、散文集《热力》、中篇小说集《人的证据》，80 年代又有选集《贾植芳小说选》出版，晚年除出版自传《狱里狱外》外，还发表了大量回忆散文、书信和日记。钱理群评价贾植芳 1940 年代的小说创作，认为其在表现形式和内在追求，都与鲁迅等开创的五四启蒙主义传统有着紧密联系，并体现了一代知识分子在残酷战争中的历史乐观主义，"他们对抗人的丑陋与堕落，追求人的价值、责任与存在的意义"①。

不过，贾植芳先生在中国现代文化进程中的角色，远不是一个作家所能概括的，在作家之外，他更是一个具有鲜明的个性和独立的人格的人文知识分子。如果按照现代学科的划分，他的学术实践广涉猎政治经济学、社会学、文学等多个领域。而在文学领域，他又同时在中国现当代文学、文学学术翻译、通俗文艺学、外国文学和比较文学等多个学科中，表达他的观察与思考，尤其在中国现代文学、比较文学学科和翻译领域做出了杰出贡献。关于贾植芳先生的人格精神，关于他在中国现代文学所取得的成就，已有许多学者作出精到的概括，笔者也曾就其在中国比较文学学科的创立与发展中所作出的贡献，有过专文论述。这里仅就他的翻译实践及其成就为重点，结合他的人格与精神构成，从一个特定的侧面勾勒他的学术精神视野。当然，作为翻译家的贾植芳，他在翻译方面所付出的努力和留下的印迹，同样不是以一个职业型或者专家型翻译家的尺度可以衡量的。

贾植芳先生的英文是 1930 年代初在美国天主教会创办的北京私立崇实中学②所学，1936 至 1937 年间留学东京大学社会科时学会了日文。通过这两种语言，他先后翻译了许多外国人文社会科学著作，内容涉及了政治、经济、社会和文学等多个领域。他的翻译活动，大致分为前后两个

---

① 钱理群：《人类史前时期的风俗画——读〈贾植芳小说选〉》，《复旦大学学报》2005 年第 3 期。

② 崇实中学，创建于 1865 年，全名北平私立崇实中学，1952 年改为北京市第二十一中学，位于北京交道口北三条 57 号，著名作家萧乾等都曾就读于此。

阶段,其间有着长达四分之一世纪的空白,这正是他生命中最为漫长的牢狱生涯。在第一阶段,先后有《人民民主的长成与发展》、《住宅问题》、《契诃夫的戏剧艺术》①、《论报告文学》、《契诃夫手记》②、《俄国文学研究》等问世。后者从当时苏联等国家的英文期刊选录,编译了关于拉吉舍夫、普希金、果戈理、别林斯基、赫尔岑、屠格涅夫、车尔尼雪夫斯基、杜勃洛留波夫、涅克拉索夫、托尔斯泰、克罗连科、高尔基等著名俄苏作家的研究论文 26 篇,及时反映了国外俄苏文学研究的现状。另外,1949 年他还为正气书店校阅了从日语翻译的《露和字典》。

这些译著的出版,虽都在新中国成立之初——这也是贾植芳的翻译成果最为集中的时期——但事实上,他的翻译活动,不仅早在日本留学时代就已开始,而且许多重要译著,并不是在安静的书斋里完成,相反都伴随着烽火硝烟、白色恐怖和种种政治斗争的风浪。其中,早年翻译的三部文学作品,更因颠沛和动荡而散佚。在晚年的忆旧散文《遗失的原稿》及自传《狱里狱外》等著作中,他曾多次提及这三部译稿的传奇。

首先是俄国作家安德列耶夫(1871—1919)的剧本《卡列尼娜·伊凡诺夫娜》。早在 1937 年初夏,留学日本东京大学的贾植芳就利用课余时间译完此作,并与上海商务印书馆取得联系。在获得初步出版意向后,他对译稿从头校改,希望能一举顺利出版。就在译作即将完成时,"七·七事变"爆发,中日全面交战,贾植芳决计回国参加抗日,从神户乘英国公司的轮船取道上海回国。船行中途时,正逢上海沦陷封港,只好改泊香港。于是,在香港居留近两个月后才回到内地。临行前,他把所有行李都寄放在香港的朋友家中,其中就包括这部译稿。十年后日本投降,几度出生入死的贾植芳终于在 1946 年到上海,并托香港的朋友打听那些行李所在,接到回信得知,那些行李虽有遗失,但书与译稿还在,不久即可以寄来。这已是 1948 年秋天了。当时贾植芳因在复旦大学的进步学生组织创办的《学生新报》上发表揭露专制当局的《给战斗着》一文,被国民党中统特务以"煽动学生"罪逮捕,关押在南市区看守所已经一年有余,直到那年冬

---

① 该书从熊泽复六的日译本转译,列入"未名译丛",1953 年曾再版。

② 《契诃夫手记》(契诃夫著),"未名译丛"之一,上海文化工作社 1953 年初版。浙江文艺出版社 1982 年再版,并有湖南文艺出版社、百花文艺出版社多个版本。

季方被胡风设法保释。回家后听妻子任敏说起，不久前收到从香港寄来的一堆稿件，当时为躲避国民党特务的监视骚扰，她正寄居在郊区的朋友家里。收到邮件通知后，她即去四川北路邮局取出，并决定把书稿送到胡风家保存。为了避人耳目，她雇一辆三轮车，还把稿件裹在一条床单里。车到时，惊慌之中付钱下车直奔胡风家，竟忘了拿车上的包裹。当时鲁迅夫人许广平恰好也在胡家，听说里面还有稿件，一起奔下三楼，但三轮车早已不见踪影了。在许广平建议下，胡风当即在《新民晚报》刊登遗失启示，但终于杳无音信。这部安德列耶夫的译稿就此消失。

出狱后的贾植芳，为避国民党特务的白色恐怖，携妻子任敏潜赴青岛，化名贾有福，以商人身份寄居在一家小店里。此时的青岛已临近解放，外侨纷纷回国，许多外文书籍都散落坊间。贾植芳从路边摊头上买到一批廉价外文书。在不到半年隐居生活里，潜心翻译了三本书稿。一是英国传记作家奥勃伦（Edward J. O'Brien）的《晨曦的儿子——尼采传》（*Son Of The Morning：A Portrait Of Friedrich Nietzsche*）；二是匈牙利剧作家 E·维吉达（1887—1954，Ernest Vajda）的多幕剧《幻灭》；三是从日文转译了恩格斯的《住宅问题》，这是根据日本加田哲二氏岩波社日译本转译，并参照了 1948 年版的俄译本。另外他还从日译本译出德国社会学家卡尔·魏特夫（亦名魏复光，Karl August Wittfogel, 1896—1988）的《东方专制主义》（*Oriental Despotism：A Comparative Study of Total Power，1955*）一书的部分章节（日译本书名为《中国的经济和社会》）译成中文。

当时，他把三部译稿寄给了在上海《大公报》工作的朋友刘北汜，请其转给出版社。等到他在 1949 年 7 月回到解放后的上海时知道，30 多万字的尼采传记已经付排，自己的译序也在《大公报》发表。那时私人出版社的新书已经改由新华书店经销，政府规定需事先报登广告。就在出版社为此书登记广告时，报社一听说是尼采的传记，就质问：怎么现在还宣传法西斯？出版社老板吓出一身冷汗，只好将译稿退还了。

收回退稿后，贾植芳想起在另一家出版社的《幻灭》译稿，这是原作者写于第一次世界大战期间的作品，虽据英译者介绍，二战时作者曾不满匈牙利当局而被判劳役，但这么多年过去了，他的"政治面貌"会不会有什么变化呢？为稳妥起见，他托在京的友人向匈牙利使馆打听维吉达的近况。得到的回复是，作者现在寓居美国，正在好莱坞工作，"对现在的匈牙利还不理解"。为了避免再次引起政治麻烦，他便要回译稿，但原作却被出版社遗失了。这位维吉达，就是后来在好莱坞赫赫有名的浪漫戏剧片剧作家西德尼·伽里克（Sidney Garrick），《璇宫艳史》（*The Love Parade*）、《风流寡妇》（*The Merry Widow*）和《绝代艳后》（*Marie Antoinette*）等电影的编剧，按照当时或六十年代的政治标准，显然是从社会主义祖国投奔西方资本主义国家的"反动作家"了。1955年贾植芳因"胡风反革命集团骨干分子"之罪名被逮捕入狱，这两部译稿连同家里的所有藏书，包括卡尔·魏特夫《东方专制主义》一书的译稿均不知去向。只有恩格斯的《住宅问题》一书最为幸运，1951年即由上海泥土社出版。

贾植芳翻译工作的第二个阶段是在新时期平反复职后。与30年前相比，他的译介工作更多地转向文学学术。先后主编了《中国当代短篇小说》（1986）英译本，校译了《勃留索夫日记钞》，主持编译了海外中国文学研究选集《中国现代文学主潮》，特别是倾注大量精力，在陈思和等协助下，从1990年代初开始，主持国家社科项目的研究，编撰大型资料丛书《外来思潮流派理论在中国现代文学史上的影响》，只因出版经费的原因，这部大型资料丛书一直无法出版，十四年后，其部分内容后选辑为《中外文学关系史资料汇编（1898—1937）》出版。同时，他还不遗余力地提携、鼓励和推荐年轻译者开展外国文学和学术的译介工作，在他的学生当中，如张国安的《天声人语——日本散文选》、任一鸣的《勃留索夫日记钞》、张新颖的《人之子——耶稣传》、宋炳辉的《伍尔夫日记选》、孙宜学的《狱中记》等译著的翻译出版，都是在他提议和推动下完成的。在他晚年所作的大量序文中，很大一部分就是为外国文学作品或研究的译著而作。

作为"五四"精神哺育下成长起来的知识分子，贾植芳的精神世界和文化视野，从一开始就与外来文化思潮有着深切的关联。他晚年回忆自己的读书经历，谈到在崇实中学学习时，就十分迷恋和崇拜托尔斯泰、陀思妥耶夫斯基、耶稣、尼采、克鲁泡特金和马克思等，宿舍的墙上挂满了这些外国文化名人的肖像。在他为青少年开列的五部文学作品中，除《西游记》外，其余四部都是西方作品。他说，《神曲》、《堂吉诃德》、《鲁滨逊漂流记》和《浮士德》等 5 部作品，"实在大有助于我对人生境界的认识、理解和评价。我少年时读之，老年时又读之，越读越有味道，真是百读不厌。"①

正是贾植芳对外国文学的长期阅读、翻译和研究，逐渐形成了其开阔的世界文学视野。但他的精神资源从一开始就不是单一、规整的现代学科可以框范的，他的践行也非作家、翻译家或者教授、学者所能限囿。从这个意义上看贾植芳的翻译实践，显然非职业翻译家可比。对他而言，翻译的目的是为了拓展和引入参与社会变革和现代化进程的外来资源，而翻译本身就是这种实践活动的一个组成部分。因此，他的翻译选择完全取决于对文本对象的思想艺术和文化学术价值的内涵和倾向。尽管在不同时期有着不同的重点，但同样不受国别、学科、源语言和文体的限制，戏剧、随笔、传记，乃至经济、社会和文学研究的学术著作等等，都是他的译介对象。

正是据于这种开放宽阔的文化视野，他对中国近代以来数量众多的外来文化和文学翻译的价值，给予高度肯定。新时期之初，他就明确提出，"外国文学作品是由中国翻译家用汉语译出，以汉文形式存在的，在创造和丰富中国现代文学史上，其贡献与创作具有同等重要的意义与价值。"②翻译文学是中国现代文学中与小说、诗歌、散文和文学批评理论并列的重要组成，中国现代翻译文学与创作是"车之两轮，鸟之两翼"，是中国现代文学区别于传统文学的一个基本特点。他认为，如果没有清末海禁的被迫打开，中国知识分子开始接触和接受西方文化与文学，并开始译介包括东、西方在内的外国文学，对其进行由内容到形式的"创造性模仿"，也就是说，如果没有对外国文学的引进和借鉴，很难设想文学革命的发生和由此开始的中国新文学史。退一步说，如果这样，中国新文学的发展进程就决不是后来我们所看到的情形了。

早在上世纪 90 年代初，他就提醒学术界，早期的中国现代文学史著作都曾把翻译文学及中国现代文学对外国文学的接受和借鉴，作为治史立论的出发点，只是建国之后相对封闭的文化环境和意识形态压力以及

---

① 我的读书生活。
② 《中国现代文学总书目》序。

文学观念的褊狭,才导致对翻译文学价值和地位的忽视,翻译文学被贬为可有可无聊备一格的次等文学,翻译家在文学出版界也只能敬陪末座。他的这种理念,体现在中国现代文学和比较文学等学科的学术实践中,就是大力倡导和支持对中外文学关系和翻译文学的研究,在其主编的《中国现代文学总书目》等著作中,不仅反复申述同样的论点,并身体力行,把现代翻译文学资料的整理提升为学科研究工作的一个重要内容,从而突破了中外文学学科在研究对象上的机械划分,为新时期中国现代文学和比较文学学科开辟了新的学术空间。

他还进一步分析文学翻译活动的性质,认为翻译是一种再创造的文学活动,译本的质量往往取决于译者的文学和语言素养,以及对原作的理解和判断程度,因此,一方面它是译者在具体文化语境中对历史和现实的见解表现,另一方面总是有其成就与不足之处。所以对于享有世界性声誉的著作,就更需要一代代人的重译劳动,从而日趋完整地再现作品的原始风貌和它的真实艺术境界。同时,由于社会和生活的变化,来自生活的语言本身也在变化,无论词汇还是语法结构,都有发展和进步,当代人的重译,既可以纠正因主客观原因而导致的漏译和误译之处,其语言和表达方式,也会更适合于当代读者的阅读习惯①。这就把文学翻译置于具体的文化语境当中,将个体的文学和学术翻译实践历史化、语境化,实际上启发了中国翻译文学研究的广阔视野,预示了从国别文学、比较文学和翻译学等不同学科展开文学翻译研究的可能性,同时也是其学术品格的一种重要体现。

实践之知有别于理论之知和技术之知,它直接以生活世界为对象,实际上涉及了人类文化的一切科学,包括自然科学的前提和基础,从而使科学的自我理解得以回到最终的依据,在这个意义上,实践哲学是人文科学的基础和前提,也是其最终的理想。尽管作为一名人文学者,贾植芳先生除早期所作的《中国近代社会经济》外,几乎再没有成体系的论著行世,但广泛涉猎多个人文社会学科,并且在这些领域留下其富于个性的印迹。这些学术成就和学术特点,既体现在晚年结集的四卷本《贾植芳文集》中,

---

① 参见张新颖译《〈人之子——耶稣传〉中译本序》,1995。

也体现在其回忆录《狱里狱外》、日记书信集《解冻时节》、《早春三年日记》里，还体现在其为数可观的文学学术翻译实践当中。

贾植芳曾反复申明："我是在五四文化精神哺育下长大的文学青年，是有意识地继承和发扬五四文化密切联系社会人生的传统，在鲁迅开创的文学为人生且改造这人生的文学道路上前进……对于中国社会的历史、现状、性质、结构和组织机制等，我始终保持着不竭的探讨热望，并积极主动地介入社会现实生活。"①作为一个从封建体制和传统文化中反叛出来的现代知识分子，贾植芳积极投身中国现代社会和文化生活实践，以强烈的主体精神参与包括政治、军事、文化和文学在内的各种活动，将自由的人格追求和国家的独立、民族文化和文学复兴的使命紧密结合，从而使他在文化学术上的追求，具有强烈的个体实践性和创造精神，这种精神，同时也体现了一代知识分子对中国士大夫"知行合一"传统的继承和发展。这种对于当代民族文化身体力行的实践精神，不仅体现在他早年的文学创作中，在他后来所从事的文学学术活动中，也获得多方面的体现。在他看来，人文学术不只是一个学问体系，也不只是一个认识论的过程，它的学术展开同时是一种由主体参与其中的文化实践；他的文化学术活动兼及政治经济学、社会学和文学等多个领域，在文学内部他又是从文学创作实践转入学术研究，因此不仅熔铸了创作和研究的双重经验，而且从来就具有兼容古今、涵摄中外、并包雅俗的包容、通达的文学观念以及广阔的学术视野。

（原载《同济大学学报》2012 年第 2 期）

参考文献：

［1］【日】西泽富夫等，人民民主的长成与发展，日本世界经济研究所编，贾植芳译，上海棠棣出版社，1950。

［2］【德】恩格斯，住宅问题，贾植芳译，上海泥土社，1951。

［3］【俄】巴哈鲁蒂，契诃夫的戏剧艺术，贾植芳译，上海文化工作

---

① 《狱里狱外》第 32 页，上海远东出版社 1997 年版。

社,1951。

〔4〕【捷克】基希,论报告文学,贾植芳译,上海泥土社,1951。

〔5〕【俄】契诃夫,契诃夫手记,贾植芳译,上海文化工作社,1953。

〔6〕【俄】谢尔宾娜等,俄国文学研究,贾植芳译,上海泥土社,1953。

〔7〕贾植芳,贾植芳小说选,江苏人民出版社,1983。

〔8〕贾植芳主编,中国现代文学主潮,复旦大学出版社,1990。

〔9〕【俄】勃留索夫,勃留索夫日记钞,任一鸣译,百花文艺出版社,1990。

〔10〕【日】川端康成等,天声人语——日本散文选,张国安编译,台湾业强出版社,1991。

〔11〕贾植芳主编,中国现代文学总书目,福建教育出版社,1993。

〔12〕贾植芳,狱里狱外,上海远东出版社,1995。

〔13〕【德】路德维希,人之子——耶稣传,张新颖译,1995。

〔14〕【英】伍尔夫,伍尔夫日记选,戴红珍、宋炳辉译,百花文艺出版社,1997。

〔15〕贾植芳,狱里狱外,上海远东出版社,1997。

〔16〕【英】王尔德,狱中记,孙宜学译,广西师范大学出版社,2000。

〔17〕贾植芳,解冻时节(日记书信集),长江文艺出版社,2000。

〔18〕贾植芳,贾植芳文集,1—4卷,上海社会科学院出版社,2004。

〔19〕贾植芳、陈思和主编,中外文学关系史资料汇编(1898—1937),上、下册,广西师范大学出版社,2004。

〔20〕贾植芳,早春三年日记(1982—1984),大象出版社,2005。

怀念：在先生远行以后

何　清

　　没想到我是以那样一种方式与贾植芳先生告别的。我在那天中午突然地起了一种强烈的愿望，想第二天到上海去看望贾植芳先生，没成想这一去竟然是与先生所见的最后一面——就在我去的那天下午，先生和他的学生以及学生的学生永别了！从此，阴阳两隔。望着先生瘦小的背影消失在另一个陌生的世界，想着先生此去一路少不了会遇到各色的魑魅魍魉，定然不会太平，想着那个冰冷的世界的黑暗，想着先生的孤独和无助，不禁悲从中来。可又想先生一辈子浩气正声地活着，是经历过大悲苦大劫难的煎熬和洗礼的，寻常的鬼魅又算得了什么。更何况先生在世时的热肠和侠义，经常是盈门宾客，有朋四海，到了那里，定然也会有温暖的随行和情义的援助。即便这样想，在先生去世后的很长一段时间里我始终无法面对先生已经不在了的现实。

　　今年的四月二十四日是先生逝世两周年的日子，郁积于胸的怀念绵长醇厚，成为先生远行后时时泛起的回味和遥想。当我翻阅着这本新近出版的《我的人生档案——〈贾植芳回忆录〉》时，先生的音容笑貌竟是那样清晰地重现于眼前。尽管这些文字在过去先生健在的时候陆陆续续都曾读过，但在先生远行后的重读却是别有一番滋味在心头。我曾多次在先生的书房兼客厅中听他讲他的家庭，他的人生，以及跟他发生过关联的枝蔓丛生的历史，如今只能在静静地阅读中浮现那些与先生相处时的温暖的情景了。

　　贾植芳先生时常为人所乐道的名言就是："把'人'字写端正！"他的一生就是用行动和生命诠释"端正的'人'字"的一生。《回忆录》由"且说说我自己"、"狱里狱外"、"我的三朋五友"三部分组成，所选篇目基本涵盖了先生坎坷曲折的人生历程，说己论人，风骨毕现。第一部分的文字可以说是先生对人生的概述，涉及个人与家庭、个人与社会、学习与生活、个人与文学的关系，诸如《我的第一篇小说》、《我的写作生涯》、《怀念丸善书店》、《上海是个海——我在上海的生活史》、《一个老年人的自述》、《在那个凄风苦雨的日子里——哭亡妻任敏》这些篇章，从一个热血青年写到耄耋老人，这里有青春的叛逆，有与文学的结缘，有温馨的怀念，也有感人至深的大痛之言。先生生命的足迹，就是一部二十世纪中国知识分子的精神史，个人被历史裹挟着走过崎岖不平的道路，但从没听先生抱怨过，那是他一生的选择，虽九死其犹未悔！

"狱里狱外"，先生曾以此概括自己的人生。从上个世纪 30 年代中期开始，他曾先后四度入狱：1935 年在北平参加"一二·九"爱国学生运动首度被捕；1945 年在徐州从事日本人的策反工作被日伪特高科逮捕；1948 年在上海因文贾祸被国民党中统局特务抓入大牢；1955 年受胡风案牵连开始了长达 25 年的监狱及劳改生涯。这样的经历听起来颇有些传奇色彩，但它绝非想象的虚构，更不是浪漫的革命故事的演绎，而是一个追求真理，热爱自由，向往民主的爱国知识分子苦难人生的真切履历。先生说他的一生就是：从一个监狱到另一个监狱。"狱里"似乎是归宿，"狱外"倒像是过渡。细想起来，先生此言饱含了他难以尽述的屈辱和痛苦，也证明着他不屈地抗争和坚执的忍耐。他的人生的黄金时段基本是在监狱里度过的，他在专制和强权的时代里以自己受难的方式见证着社会的症候和人的表现。回忆录中选取了先生关于后两次入狱的文字，比较详细地记述了他对于监狱乃至社会的感知、体验和认识。《在亚尔培路二号》详尽地叙述了先生在 1948 年被捕入狱的缘起和狱中生活，对国民党法西斯统治的专制黑暗，特务的无法无天，从肉体折磨到精神摧残的残酷暴行，提供了一份亲历亲见者的确凿的证词。人们借以知道了国民党统治下的监狱里是怎么酷刑逼供，怎么诱民入罪，怎么践踏人的尊严，怎么随意剥夺人的自由和权利。也把监狱这样一个特殊社会环境里的人性表现记录在案，人性与兽性，清晰地表演在监狱这个独特的舞台上。"人的斗争"是知识分子为了反抗黑暗的恶势力而进行的意志力的较量，追求精神的独立，以不屈的姿态留下了"人的证据"。

　　上个世纪 50 年代初的几年是贾植芳先生生活相对比较安定的时段，革故鼎新的社会变迁使当时的知识分子怀揣希望的激情投身于火热的时代，他们理所当然地认为中国革命的胜利有自己的参与、努力和奋斗在里面，以胜利者自居是他们发自内心的确认，并非趋势攀附的沾光，这也就不难理解新中国刚一成立胡风就作了《时间开始了》的长诗，以豪迈的政治热情为革命的胜利献上了一首由衷的颂歌。但 50 年代又是一个重新确立社会秩序和文化规范的时代，各种文学力量被规范整合后置于新的体制框架内，"一体化"的要求终于使文学在政治面前丧失了自身的独立性。然而胡风在当时的语境中无疑是个异数，这位诞生于 30 年代左翼文艺运动中的左翼文学理论家，坚持"五四"以来的知识分子启蒙立场，自觉地继承鲁迅开创的现实战斗精神，对蕴涵于大众中的"精神奴役创伤"进行批判。他的观点和认识，与主流意识形态的文艺思想产生严重的差异和分歧，最终上升为政治问题被强加上"反革命集团"的罪名予以镇压。贾植芳先生因与胡风的关系而被目为该集团的"骨干分子"遭到逮捕，成了这个冤案二十多年沉冤的最大的受害者之一。他在《狱中沉思：我与胡风》中说："我之所以成为这个人为认定的'集团'的'骨干'，完全是我与胡风之间的、在患难中建立起来的深厚的友谊关系。我与胡风的感情，主要是出于友谊以及对朋友忠诚这一古老的中国人的为人道德。"他还在《乍暖还寒时候》一文中也说过，他尊重的是胡风正直的人格力量，是与胡风几十年来生死相连的友谊，铭记于心的是胡风在他最困难的时候所给予的帮助，是朋友就不应该背叛，对那些"卖友求荣"毫无操守可言的趋炎附势之徒表达了他的不齿。其实，在当时的情势下，要想划清界限也是件很容易的事，推波助澜，落井下石，反戈一击者大有人在，更何况趋利避害是人的常性，待时过境迁之后，可以用身不由己，形势所迫敷衍而过，无需悔过，更不必担责。惟其如此，巴金先生晚年的《随想录》所表达的一个"忏悔的人"的哀痛和自责才显得那么空谷足音般弥足珍贵。贾植芳先生选择了对朋友的忠诚，也就意味着要兑现隐含其中的心灵的期许，就必须承担"有难同当"风险，绝不屈于淫威而出卖灵魂，而是以灵魂的受难来证明人格的操守和道德的品质。他漫长的监狱人生，劳改役使，将一颗没有奴颜和媚骨的铁骨铮铮的精神的头颅高高扬起，终成为检验那个时代的某种精神标尺。

先生不屈的精神成为一种人格风范，但它负载了太多的苦难、屈辱和痛苦，这之中还包含了他的妻子为他承担的苦痛和折磨。他在《做知识分子的老婆》一文中回忆了妻子任敏为他所累而坐牢和流放青海的苦难历程。在先生眼里，任敏师母是一位平凡而伟大的女性，她用超凡的忍耐接受并默默承担着因先生而起的命运的不公，尽管这并不是先生的错。她选择做了知识分子的老婆，要承担的东西很多，包括物质的清贫和精神的动荡，不可能有安稳的小日子，受苦、受累、受难，为他思想的不安分所累。担惊受怕，患难与共，相濡以沫，可以想见，就这样一路走来的险途，岂是几个简短的词语所能涵盖的了的？这里面有局外人难以想象的苦与痛，恐怕就连先生也未必确知究竟，如一个女性被发配到遥远的蛮荒之地，孤独无助无告的处境下需要有多大的勇气和心力去面对？需要忍受多少常人难以忍受的磨难？师母是有文化的女性，她把自己的遭遇写成了《流放手记》，尽管记录的是一个侧面，但却是对灾难性的历史事件的有力补充。胡风妻子梅志也写下了《我陪胡风坐牢》，这些文字都是一个历经苦难的"知识分子老婆"的记述，她们不是被视为"异端"的思想的制造者，却是这种思想者的妻子，牵连之深不言而喻。想到那年师母去世的追悼现场，先生对师母深深地跪谢，令所有在场者动容不已。这一跪之中表达的是先生对妻子在风雨人生中对自己的追随、扶持、理解和给予的爱的温暖的谢意，也有先生为自己带给妻子苦难的内疚。无论是"狱里"还是"狱外"，先生与师母始终不离不弃，风雨相随。

一个自称是"社会中人"的知识分子，自然少不了"三朋五友"，可从那些先生回忆的对象来看，也多是些"道上"的朋友，集中在学校中、出版界、文化界，都是以"知识分子"为范畴的认同。先生是一个重情重义之人，在那些相识相交的友朋之中，有患难与共的文友兄弟胡风、路翎，有曾经共事复旦的余上沅、林同济，有所谓"托派分子"长者郑超麟，有现代文学学科研究的开创者乡党王瑶，有受先生牵连的学生、美学家施昌东，有编辑家尚丁，还有相识于不同时期的作家巴金、萧军、陈瘦竹、戴厚英，以及诗人公木、覃子豪等等，这些名字大都与 20 世纪中国的文学史、文化史、思想史关联深切，贾植芳先生的关于他们的忆旧性的文字中，或赞赏其学识，或欣赏其风骨，或追怀其友情，言语之间，知人论世，极富洞见，先生在对"历史中的人"的叙述中也在不经意间把自己的冷热性情和看取人世的眼光凸现了出来。

由于贾植芳先生特殊的人生经历的缘故，人们谈论最多的是关于苦难与人格的话题，而他作为一个著名教授、学者在中国现代文学研究和中国比较文学学科建设方面所做的贡献反而被遮蔽了。他从一个曾经著名的"七月派"作家到大学教授，在荆棘密布险象环生的现实途路中完成了人生的转折和定位。对此，他说："我成了一名身为教授的职业者，但我不是科班出身的书斋学者，我是在时代风浪中奔波的知识分子。教书育人，这是我一辈子颇感欣慰的大事。"其实，于先生而言，作为教授、学者是其人生角色里扮演时间最长的身份标志，相应的教书育人、著书立说是本分也是责任，他常说做人是第一位的，如果人品不好，学问也好不到哪里。这与中国知识分子传统强调的"道德文章"是有相关之处的，人的道德修养和人格境界无疑会提升问学的层次和学术的水平。因此，先生的育人常常是以不拘泥于形式的方式完成着潜移默化的浸染，学生们既润泽了知识的光辉，又感受了人格的魅力。先生之学从煌煌四卷本的《贾植芳文集》中便可得以明证。正如陈思和老师在《〈贾植芳纪念集〉编后》一文中所总结的："您从 64 岁到 92 岁，继续笔耕大量文字，是学术研究论文和演讲、提携后进的序跋书信、以及您作为历史见证的回忆录和散文，这还不包括您主编、编译、策划的大量资料文献。后者的文字数量大大超过了前者，所涉及的领域更加广宽，创作发展成了惊心动魄的回忆录，翻译演变成中外文学比较的研究，文学批评成为对现代文学的研究和资料汇编。"

贾植芳先生在回顾自己的一生时说："在坑坑洼洼的道路上，活得还像个人。"这本《我的人生档案》就是要告诉人们一个大写"人"字是如何完成的，一撇一捺，先生都是背负着巨大的苦难的"书写"，"人"的站立，是先生高贵的精神的站立，他在有形之中灌注了正直不屈的灵魂，所以写得端正。一个疏离于主流意识形态，疏离于政治权力中心的知识分子，如何在体制严统的环境里保持独立的精神品格，维护人格的尊严，这是一个无法轻言的问题。贾植芳先生用了一生的行动来回答，答案是沉甸甸的，而答题的过程更是九死一生的艰难，按先生的话说，如同孙悟空西天取经，须经"八十一难"方得正果。记得高尔基在《不合适宜的思想》中说过："我们不应该忘记'纯粹'的真相，因为它是我们最宝贵的财富，是我们意识的最明亮的火花；这种真相的存在，是人对自己提出崇高的道德要求的证明。"就此而言，贾植芳先生的"人生档案"无疑具有这样的意义。

（原载陈思和、王德威主编《史料与阐释 贰零壹壹卷合刊本》，复旦大学出版社 2013）

编书这么小的事：贾植芳与《巴金专集》

康　凌

1

1978 年 5 月，百废待兴，杭州大学和苏州大学牵头，邀请全国三十多所高校、图书馆等单位，一起开展了"中国当代文学研究资料"丛书的编辑，涉及一百多位作家的研究专集和合集。"主要为从事当代文学、现代文学、文艺理论、文学写作的教学和研究的同志，提供较完整、系统的研究资料，对其它文学爱好者的文艺创作和研究，也有一定的参考价值。"（《"中国当代文学研究资料"丛书·前言》）

也是这一年的 9 月，贾植芳先生结束劳改，从复旦大学印刷厂回到中文系资料室工作，迎面就赶上了这个任务，不仅被列为丛书的"特约编委"，更亲自参编巴金、赵树理、闻捷三部专集，其中，尤以巴金专集耗时最长，费力最勤。除了查访巴金作品初版本，搜集各种评论外，还托人找来各种批判巴金的材料，翻译海外巴金研究的新成果，编年表，作索引，不仅自己动手，而且"全家都上阵"（80.3.4），种种工作，几乎贯穿了他 1980 年前后的日记，实在是贾先生案头的一件"大工程也"（80.2.6），无怪乎他生出了"疲于奔命"（80.3.19）的感慨。在后记中他写道："我们觉得这部资料既然是研究性的书籍，就应该从文献学的角度，或者说从历史的观点从事编辑工作。无论是作家自己的自述性作品的选录或是评论家的评介文章的收用，都应该严格地采用初次发表时的论文，这对探讨和研究为我国现、当代文学作出巨大贡献和努力的这位作家的生活、思想和艺术道路以及检阅这许多年以来我国评论界对他的评介研究工作的成绩或失误，那条弯弯曲曲的历史过程和内涵，才有真正的学术意义和历史价值。"

不过，即使在贾先生编辑这部专集时，这条"弯弯曲曲的历史过程"也似乎尚未变成坦途。细读贾先生此间留下的日记，编书这么小的事背后，不仅有文学研究在 80 年代初重新出发时的蹒跚脚步，更折射了乍暖还寒时候，中国知识分子种种微妙而复杂的心绪，而这一切本身，更可以被视为这条弯曲的历史轨迹，在当时的投影与延续——所谓"自由的八十年代"，也只有在这些曲折中，才逐渐呈露出它的实相。

2

1926 年，郭沫若在《洪水》上陆续发表《马克思进文庙》、《新国家的创造》等文，借着孔子的名头，介绍马克思主义，引来各方讨论乃至驳斥。而其中火力最猛的，无疑有青年巴金（李芾甘）。他不仅骂郭沫若是"马克思主义的卖淫妇"，更在《答郭沫若的〈卖淫妇的饶舌〉》中借他人之口，指斥马克思是"搅乱的、阴谋的、狭量的、专制的"，是"野心家"，其《共产党宣言》、《资本论》等书是抄袭之作。这篇文章，后来被论争的参与者之一，国民党的陶其情收入他编的论争文集《矛盾集》更在一篇总结文章中，将"素不相识的李君芾甘"引为同志。

这段历史，成为巴金 50 年代之后受到反复批判的重要"案底"，也成为作家自己无法跨过的心结，贾先生感慨，"巴金年轻在他的青年时代是走了一段很弯曲的道路的，这恐怕也就是解放后他往往当'风派'，在各种运动中故作姿态的原因，原来他内心有很大的隐忧，不能不以高姿态来保获自己的生存耳。"（79.10.25）

这自然是知人论世之言，个人在历史中的出处抉择，远不如后人想象的那样非黑即白，台前的声言与姿态背后，有着更大的历史阴影与恐惧。然而，作为研究资料的编者，摆在面前的棘手问题，则是如何处理巴金这一段"弯路"中所留下的文献。作为无政府主义者，巴金的这些批判马克思主义的文章，当然构成了其思想轨迹中的重要部分。然而，这一个侧面的巴金，究竟在多大程度上可以去还原与呈现，不仅是一个历史问题，更涉及当下的生活。学术研究在政治生活中的位置，还处于"妾身未分明"

的阶段，贸然刊出这些文章，对于作者与编者，可能引起的后果依旧是全然未知的，料峭的春寒，随时有伤人的威胁。用贾先生自己的话说，"在众目睽睽之下编这个巴集，实在是伤脑筋的事，在目录索引这一部分，编制工作由于政治和现实的考虑，实事求是很不容易。小唐一再说，由他们小年青编，作者群众都不会注目，由我这样人来出马，倒引人注目不止。这话也合情理。"(80.3.9)

对于这一点，各方大概都有所会心。巴金的儿子特地来问过著译目录的编辑情况，"说一定收集了不少材料，说是否给他爸爸看看云云。此公大约很不放心。"(79.11.23)巴金本人也曾对贾先生表示，"他到现在还不能说是一个马克思主义者。对收他的早期政治理论文章，他说怕人家又说他宣扬什么主义。"(80.3.13)言辞里满是心有余悸的意思。权衡之下，终于决定不收：

> 昨日为巴金目录事，上午和老杜谈过，有些二三十年代的政治性文章（反马、马苏、反无产阶级专政）是否入选，不得不当心；人们还没有那么高的认识水平，多少年的老习惯养成一批专门找茬的人。杜同意暂以不收入为宜的主张，并说要请示党委，最好写一张报告，举出不宜入选的书名和作品名。为此，晚上写两张，和小唐去看系总支书记老李、教学副主任老颜，说明情况，这些本是正常的学术工作，在我国现状下却往往或左或右地解释为政治问题甚至政治斗争，因此不能不按组织手续办理。(80.3.13)

选与不选，都须经过"组织手续办理"。这一处理，不仅出于"老运动员"的审慎，更能见出80年代之初，知识分子们所身临其中的政学环境。结果是，《巴金专集》第一册第二册中，这一侧面的巴金，虽然已经为人所识，但依旧处于地表之下。至于第三册的文章索引部分，虽然巴金本人在校阅之后没有改动(80.3.16)，但作为出版者的章品镇却来信，表示有些篇目（索引）还需和巴金商量一个妥善办法，"这些条目大约指20年代的反马克思主义、反苏、反共的政治性译著。中国经过多年的实用主义政治统治，坚持历史唯物主义往往是一句空话。"(83.6.28)

可惜的是，由于经济原因，第三册最终没有出版，"历史唯物主义"究竟能否坚持，我们也就无由知晓了。

3

在编辑专集期间，贾先生常常去向巴金征求意见，不仅询问生平、译本、笔名等问题（80.3.13、80.3.16），在文章的选取上，有时也会听取巴金的意思。文集编成后，巴金也经常将其送给研究他作品的外国学者。因此，专集文章的选择，在某种程度上也反映了巴金本人的一些想法。建国后的大批判文章是否要选、如何选取的问题正是如此。在编辑工作一开始，贾先生就找来了这些文章，从1958年所谓"拔白旗、插红旗"运动中的批巴运动，到"文革"期间造反派批巴金的材料六册，都一一过目审读。对于这些文章，他的态度非常明确："大小人物从教义出发，无视生活本身，对巴君进行声讨，文章之无聊和空洞，使人哭笑不得。正是在这种极左的渊源流长的棍棒下，中国文艺事业走向失败和凋零，这种历史的教训值得深思！"（79.9.20）

有意思的是，巴金本人则表态，坚决主张收入"文化大革命"中胡万春等人批判他的文章，"就是把文中所提出的他早期那些反动文章编入目录内，他也无所顾忌云云。"（80.6.29）或许正是因此，在《巴金专集》第二册后出现了一个名为"林彪、'四人帮'反革命集团横行时期出现的'巴金批判'文章选辑"的"附录"，而其中的第一篇文章，便是胡万春、唐克新所写的《彻底揭露巴金的反革命真面目》。

陈思和曾忆及年少时观看批斗巴金的电视大会，"一个工人作家（好像是胡万春）把巴金青年时期在报刊上发表的'无政府主义'的文章举得高高的，以强调其'反动'。"（《1966—1970：暗淡岁月》）这些镜头，当然证明"文革"是一场浩劫，然而，劫后知识人的微妙心态，却远非这种抽象的谴责所能道尽。较诸义正词严的揭露与斥责，乃至"告别××"的决绝姿态，历史的创痛往往以更为暧昧的方式悄然延伸到当下，在灾难过去之后，集体之"恶"中的个人发言究竟要承担多大的责任？在这一方向上的思考，亦成为巴金晚年反思中的一个关节。

关于巴金与"文革"，贾先生的日记中还记下了两件事，这里也不妨一并录出。其一，是巴金曾对贾说起 1962 年他写的《作家的勇气和责任心》，说"文化大革命"开始，他就把它烧了，但在写字间烧错了，把他在上海文代会上的开幕词当作这篇文章烧了。后来稿抄出来，被当作他的罪证到处印发。巴金赞成在专集中收入原文。（80.3.13）其二，则是第四次文代会上，上海的吴强发言为他在 55 年充当警察角色捉耿庸、王元化表示歉意，巴金当即叫道："还有我哩！"巴说："当时你逼我写反胡风文章。"（80.7.5）对此，身为胡风分子的贾先生怎么评论？——"志于此，以为写《新儒林外史》者准备材料。"

除了批判文章的收录外，巴金还曾给贾先生送去一张《文汇报》，"上面有一篇端木谈《家》的文章，又说他在 10 月份香港《大公报》写了一篇谈骗子的文章，说是他的观点和陈沂的有别，他的意思很明白，希望'专集'能把它们收进去。"（79.10.31）其中，端木蕻良的《重读〈家〉》已经收入了《巴金专集》第二册，读者自可翻阅，而后一篇文章的背景，则需要稍作说明。

1978 年，上海籍知青张泉龙冒充高干子弟，在上海招摇撞骗，各级官员纷纷以权谋私，为他大开各种方便之门，供车供票，甚至要帮他把他的"知青朋友"调回上海。这则新闻被沙叶新等人知道后，迅速据此创作了剧本《骗子》（后以《假如我是真的》为题发表），剧中的"骗子"被揭穿后，在法庭上为自己辩护道："我错就错在我是个假的，假如我是真的……那我所做的一切就将会是完全合法的。"

此剧上演后，迅速引起轰动，各地剧团纷纷要求排演。贾先生自己也曾看过，并评论道，此剧"并没有否定现实的味道，只是指出现实的可哀之处，意在匡世，非要推翻也。……反映了时代风尚，表面看来是讽刺剧，实际上是一出悲剧，它使人正视现实，发人深思。"（79.10.15）"否定"、"推翻"云云，意指当时围绕此剧而产生的争议，从地方宣传部门直到中央政治局，关于是否要禁演此剧，产生了各种针锋相对的看法。上文提到的陈沂，时任上海市委宣传部部长，贾先生在之后的日记中提到他时，曾用香港媒体的话，称其为"左王"（88.3.21）。而巴金的文章则是写于这一年 9

月的《小骗子》，文中将此剧比之于果戈理的《钦差大臣》，写到，"我不能不承认在我们这个社会里还有非现代的东西，甚至还有果戈理在一八三六年谴责的东西。"同时，他也明确表示，"有人说话剧给干部脸上抹黑，给社会主义脸上抹黑，我看倒不见得。"态度和贾先生如出一辙。

4

推荐此文入选《专集》，多少反映了巴金对它的看重。此后，他陆续又写下《再说小骗子》、《三谈骗子》、《四谈骗子》，对新社会中的骗子及其土壤的观察与批判，以及由此反映出的"新"社会中的"旧"封建因素，成为巴金晚年思想中的重要部分。在这里，我们又一次遇到了个体与历史的关系：一方面，在审判"骗子"的同时，我们如何反思体制的弊端？而另一方面，以"体制的弊端"为名义，为个体在历史中的行为辩护，是否，或是在多大程度上，是有效的？这一系列问题，不仅对于巴金，更对于这一整代知识分子，包括经历过"舒芜事件"的贾植芳而言，恐怕都是他们始终在思索，乃至反省的对象。

1981年，巴金接受《朝日新闻》记者访问，谈到自己在胡风运动中的参与，他说："胡风批判那时，由于自己的'人云亦云'，才站在指责胡风为反革命的人的一边。现在他已恢复了名誉，并没有所谓反革命的事实。我对于自己当时的言论进行了反省。必须明白真相才能行动。"

读到这篇访问记，贾植芳写道："这是我见到的第一个为反胡风而向国外发表声明的中国作家，而这样的人在中国如恒河沙数也。"(81.6.2)

贾先生对自己的同辈人，通常吝于赞美，"恒河沙数"这样的褒奖之词，更是罕见。或许正是因此，他对巴金晚年的写作始终保持着关注。在他的日记中，常常可见"夜读巴金《真话集》"、"读巴金《随想录》"之类的记载，他不仅认为这些文章"写得都很真实（在感情思想上）"(81.10.16)，更为《随想录》在发表过程中所受到的压力、阻力以及流言蜚语，而感到深深的愤慨："原来谈'文革'在某种人看来竟是一种'罪行'，这真像作者所说，在封建社会百姓挨了官的板子还要叩头谢恩一样。想不到这样封建奴隶道德，在号称人民当家作主的社会并未过时。"(88.2.26)这种共鸣，当然不是抽象的喟叹，前述《巴金专集》的编辑中所遇到的种种顾虑，不正与之同出一源么？"弯弯曲曲的历史过程"，似乎还在蔓延向前。

这篇谈骗子的文章，后来并没有选进专集，《随想录》的文章，选了《总序》、《怀念萧珊》、《把心交给读者》、《迎接"五四"六十周年》、《观察人》、《随想录后记》、《我和文学》、《探索集后记》等，考虑到专集第一册约在80年夏就已交稿，那么，不论在入选的数量还是速度上，贾先生对巴金晚年反思的重视，都可见一斑。后来巴金去世后，贾植芳接受记者采访时说到，他感到最遗憾的事情，是《随想录》再也不能续写了。

1988年，瑞典皇家科学院曾请贾植芳推荐一位中国现代作家作为1989年的诺贝尔文学奖候选人，他推荐了巴金。（89.1.16）当然，这与先前的《巴金专集》，大概早已没有关系了。

（本文所引日记内容，均出自《贾植芳日记》，复旦大学出版社即出）

2013-4-24　贾先生五周年忌日改定

（原载《书城》2013年第7期）

书斋外的学者

——纪念贾植芳先生百年诞辰

彭小莲

在复旦新闻学院,问起正在就读的年轻学子:你们知道贾植芳先生吗? 身边的学生都面面相觑,沉默着。终于听见有人发出声音:谁是贾植芳? 我反而被问得愣住了。我该怎么回答? 连复旦的学生都不知道贾先生,我说什么好呢? 仔细想想,他们有权力对复旦的元老级教授陌生,因为贾先生的照片并没有出现在学校重要的墙壁上;他们是对的。如今学生都那么单纯,他们的人生阅历,几乎是在手机、微信、微博上完成的,真实的世界被遮蔽了,碎片化的信息,把思考同时割裂,但是他们并不在乎。

可是,我在乎,我在乎贾先生作为一个人,他对我、对我们历史的意义。1916 年 9 月 29 日,贾植芳先生出生于山西襄汾一个富裕的地主家庭。

"我生于袁世凯称帝的那年,年轻时曾自号'洪宪生人',以后又经过了军阀混战、国民党专制、抗日战争等时代,一直到高唱着'东方红,太阳升'。有缘的是我每经过一个朝代就坐一回监狱,罪名是千篇一律的政治犯。作为一个知识分子,我是认真付出过生命的代价的。"——贾植芳(序)①

第一次入狱,他还是个学生,那个戴着圆圆的黑框眼镜的人,一看是典型的接受"五四"洗礼的那种年轻人。1932 年,16 岁的贾植芳正跟随哥哥在京读书,读的是美国人办的教会学校,崇实中学,全部英文教学,校长不让学生介入政治,可是这英文却是可以打开人生的另外一个窗户,看见中国以外的世界。于是贾先生已经不能满足于行侠仗义、浪荡江湖的

---

① 全文除标明出处,全部引文选摘于贾植芳自传体自述《狱里狱外》。

游侠好汉之情了,他在本质上,已经开始接受西方文明的精神,在人生的价值观上,同样抛弃儒家文化里的内核"非我族类,其心必异",贾先生是带着茫然,开始寻找自己的理想,于是 19 岁那年,参加了"一二·九"运动,立刻被抓进监狱。

贾先生被关在北平警察局,因为家里有钱,冬天的他穿着皮袄,头上还戴着法兰绒的小帽子。这与我后来见到的贾先生,完全是天壤之别,老年的时候,他总是穿着粗布衣服,布底鞋,老式的圆口布鞋。我很难把这两个形象对比在一起。这些当年的激进分子、革命者,都不是我们在电影里看见的,他完全是一副小少爷的架势。很快,监狱进来一群军人,都是气宇轩昂的架势,他们也都是穿着貂皮大衣,跟随他们押进来的还有一批妓女,立刻被关入女牢。那是国民党政府在反腐清廉的作为,整顿这些集体嫖娼的军人。但是,用贾先生的话说:"谁都知道,这类罪名不过是一个借口,真正的原因还在于军队里的派系和当时的政治局势。"(P160)和贾先生关在一起的,有一个老军阀,是张学良下面的航空署长,也是张学良亲自送他去德国留学的。即使进了监狱,他还是一副"领导"做派,同时跟随押进来的军人,随时都在伺候着他。"署长"操着东北话,在那里大骂政府,显然对这个政府是有意见的。可是再骂,也是要熬过监狱里的时间,那是在有限的空间里,最难对付的东西。于是"署长"把贾先生叫"小朋友",这让人有亲切感,虽然是个老军阀,在监狱里,竟然也是有教养的。他要教"小朋友"德语,贾先生非常乐意接受这样的教育,于是就从写字母,学发音,从头开始教。贾先生学得开心,署长也教得认真,可是教着教着,署长大烟瘾发作,人就完全废了,痛苦得不堪忍受。可是,当他发作以后,一旦恢复正常,又开始认认真真教贾先生德语。

不久的一个下午,贾先生还在睡觉,这个叫赵吏的军阀被戴上铐子,拖出去了。不知道他去了哪里,贾先生还想学德语,惦着他,就悄悄地问看守,这才知道,他拖出去被枪毙了。你再大的职位,在没有法制的社会,到生命的最后一刻,这生命不是属于你自己的。这之后,是贾先生的家人,花了大钱,把他从监狱里赎出来了。很快,他逃亡日本留学。

第二次入狱,贾先生已经不是学生,他在社会上有了自己的经历,但他还是那么年轻。那是 1945 年,29 岁。贾先生恋爱了,他带着恋人——

20刚出头的任敏阿姨逃跑到徐州。因为他在国民党独立工兵第三团担任日文资料翻译，原以为生活可以安定了，却又被人怀疑是共产党，有好心人及时赶来通风报信，说兵团在策划要活埋他。当天夜晚，在伸手不见五指的山路上，贾先生在前面爬，然后回头叫一声：任敏。任敏阿姨赶紧跟着爬过来，就这样逃跑了。一到徐州，他在公告上看见汪伪政府淮海省长是郝鹏举，那是他从日本回国抗战时参加留日学生特别培训班时的教官。贾先生竟然前往郝鹏举驻地去看望他，天真地想策反他。这下，贾先生又被日本宪兵抓起来。

历史总是让我们糊涂，现在都说国民党是在最前沿的战场上杀敌抗战的，可是看着我身边父辈的故事，听他们亲口诉说的，却是在国民党统治下被陷害、被逮捕、被受刑。不管贾先生那时候是否是共产党，他抗日的目的是明确的。那为什么在那样的时刻，不去杀侵略者，却要对自己的国人，对贾先生这样的抗日知识分子一再陷害？中国的历史，真的是深不见底。

贾先生在日本留学时，听到日本人打进北平，卢沟桥事件发生，抗日战争全面爆发时，他毅然弃学回国参加抗战。可是当他乘坐的轮船抵达香港时，伯父连夜写信通知他："你千万不要回国来，你一个人也救不了国家，这战争也不是一下能结束，你要么留在香港念香港大学，要么到欧洲去，比利时、法国都行，读个三五年书再说。"但国难当头，贾先生这样血气方刚的年轻人，怎么可能选择书斋里的生活？那椅子都是燃烧的，他坐不住。

现在，贾先生被关进徐州市警察局特高科的监狱，他是和社会最底层的流氓、地痞、无赖关在一起。和他们，贾先生无话可说。不能想象的是，那时候，监狱里允许任敏阿姨每天给贾先生送饭送菜，这样任敏阿姨就可以知道，贾先生的存在。虽然担惊受怕，可是贾先生还活着啊，这是最大的希望！没有关到三个月，1945年8月15日，日本无条件投降，于是穿着囚衣，贾先生走出了监狱的大门。

第三次入狱，是战争结束两年以后的事了，新生活开始了。可是谁都不能理解，新生活并不意味着自由的生活，新，原来也不意味着好，更不意味着进步。1947年贾先生再次被人告发，说他咒骂国民党，又在当时复旦大学学生办的《学生新报》上发表文章《给战斗者》,于是被关进了上海南市区蓬莱路的警察局。当然,这是让贾先生成熟的一次监狱生活,因为他终于明白他的追求,他的理想,以及他该做什么。在国民党的监狱里,"胡风却在外四处奔波,设法营救。"(P150)

这一段的监狱生活,是烈士陈子涛占据了他生活和记忆的巨大空间,我们现在还是可以从网上,查阅到陈子涛烈士悲壮的英雄事迹。但是,贾先生却刻骨铭心地记着他的一切:"听他说,国民党要抓他已经很长时间了,他一直东奔西跑,过着游击队的生活,手上一只皮包就成了他从事进步文化事业的办公室。他的被捕完全是偶然的。他住在以开印刷厂为掩护的骆仲达家里,那天他正在洗澡,特务突然冲进来,把他抓住了,但并不知道他是谁。因为搜到他一只自来水笔,那时知识分子喜欢在笔上刻自己的名字,这才发现他就是追捕很久的陈子涛。在监狱里,他受到刑法最厉害,上老虎凳,钢纤刺手指,用布铰头等酷刑他都尝过。就差一种最惨无人道的刑罚,特务们叫它'猪鬃刺马眼',是用猪鬃向生殖器的眼孔穿进去,据说这是清代北京的五城兵马司衙门审江洋大盗的刑罚,铁汉也要死去。那天,丧心病狂的特务苏麟阁叫嚷着要用'那个办法',只是仓卒间没有刑具,才没使用。(那个苏麟阁也是领头抓我的特务,解放后潜伏下来,1950年在镇江被公安局逮捕,经过审讯处决。报上公布过他的罪行内容,其中有一条是迫害共产党人和进步人士卢志英、陈子涛、骆仲达、吴二男、杜青禄、贾植芳等人,我和杜青禄被列入'进步人士'名内了。)那时国民党特务对知识分子还有一点顾忌,若没有什么确实的凭证,还不敢轻易用刑,但一旦证据确凿,认定是共产党,那决不会手软,各种毒辣的刑具都敢用。陈子涛的身份已经暴露,他的苦吃得最多,可是他始终一声不吭,保持了一个革命者的高风亮节。那个监狱并不大,审讯室就在我们这排牢房的对面,中间只隔了一个天井,每当陈子涛受刑时,我们都把胸紧紧贴在铁栏杆前,整个心都被审讯室揪住了。陈子涛后来是死在狱中。在他活着的时候,我们经常用这样一句话来互相勉励:'要活得像一个人!'这句话一直响彻在我的后半生。"(P162)

任何一个正直的、有理想追求的人,在与陈子涛这样的革命者相处的日子里,都会感受到他的人格力量,都会被他追求的理想的信念所打动。

所以,贾先生作为一个左翼知识分子,他不能不以陈子涛为榜样,他要保持自己的独立人格。看着共产党人陈子涛的形象,贾先生一定是"因解放而变得美丽的'早晨',激动得流着眼泪写道:'我们竟还能活到这个美丽时日的来临!'"(P97)

第四次入狱:国民党夹着尾巴逃跑了,原以为,贾先生可以理直气壮地"活得像一个人"了,枪毙苏麟阁的罪行,正是因为他陷害像贾植芳这样的"进步人士"。可是,1955 年 5 月 16 日贾先生再次被捕,他被卷入了"胡风反革命集团"。这是他自己无论如何都没有想明白的事情,因为当时国民党监狱要求,只要贾先生交出胡风的住址,就可以释放。怎么反革命国民党都逃跑了,被打倒了,自己却成为了反革命?"种种自作多情的理想还没有施展,就被现实击得粉碎!"(P97)一个漫漫的长夜,比以往的三次入狱都更加无望,无望到耗尽了贾先生最好的中年时期。"哦,监狱,我从此第四次地进入了这个吃饭不要钱的地方了。对我说来,这是轻车熟路。但这次与以往不同,它使我迷惑不解:怎么我在人民政权里,竟和在国民党和日伪内外反动派的眼里是一个'东西'呢?"(P95)他接着再说一句:"唉!自由,在我的一生里实在太短暂了,然而在这瞬间的自由里,我经历了一次历史性的时代大裂变。从此我开始了自己长达二十五年的苦难生活历程。这年我还不到四十岁,当我重见天日时,已经是六十开外,垂垂老矣!但这期间我从残酷的生活里学到了许多东西,我变得似乎聪明一些了。"(P95)

为了这点聪明,贾先生付出了多么可怕的代价。如果,你也遇见了贾先生第四次在监狱里碰到的人,你就知道,他终究学到的是什么东西。"在这里,我又看到了另外一个人的死。他既不像北平监狱中的那个老军阀,糊里糊涂地做了军阀斗争的牺牲品,也不像陈子涛同志那样气贯长虹,感天动地。他与我的种种经历,回忆起来,也像一场长长的噩梦。"(P163)那另一个人,就是"老板"。从遇见老板直到他死,贾先生居然叫不出他的名字,只知道他是老板,解放前承印刊物的国光印刷厂的老板,他说着常州话,身材高大,穿着绸缎衣服,一副体面的老板形象。就是在那个时刻,贾先生找朋友凑钱创办他们的左翼刊物,稿子编辑完后,要找印刷厂,当时承接这样的"活"是有生命危险的,国民党政府知道后,不仅让你倾家荡产,还会遭到拘捕。但是,老板竟然接受了这些年轻人的要求,帮助他们印刷了杂志《犯罪的功劳》,这是一个以刊登杂文为主的杂志,其中有贾先生写的《黑夜颂》,你一看名字,就可以想见他们的激进。没有想到刚出第一集,贾先生还没有看见刊物,就被国民党逮捕了。刊物印出的那一刻,也是它寿终正寝的日子。于是,他们一下子就欠了老板三百大洋的印刷费。1947 年的三百大洋,那可不是一笔小钱啊。直到解放初,贾先生在福州路上的那些小出版社里,遇见了老板,他们客客气气地寒暄了一番,那时候,贾先生已经是震旦大学的教授了,但他身上依然没钱。只是老板像忘记了一样,根本不提往事,贾先生对老板心存内疚。没有想到,1955 年的时候,贾先生在监狱里,遇见了老板。他一如既往地高大自信,用贾先生的话说“神态仍然是安详,脸上气色也不坏,不像那些新抓进来的犯人吃不下饭。”(P164)老板积极要求上进,一解放,就把自己的小印刷厂交公,搞了公私合营,他觉得这次逮捕是一个误会。因为,他家里房子大,公私合营以后大概收入少了,就想以房子出租来挣点外快贴补家用,于是就在马路上贴了条子招租。

今天,我们都不会以为是什么了不起的大事,很快来了一个租客,住了不久,那个租客又退了房子走了。太平常了。可是,偏偏在肃反的时候,发现那个租客是一个反革命,逃到台湾去了,这下老板就落了“包庇反革命”的罪行。但是,老板觉得这是很容易说清楚的问题,因为上海人从来就不作兴问人家的隐私,租房子就是租房子嘛,他怎么知道人家是干什么的。实际上,人家可能就是逃到台湾,是否真的是反革命,也没有证据。当然,老板不会这样跟人论争,是我们现在的想法。所以在监狱里,老板笃笃定定过着日子,还是把自己收拾得干干净净,等待着很快释放,然后可以过个普通人的生活。后来,贾先生就没有看见他,估计是问题解决了。

直到 1960 年,灾害来啦,监狱的伙食已经完全不能入口,不仅质量不行,连数量都不能保证。贾先生虽然胃口很小,也饿得全身浮肿,已经从小腿肿到腹部,看来人快要不行了,监狱把他送到提篮桥的监狱医院。那哪像医院,像停尸间,横七竖八躺满了因为饥饿而浑身浮肿的重病犯人,似乎是一个“临终”医院,每天每天都有死人被抬出去。万万没有想到的是,贾先生在病房里遇到了老板,已经面目全非,浑身浮肿。他几近绝望地告诉贾先生,就是那次见过贾先生以后,他被判刑了,罪名是"窝藏反革命",刑期七年。眼看刑期快满了,他却因为饥饿又得了黄疸肝炎,全身蜡黄,老板完全被打垮了,以往的自信、坦然早就烟消云散。在他身上,看见的是奄奄一息的文明残骸,刑期吞噬着他最后过普通人生活的渴望,他能和贾先生说什么? 不同的昨天,共同的今天,两个浮肿病人,躺在各自的床上在思考什么? 对未来的憧憬,必须和报纸上的宣传步调一致,问题是他们读不到报纸。没有憧憬却带着渴望,想不明白太多的现实,却依然对于活下去,有着同样的渴望。老板在提篮桥监狱去世了。至死,贾先生都不知道他叫什么名字。最终,监狱医院允许子女和父亲告别,老板进入昏迷状态,子女围着他叫喊着:"爸爸! 爸爸!"这大概是最让人动容的时刻,这些子女在那样革命的年代,竟然没有与他们坐牢的"罪犯父亲"划清界限。"一会儿,看守人员过来说,探望时间到了,这一家人最后看了病人一眼低着头快快地走了。我看到临出病监门时,他的妻子掏出手帕,两手捂在眼睛上,出去了。"(P165)

贾先生是这样描述自己的:"我不是一个书斋里写文章的人,我的一生中,经历过各种复杂的场面,周旋于各种社会关系,见识过各种政治和社会人物,这些奇奇怪怪的人事在这部回忆录还将继续登场。检点一生,出入于黑黑白白之间,周旋于人人鬼鬼之中,但心里所向往,所追求的理想之光,从未熄止。"(P55)

贾先生喜欢把自己归纳成江湖中人。是的,他喜欢交朋友,喜欢热闹,喜欢喧嚣,但是他常常又是喧嚣中最孤独的一个人;他不计较,在他家里,任何时候,都是高朋满座,即使在贾先生最艰难的时刻,他只要有点条件,哪怕是几颗花生米,一碟酱菜,伴着一盅小老酒,在那窄小的破屋子里,他也会接待客人,只要有人敢去看望他。在我们掐指算来,贾先生吃的苦头,坐牢的原因,几乎又都是和他的文字有关系,而他偏偏说自己不是书斋里写文章的人,那他犯的是什么罪? 或许是社会不能容忍一个激情少年,不能接受他的左翼思想? 那后来呢? 那牢不可破、神圣到几乎是神秘—时代的变迁,依然没有把贾先生的命运改变。对现实的认识,他有自己无可辩驳的理解,这个地主的儿子,从中产阶级成为独立思考的知识分子,慢慢超越了激进的革命,他在自己的选择里,重情意,但是在"罪行"面前,他用法律为武器,希望社会秩序化,这个秩序是脱离党派进入法制的,还没有等他大声说出来时,他已经入狱了。在文字上,他也没有更多的表示,只是身体力行既没有加入任何政党,也没有出卖朋友,而是固守着对朋友的真情,最终被监狱裹胁。

贾先生是最典型的性情中人,对自己的未来,他没有设计,是一步一步从认知里朝前走,我们也是这样看着他在政治上一点一点成熟起来的。一二·九运动被捕后,当时颁布的"危害民国紧急治罪法",政治犯是可以就地枪毙的。所以,真是危在旦夕,是贾先生的伯父,一个洋务商人,重金将贾先生保释出狱,然后又是在伯父的帮助下,逃亡日本留学。

贾先生一直在闯祸,一直没有安分过,似乎他的血就是和别人不一样。但是,无论如何热的血,当他走在日本街头的时候,他同样会感到茫然,乌托邦的理想,人的精神世界,最终还是要依附在一个自信的灵魂上,否则在现实里如何兑换他的理想? 如何建立自信的灵魂? 他那么年轻,对任何事物的判断都没有自己成熟的见解。所以,当听到鲁迅先生去世的消息时,贾先生痛心疾首,他说:"鲁迅先生逝世,我感到了像失掉了依靠似的悲痛。"(P135)就是在那个时刻,他在日本的街头看见了胡风先生办的杂志,他并不知道胡风是谁,却有一种潜在的熟悉,他似乎在那里可以体验到一种鲁迅先生的气质,他向往在这样的杂志上发表自己的文字,其实,他并没有当作家的冲动,他或许只是在寻找精神归宿。于是,他把自己当年逃亡日本之前的茫然,写成了他第一篇小说寄往中国,向胡风先生的杂志投稿。

今天,当我看到贾先生21岁,在日本东京写的这篇小说《人的悲哀》时,我真的被惊着了。很难想象,今天哪一个21岁的人,会写出如此漂亮的文字? 那文字里不仅有人物,有色彩,竟然把肌肤的痛感一起表达出来。在冬天的此刻,看得我浑身颤抖,似乎我就是那人群里的一分子。贾先生是这样开始他的小说:

"我坐在麻袋店门首靠墙放的板凳上,另外也有几个人,和我一样。大家袖着手。早晨焦黄的太阳从阛上溜下,光亮箭一般地在一排挺直的身上斜穿过，又折进高的油漆剥落了的柜台，在秽湿的地上，扩大成一个四方形的圈子。圈子里不断涌起雾样的细沙，激荡着，飞散着，整个店子内部，被眩耀得模糊和昏暗，像将要凝聚成一团固体。

"大家低着头，因为光和冷的交迫，眼睛迷惘着。薄的棉袍子实在抵不住侵来的寒冷，彼此有点抖擞，无形间逾凑逾近，渐就挤做一团，互相寻取着温暖。眼睛有时溜向宽阔的柏油街心，太阳尚未照临它；没有车，冷风在上面寂寞的呼唿，破纸随着飞扬，阴惨，丑恶，好像被遗弃的古旧废墟的旷荒街道。阴沉，寂寞，无聊和苦闷在每个心上缓缓的爬着，纠缠着，生的继续在这里像是多余和累赘。……

"有哆嗦的京戏调子摇摇落落的飘过来，似乎就在眼前。这引起大家的好奇，松弛的静默如一条橡皮带子般的渐呈紧张，一群寂寞而饥馑的眼睛，灰色里埋着希冀，在街上逡巡。失望地折回来时，一个矮小的乞丐模样的中年人在门外的步道上已然出现。一身褴褛、油污不称身的黑色短裤袄，发霜的黑呢帽显得过小地遮着额前的一部分，乱发从它的下面贪婪地四向伸出，蓬蓬松松的，包围着显得物质和乞怜的两只陷进去的眼睛，半嘴巴的胡髭上荡着一堆稀薄的白气。他两手紧抱着前胸，在白气荡漾的紫黑厚唇里发出颤颤的声音，移近门前，向柜台匆匆地瞥了一眼，便身子和声音一样的颤颤地闪过去了。

"'……吓……得……我……啊'

"这是什么戏里的一句，被他唱得那么紧张悠扬的韵调完全破坏，孤零零的，像拆了房子下来的几根木料。"（《贾植芳小说选》P2）

……这就是贾先生第一篇小说的开头，每一句话里，都定格了一种当时的气氛，那些迷惘的眼神还有走调的唱腔，似乎在阅读他的小说时，顺序和恰当的时间都被文字设定了，使人不得不在贾先生的文字里，被他的叙述捕获，你无处逃遁。这已经不是简单的文字，那些人物和氛围把你拽进他的情境和命运。

多希望，贾先生是一个写小说的作家，不管如何，我们还能从那里得到更多。但是，贾先生从来不按别人的意愿出牌，他只做自己喜欢的事情，他喜欢在社会上活动。因为爱才，连胡风先生对他浪费时间，也是惋惜的。胡风说："贾植芳来上海安家（指1947年）一年了，家是安下了，新旧朋友也真不少，但时间可能就在聊天会友中度过了。我曾多次和他说，希望他能安下心来从事创作。这几年他的生活内容很丰富，见识的也多，不写下来太可惜了。"（P9）

贾先生是在"文革"以后，看到胡风先生的回忆录时，才知道他的想法。显然他是感动的，否则不会特为在自己的书中，提到这件事情。他记录得非常详细，写出了胡风对他生活的评论；但他一点不为自己惋惜，因为贾先生是以生活、以关心社会、关心人为自己生命的终极目标，他从来没有打算将文学创作视为自己的事业。他就是那样一个聪明人，提笔可以成章，他似乎也不稀罕自己的聪明。

贾先生对我说："1949年以后，北京文化部成立，要招兵买马，上海的左派文人都去弄个一官半职，连冯雪峰都去当个副处长。我就不干，不愿当干部，我不愿管人，我也不叫人管我。我到大学当教授去。"这就是贾植芳，他对自己做一个什么样的人，开始清楚起来，不再是那个东京街头彷徨茫然的小伙子了，他记住了陈子涛的话：要活得像一个人！

1949年10月起，贾先生受聘震旦大学中文系兼任教授，那是一所天主教教会学校，法国人办的。1952年全国高校院系调整，贾先生就调往复旦大学中文系任教。那时候，他是复旦的八大教授：郭绍虞、刘大杰（主任）、方令孺、赵景深，后来贾植芳来了，还有朱东润、张世禄、胡裕树。

今天，当贾先生的学生，范伯群先生已经成为中国通俗文学的开山鼻祖时，他依然感恩于贾先生给予他教诲。他一说起贾先生，就会反复说着："贾先生的学术呢，我认为是这样的，在关于写作方面，他有自己的经验，他可以根据自己的感觉写。他上课，就是捧一堆书来，因为英文他是懂的，日文他是懂的，他看着外文，就直接跟我们讲。比如讲赵树理，我们这里是怎么评价的，英国是怎么评价的，还有在日本是怎么评价的，那这个对我们开阔眼界就很有帮助。当然，一个左翼作家，他不会把外国的很多坏的评论在当时的教室里来散布，这个不会的。但是有些，比较中肯的、好的评论，他还是会给我们讲，所以我觉得贾先生，他自己讲，我是江湖人，但是在这方面，他对我们讲起来是视野都开阔了。"

那是1952年啊，整个中国的教育，基本上接受的都是苏联的东西，可是贾先生就可以从中国和苏联以外的世界带着其他的认知进课堂。我非常好奇地问范先生，贾先生从早到晚都在接待朋友和学生，他什么时候读书啊。

范先生说："贾先生记性好，他都是等人走了以后，深夜，在那里读书。他读很多很多的书。我进去的时候，我们中文系大概五十个人，当时一个系哪有多少人啊。五十个人不到，我们班上十八个人，后来院系调整，大概靠近三十个的样子，他开始教写作，一下子就跟大家关系搞好了，什么道理呢？大家不是要写作文吗？写好作文以后，他把每个学生都找到家里去，给你讲你这篇文章，好在哪里，问题在哪里，你应该怎么写，我看看你这个文章的路子以后应该怎么走，所以一下子就跟大家关系搞得很好。我觉得像我们的郭（绍虞）先生，我们都很尊重，朱东润先生啊，都是很尊重的。但是贾先生就觉得很亲热，所以大家都喜欢到他家里去。他的家里客人是不断的，他真正要备课要到晚上，深夜，大家都走了，到很晚了，他开始看书、备课。"

原来这个"书斋外的学者"，依然是在书斋内不断地学习。贾先生可能不喜欢把自己说成是"死读书"的人，所以宁可摆出一副不读书的样子，其实他学问做得非常扎实。对待教学也特别认真。"他把每个人都找去谈话，以鼓励为主，当时'人性论'这些东西已经是不能讲的，但是'人格力量'是他一直挂在口头上讲的，人应该有种人格力量，因为一旦讲到俄罗斯文学，讲到'别车杜'都要有这些内涵啊。"范先生说。

直到今天，范先生在回忆贾先生的记忆里，这些细节依然栩栩如生。特别记得学生施昌东，他写了作文交上去，自我感觉非常好，但是贾先生给他很不好的分数，施昌东不服气，冲到贾先生家里去评理。年轻人火气很大，贾先生非但不生气，反而很欣赏他的个性，于是拿出他的作文，一条一条地跟他说，为什么不能这样理解人，为什么要把握好细节，细节在人物身上的价值，一点一点，说得施昌东佩服得一言不发，他完全意识到了贾先生在创作上的严谨、智慧和讲究。贾先生做学问的态度，影响了施昌东的一生。

放暑假离开学校之前，贾先生和他们开玩笑说："你们能不能一个暑期里看一尺书啊。"他们都以为一尺书很容易，后来范先生说："真正拿书叠起来，用尺子去量，哎呀，就发现这一尺书是很高很高的。这么许多书啊。那时就是背一袋书回家，每天都要看贾先生下学期要讲的什么课。比如，俄罗斯、苏联文学，我们就把俄罗斯、苏联文学借来，把它先看一遍，一下子就投入进去，产生了兴趣。"

"文革"结束以后，贾先生重新开始他的现代文学研究。当江苏教育出版社让范（伯群）先生编一本"中国现代文学"的书时，他想搞一个关于中国社团流派的研究，首先就是想到他的老师——贾先生，他说："贾先生，你主编，你是老师你主编！我们两个人（范伯群与曾华鹏）副主编。于是曾华鹏，我，贾先生还有贾师母，一起到宜兴，我们在宜兴初步定稿，贾先生非常认真看了每一篇稿子。特别是在这篇稿子里有什么问题，他都是非常清楚、准确地指出来。比如，这个社团，文章里没有讲这方面是不行的；那个社团没有讲那方面，也是不可以的。因为他都经历过那个时代，知道这中间发生过什么事情，不仅是这些东西，他还看过很多其他的东西，因此他在这个学术方面，对这些社团都有一个了解。那我们是1949年以后开始接触中国现代文学的人，五十年代的事情，我们都讲不清楚，怎么能说清楚现代文学上的事情呢？贾先生在学术上，成熟就成熟在，他在这一方面很有把握，我们都很信任他，这个应该加什么，那段应该加什么，那我们就会非常明确和自信地把这些东西写下来，最后就是由贾先生定稿，再交给出版社。所以，我觉得学术上他厉害，搞这中国现代文学，没有人可以跟他比，他是直接参与和经历了那个时代的人。"

这就是一个"书斋外的人"做的书斋里的事情。

贾先生另一项重要的学术贡献，就是中国比较文学学科的开启，正是在贾先生的提议和推动下，八十年代初，复旦大学中文系建立了比较文学的教学，这在当年的全国高校中，是最早设立比较文学研究室，并最早获得了比较文学硕士学位的授予权。他又参与创建了中国比较文学学会、上海比较文学学会，撰写多篇比较文学理论与方法的论文，并为多部比较文学著作撰写学术性的序言。

"文革"结束了，可是对整个世界，我们都是不了解的，更不要说文学了。上个世纪七十年代末、八十年代初，比较文学完全是国内学术界、高等教育界非常陌生的学科，不是冷门的问题，是完全陌生的。南方是贾先生率先提出建立比较文学的教学，北边是季羡林先生提出的。谢天振教授说："不懂不了解！南方，就是贾先生跟施蛰存先生。当时施先生在华东师大就做了比较文学的讲座，而贾先生已经开始呼吁要建立比较文学这个学科，同时开始招收比较文学的研究生，所以贾先生很早就在那里推动这个学科，南北形成了一种呼应。"

如今谢天振教授是比较文学的博士生导师，他依然一再对我们说："（贾）先生对比较文学的推动，我想一个是从学理上，呼吁建设发展比较文学学科，他有一个思想，一个观点，也就是说判断一个学科依据的标准，怎么算这个学科是建立了？贾先生提出，要看三个标准，一、看这个学科是不是进入大学的课堂；二、它有没有自己专门的杂志，所以这也是贾先生为什么特别地推动要建比较文学的这个专门杂志。第三个，就是它有没有自己的学科专著，理论专著，那么这又是贾先生一个贡献。"

就是在贾先生的引导下，1984 年，谢天振开始参与创办了《中国比较文学》杂志。那还是铅字印刷的年代，要办一个刊物，不是那么简单的事情，但是由于贾先生广泛的社会关系，他的好朋友夏钦翰，是浙江文艺出版社总编，理解了贾先生讲述的一个"比较文学"刊物的意义，立刻就给予了支持。于是，第一期《中国比较文学》杂志就是在浙江文艺出版社出版的。谢天振教授回忆说："当时出版社每年出一本，以书代刊。贾先生就觉得这样不行，为什么呢？贾先生讲话很风趣，他说一年出一本东西，那就像黄浦江里的小便一样，没有什么，撒泡尿，黄浦江没有什么反应啊。他说这个不行的。所以他就觉得我们应该从这个方向努力，一定把它办成定期的刊物。所以我们先是一年出一本，拉回来一年出两本，再后来我们现在是出季刊，一年出四本。"

贾植芳的几代学生，多年后都成了不同专业的权威学者，在各自领域中卓有建树的名家。贾先生有意培养的第一代的研究生里有：章培恒、施昌东、范伯群、曾华鹏；可是来不及开始给他们授课的时候，贾先生就被抓进去了。到"文革"后，他才算真正指导学生，他们是：陈思和、李辉、孙乃修等。范先生说："我们是贾先生的关山门徒弟，我再碰到他时，是八零年了，在黄山开会，他带着陈思和。我说，陈思和你现在是贾先生重开山门的弟子。当时有好几个人在旁边，贾先生用他浓厚的山西话讲，'哪是开山门，是砸山门，把山门给砸掉了！'哈哈……我说你现在再重新造起来，再建起来。"

到八十年代末的时候，张新颖在复旦大学毕业得到了直升研究生的机会，他要求做贾先生的研究生。但是，贾先生退休了。张新颖固执地说："做不了贾先生的研究生，那我就不读研了。"他的老师都觉得张新颖太冲动，这么好的机会，怎么可以随便放弃呢？可是，张新颖就是要跟贾先生读研，于是，贾先生说："那就我和陈思和一起带，做半个导师，可以吗？你跟着陈老师读，我在后面指手画脚？"于是，张新颖就这样做了贾先生的半个研究生。

但是，在教学以外，贾先生一直关注着他所有学生的研究方向。直到范先生开始研究"鸳鸯蝴蝶派"的时候，贾先生首先给予鼓励和肯定。长期的极左观念，文学界把"鸳鸯蝴蝶派"视为低级趣味的作品，以至于范先生去采访这些流派作家的后代时，他们都觉得父辈的东西，不值得启齿，还有什么可研究的？

贾先生教导范先生："我认为鸳鸯蝴蝶派作家所了解的东西，三教九流，是新文学作家所不了解的，是市民文学。而新文学作家，左翼作家只熟悉两种人，农民和知识分子。了解了鸳鸯蝴蝶派，再了解左翼，才能知道我们整个社会是怎么样的，如果不了解的话，是不能了解这个社会的。我们主流的文学往往是主动脉，那些微血管，我们没有去好好研究。"

贾先生凭着年轻时看过很多的杂书，他什么都了解，所以对范先生说："有些书我来帮你找啊。"范先生特别感慨先生处处为他的研究下功夫，他说："为什么要他帮我找呢？因为上海书店当时有个五层楼的仓库，藏书室，这个藏书室没有编目，但是里面有很多旧的作品，贾先生说我给你想办法找啊，他说找一本叫《亭子间嫂嫂》。他说这本东西写得好，他就跟那个经理讲，我要找这本《亭子间嫂嫂》，这样就找了，《亭子间嫂嫂》和《亭子间嫂嫂》续集都出来了，我就拿回来看，看了以后觉得它写得真的很好，我专门为它写了一章。"

今天，范先生会对我们说："贾先生对通俗文学没有偏见，他说这是另外一个东西，你能看到社会上形形色色的人物。他有独到的见解，这不是一般做学问可以做出来的，要去体悟，自己要有接触，对这个社会的接触。他认为，这个东西是社会需要的，这是市民文学……他觉得这个东西你去搞，会有价值。他从来没有觉得你搞这个东西不重要，当时有很多人觉得你搞这个东西干什么呢，没有意思。特别琐碎的。"

在那个还没有跟世界接轨的年代，思想是禁锢的，谁都不会想到，只有贾先生已经提出这样观察、考证文学的角度；因为，他不是"书斋里的人"，他是社会人，是真正理解文学的人。

作为一个教书匠，他从教书职业里得到什么？依赖学生的成长，专注于知识的积累，激情过后的思考，还有安放下一张安静的书桌。这是贾先生选择教书的目标，远离是非、远离政治。可是，他还是太年轻，他依然是天真的。政治是由不得你选择的，山雨欲来风满楼。这张书桌是无处安放的，即使在大学里。"批判胡风反革命运动"开始了，谁都知道贾先生是胡风的好朋友，所以第一时间，学生就跑来问他："胡风可不可以批判？""我真觉得有口难言，我无法把事实真相告诉他们，更不能阻止他们参加这个批判运动。我唯恐他们会因为我的关系，而受到牵累。"（P84）

罪责难逃！大批判开始了。这时候，胡风给贾先生写信："久不通信，想你可好？问题有了新的进展，望你用极冷静的态度对待已经发生的和将要发生的事情，切不可草率从事，参加讨论，这只有更使问题难以处理，有热心的人，也希望你代为阻止。不要写文章或信表达自己的意见，现在这已不是'讨论'，而是'批判'。你是教书的，能不参加较好，万不得已时，就可以批判的地方说一点自己的意见吧。"（——引自"胡风反革命集团第二批材料"）

为了保护朋友，胡风要求他的朋友可以批判他，这像是基督上十字架的殉难时刻，充满了黑色的抑郁，最后的献身，毫无结果的"轰轰烈烈"。那个气氛愈是沉重，贾先生在感情上愈是无法接受。校园里，贾先生遇到了留美回国的沈善炯，1950 年，他历尽艰难从美国回来参加社会主义建设，"他那天也看到了报上公布的材料，便问我：'胡风是怎么一回事？'我真不知怎样与他解说，就含糊地说，你不用问了，这事一时也说不清楚，你是搞自然科学的，就少操这份心吧。他也很不以为然。他过几天要去北京中国科学院开会，就问我有没有东西要带给胡风。我确实是很关心胡风的处境，虽然还想不到会被捕入狱，但想象得到，胡风的日子绝不会好过。我回家就要任敏上街买了大约十元钱的东西，一瓶虾子酱，几包酥糖，都是胡风喜欢吃的东西，还买了一双长筒袜子包在一起，托住在我这里上高中的任敏的侄儿送到沈家。没想到过了一天我就被捕。我内侄讲出送东西的事，糖和虾子酱就落到警察手中了，又构成了一宗我的'支持胡风、安慰胡风、鼓励胡风向党进攻'的罪状了。"（P91）

"上海的朋友们已经陆续收到胡风的信，都知道了事情的结果，像彭柏山、王元化这些上层人物陆续开始在报上表态，批判胡风的'反马克思主义文艺思想'，真正的压迫开始到来了。"（P83）

我在这里，认认真真地抄下贾先生的文字。

贾先生留下的记忆，让我必须面对！当贾先生在给胡风准备虾子酱的时候，他不知道，胡风已经被捕了。看见父亲的名字（彭柏山）出现在贾先生的文章里，我还是感受到一种痛心，父亲不能像贾先生那样坚持，他早早表态了，他开始批判胡风。可他并没有因此而幸免灾难的降临。1955 年 5 月 13 日胡风被捕；5 月 16 日贾先生被捕；三天以后 5 月 19 日深夜父亲被捕；5 月底（王）元化叔叔被捕。

他们都是进过不同的监狱，但是无论如何没有想到会走进自己的监狱。不是因为他们被宣判为胡风反革命集团分子而痛苦，而是他们无法解释自己的追求。在监狱里，"有一个老头，须发皆白，看上去像个老犯人。一次他突然对我说：'你是 Professor 贾植芳吧？你是胡风案子进来的吧？你们是狗咬狗！哈哈……'他说着放肆地笑起来了。我有胃病，每次吃饭不适的时候，往往要吐，监狱角落里有一只马桶，当我对着马桶呕吐的时候，这个白发老头总跑到我身旁，幸灾乐祸地说：'这就是你喊"拥护共产党"的下场！'……后来我终于认出来了：原来这个家伙就是 1948 年春天，我被上海国民党中统特务关押时审问过我的那个我当时认为是上面派来的高级特务！"（P112）

1955 年 5 月 16 日是星期天，贾先生还在睡懒觉，却被任敏阿姨推醒，说是复旦的党委书记杨西光来叫他去高教局开会。贾先生就这样懵懵懂懂地出门了，任敏阿姨在他口袋里放了五块钱，以备他需要买烟或零用。谁都不会意识到，这小小的动作，却意味着12年的牢狱，12年的离别。

现在，回想这些事情，年轻的一代几乎不能相信，所有的罪行和证据，竟然是1955年5月13日《人民日报》发表的舒芜交出他与胡风的多年通信，这构成了《关于胡风反革命集团的一些材料》，同时加上舒芜本人断章取义地做了上纲上线的分析，于是附有另一篇《人民日报》编者按语的评论，一场大规模的政治运动就在全国展开了。胡风先生信中涉及的诗人和作家，后来都成了"反革命分子"。当时，谁都不知道编者按语是毛泽东主席亲自撰写的，但是按语中的"雷霆万钧之势，绝不可等闲视之"的气氛，已经笼罩了整个国家。1955年6月至7月一月之间，《关于胡风反革命集团的材料》作为单行本的小册子，仅仅在上海就印刷达八次之多，数量为60万册。官方正式文件公布的数据是：1955年5月之中，92人被正式逮捕，以后63人被隔离监禁，73人停职审查；2100多人被影响受株连。可是，在2012年11月召开的胡风先生110周年诞辰的纪念会上，一份学术报告出具了另外一个数据，真正受株连人数为140万人。在我六年不断的采访、调查和拍摄中，我更加能接受的是后面的这个数字。

因为连贾先生的学生，范伯群先生都戴上了胡风分子的帽子。说是内部戴，没有向大家宣布他是胡风分子。领导上跟范先生一讲，把他吓坏了。领导说："你是现在改成'胡风影响分子'，你还是要好好改造。"贾先生另外一个学生，是章培恒，开除党籍，他当时是系里的党支部副书记。接着就是曾华鹏。最惨的是，那个精力旺盛，个性十足的施昌东，冲去贾先生家里为自己的作文论争的学生，他被抓进去关了一年。后来说是搞错了，放出来以后，就被打成右派。"文革"后，他是复旦最有才华的年轻学者，可是那时候他患上了癌症，带病七年里写了七部书，然后辞世。贾先生去参加追悼会的时候，非常痛心地说道："我对他是要负责任的，今天弄到白发人送黑发人……"当时，施昌东才刚过四十。

直到1965年，胡风案件才被送上法庭。这时胡风反革命集团的骨干分子，都已经被关押了十年之久。最后只有三个人正式判刑：胡风先生14年，诗人阿垅12年，贾植芳先生12年。其他"分子"被免予起诉。

当我们认真审视这个事件的时候，更加黑色的荒诞出现了。原来他们不是在一个等同的对话条件下论争事实,陷害是一上来就被确定的,这完全是超越了法律之外的认定。有意思的是,这样违反法律的事情,却又用法律的形式来解决。正式开庭,依然出示证人,而证人的供词是被事先审查过,并且指定证人必须背诵证词。阿垅先生在天津出庭的时候,如临大敌,警察全部出动,因为阿垅先生坚持自己无罪,坚持认为,胡风反革命集团是人为的,是捏造的。胡风先生双手拢在自己的袖子里,站在北京最高人民法院的被告席中,他还想保持一份人的尊严,因为他不愿意让人看见,他戴着手铐! 面对着荒诞,贾先生竟然用黑色幽默,用自己的生命面对它,开了一个玩笑。

被抓进去的第一天,上海高教局长兼党委书记陈其五找贾先生谈话,问他看了前天的《人民日报》上的编者按语没有。贾先生也是一脸认真地回答:"看了!"继而,语音和态度就变了:"看明白你们是什么性质的案子了吗? 你是怎么想的?""看不懂! 字,全部认识,但意思我不懂。"

局长思考了一下就拿起报纸,一字一句非常严肃地把《按语》从头至尾对着贾先生念了一遍。然后贾先生依然回答道:"让你这一念,我就更加似懂非懂了!"这还了得?! "贾植芳,你必须老实交代与胡风的反革命行为! 你是如何参与并且一起炮制了《三十万言》的反动言论!"

没有想到,局长的强硬态度彻底把贾先生激怒了,他同样大声地告诉局长:"胡风对文艺有自己的看法,向中央提意见,手续是合法的。他又没有向社会撒传单。"话刚落音,手铐就套上了。

这个结果,是贾先生自己也没有想到的。虽然,他知道自己"将会付出悲惨的代价",(P77)但是他不知道这是一条不归之路。

1954 年的春节,贾先生去北京探望哥哥,探望与妹妹家一起居住的父母大人。哥哥贾芝邀请他去吃饭,饭后,他独自在屋子里抽烟,突然何其芳来了,他热情地跟贾先生打招呼,他们的话题很快就进入胡风问题。

"何其芳说:'你与胡风是朋友,应该一起帮助他。'我问:'胡风到底犯了哪些错误?'他说:'据现在情况看,胡风至少有四个错误,一是反对毛主席在延安文艺座谈会上的讲话;二是反对党的统战政策;三是反对知识分子思想改造;四是反对中国传统文化遗产。'我那时性格很暴躁,一听这种扣大帽子的做法,心里就生反感。我生硬地对他们说:'我与胡风相识多年,解放前他在重庆、在上海都与国民党政府作斗争,国民党特务把他视为眼中钉,对他想方设法地迫害。一九四七年我被捕后,国民党中统特务要我带他们去捉胡风,或把胡风的住址告诉他们作为释放我的条件。我亲眼看到他怎样千方百计地出版解放区的革命文艺作品,千方百计地推出反映人民革命情绪的好诗歌、好小说,也亲眼看见他是在怎样艰苦贫困的环境下生活,现在解放了,这是他一生追求的理想实现了,他为什么要反党反毛主席? 他那么受苦和被国民党迫害所为何事? 你所说的四条,我看不出来。'我哥哥是老实人,他一看谈僵了,就悄悄走了出去,何其芳还继续跟我谈胡风的问题,希望我能改变立场。这次谈话弄得很僵,最后是不欢而散。我心里很明白,我这是失去了一次可能改变自己人生道路的机会。为此,我将会付出悲惨的代价。"(P77)

贾先生完全清楚自己是可以避免这场灾难的,何其芳的出场,就是一个清晰的信号。因为贾先生是社会人,他似乎不像胡风"集团"里其他人员,他既不是文坛里的,也不是进入党内文艺界的领导干部。陈思和说:"有一次胡风请朋友去吃饭,很多人都去了。有一个小青年,也算是文学青年吧,他跑胡风家门口,突然看见一个年轻人穿着西装,剃着光头,站在门口凶巴巴的样子。他们就害怕了,不敢进去。绕了一圈,从后门进去,然后告诉梅志,说你家门口有个形迹可疑的人。那个人是,梅志都笑了,说那是贾植芳啊。"

陈思和老师明确地概括道:"更重要的是,贾先生没有参与《三十万言书》,他和胡风是非常纯粹的朋友关系,江湖关系。特别是,贾先生没有文坛上的争锋。他还有一个延安来的哥哥做背景,实际上就是何其芳、周扬在做他的背景。结果,他判得比所有人都严重。批判胡风的文章,包括王元化啊什么,都写过。贾先生没写。"那次谈话,陈思和没有提我父亲的名字,后来读到《狱里狱外》的时候,我就明白了,他心里是清楚的,只是不想让我难堪。可是,历史就是那么残酷地留下来了。

1952 年开始就一直在批胡风,开了很多会。中间,胡风回到上海,在苏州碰到贾先生。贾先生跟他说:"我们都不及鲁迅。老先生是懂政治的人。所以他会玩政治。你和我都不懂政治。所以你去玩是很危险的!"在现实中间,贾先生是火眼金睛,他买了日文版的"天方夜谭"送给胡风,让他好好翻译，再好好写一本《鲁迅传》，不要再参与任何文坛上的争议了。胡风，没有听从贾先生的忠告。

贾先生很少谈到自己为友谊付出的代价，只是淡淡地说了一句："我不是舒芜，我不做那些下流事情。我没有背叛朋友。"

1939年，贾先生和胡风同在汉口，他却没有去见胡风，因为不想高攀名人，只想做一个作者而已。这，就是贾先生的个性；当他在10月抵达重庆时，知道胡风也转移到那里，就给他写了信，告诉他自己的行踪，在报社工作，具体的细节、地址都没有说明。因为，他依然没有打算去见胡风。

万万没有想到的是，胡风先生竟然在重庆一家一家报馆找去。总以为，他会在"新华社"这样体面又是共产党的报社里工作，整整找了三天，怎么也不会想到，他在国民党政府办的军事机关报"扫荡报"里谋得一个职位。找到他的时候，正是贾先生刚下夜班回来，正躺在地铺上蒙头大睡。睡梦中，突然听见浓重的湖北口音，有人在打听一个叫"贾植芳"的，他立刻衣衫不整地爬起来，"睡眼朦胧地向发出声音的门口望去。我看到一个体格宽大的中年人，戴着一顶旧式呢帽，穿着褪了色的蓝布长衫，中式黑布裤，布满尘埃的家做黑布鞋，提一根手杖，夹着一个旧的黑皮包。他的浑圆的脸上引人注目的是一双清澈明亮的眼睛，那里散射出一种温厚而纯真的智者的光芒，和他的这身中式朴实的衣着配合在一起，他的真实的中国书生本色，令你感到亲切可敬和一见如故。"（P147）

半个世纪过去了，贾先生在回忆当年的情景时，依然历历在目。动感情没有历史，他就是可以在一个瞬间被击中，被体验。当胡风出现在贾先生面前时，直逼着他的尊敬，而这一份尊敬和感情追随他的一生。

"他虽然已跨入了门槛，一边和迎接他的人打着寒暄，一边却停下脚步，直直地注视着我。他的情绪显然有些激动，因为我这时正忙着穿衣服，那是一套已看不出什么颜色的灰白色布军衣，我又黑又瘦，一副落魄的样子，一定使他感到意外而又不是意外，所以显然使他竟有些黯然神伤的表情。他的眼睛湿润了，以至他竟不顾围绕着他的那片亲切笑容，立即从长衫口袋里摸出一卷钞票，跨步递给还坐在地上的我，声调温和地说：'这是二十元钱，你过去在前方寄稿子来，还存有一点稿费。'这以后，他才在大家的纷纷让座声中，脱下呢帽坐下了，情绪上才渐渐安定了。原来

我这几个老同学一向在重庆新闻界工作，都认识胡风，大家都把他当长者尊敬。"（P147）

那时候的贾先生才 23 岁，他内心的骄傲会被朴素、真诚、布满尘埃的黑布鞋击中，胡风从此就不仅仅是一个名人、编者和他的关系，那里有我们所不能理解的惊心动魄的信任，那就是可以用时间、用生命维系的，谁都不可能超越的维系。实际上，连贾先生自己都说不明白这份感动，是如何打动他的。胡风对年轻人的关心，是每一个"七月"作者都会提到的。即使艾青这样的诗人，都是在胡风的扶持下走向诗坛。可是，没有任何一个人，会为一份"友谊"付出 25 年的自由。

"思念"已经变成非常陌生的词条，时代变了，我们不再思念，我们用微信随时交流；我们有视频电话，立刻看见对方的模样，身历其境；我们用手机发邮件，走到哪里就可以写上自己的感受。我们不知道"思念"意味着什么，在那里还能深藏着什么样的东西。其实，当我们越来越"现代"的时刻，我们不知道内心深处已经越来越荒凉，那份荒凉失去了原先作为人的，最后一点焦灼里的深情。因为我们不再思念，因为我们已经没有思念的内容，更不要说能力了。

可是，贾先生的"思念"又让人难以承受，那份思念里面掺和了太多的无望，是灵魂在时间里的煎熬。怎么都不会想到，像贾先生如此强大的男子汉，竟然是如此难以放下他的思念，真的是无尽的思念。可是作为反革命，他却没有"思念"的权力。1965 年在刑满释放以后，重新回到复旦监督劳改，贾先生终于可以给任敏阿姨写信了。但是他能说什么？那是"文革"期间，再也不能写一封有文采的信，那是"资产阶级"的产物；再也不能表达自己的感情，那是"反革命分子"的思想。除了琐碎还是琐碎，简单到像一个小学生写的家信。干巴巴的，没有颜色没有节奏，一字一句，就是顺着次序往下写；可是这些信里，却传递出了温度，让人烫手的温度，一点一点通过肌肤，流入内心。

他总是用这样一个简单的字开头的：敏——这似乎是他们受五四教育的一代人，对爱着的人，最温暖的称呼。可是，在这么充满情感的称呼之后，内容却没有一点浪漫色彩。他总是说些买东西的事情，比如："今天礼拜，我到了市区，现在在八仙桥邮局写信。所要衣料，'三合一'之类又买不到，据说这种布完全要碰巧，市场偶然有，莫不一抢而空。只在八仙桥内销，原价要36元一公尺，因属二等品，所以削价出售，每公尺只要26.3元，布店说女同志衫料不需要一公尺一，只要一公尺零五，足够了，因此买了一公尺零五，计27.6元，现在已在布店对面邮局寄出，邮费0.98元。现将发票及邮单一块附信寄你。东西名贵些，但又算便宜货，是蓝色。上海现在连这种毛货也很稀少，也要碰巧。当有机会买到'三合一'，再买一公尺。这样原寄来的43元，在我处还有5元左右。如需买别的，可来信。

"上周寄出1213-3药五盒是人送的，是新出的癌特效药，药店也难买到。如患者经过医生同意可以用。只花了不到一元的木箱及邮资。今天我去医药总公司问过，所要塞替派仍无货供应。上周也汇去7元，是别人托你买红枣的，如能买到，即为寄来。这个月因为买东西老跑上海，没有给你寄钱，对你的生活很是惦记，前已寄来的43元余款，如不要再买东西，可来信，我即把余款寄回，并顺便给你寄几块钱去。

"盼着你的回信。

"祝健！　　芳　　1973.4.15上海市区"——（《贾植芳文集·书信日记卷》，P039）

在那些日子里，贾先生花钱是用分、角来计算的。1973年，贾先生也是57岁的人了，他还在劳改队里劳动。只有周末一天可以往外跑，结果多跑了几次八仙桥，就把手上的零用钱花尽了。那时候从复旦到八仙桥，至少要转三趟公交车，来回最便宜，也得花三毛钱。对于一个月的伙食费才6—8块钱的日子，这是一笔很大的开销。贾先生在那个时期给任敏阿姨的信里，几乎都充斥着这样的内容，难得会写上几句，关照教侄女多读点书，也是寄去"一捆批林批孔学习材料，希望你们都很好的学习。"（书信日记卷P047）

1970年代，贾先生在监督劳改的日子里，写给任敏阿姨的信，都是关于买东西、寄东西，花多少钱的事情，它们占据了大部分的内容。当年那个在东京写小说的贾先生，此刻是用这些几角几分的花销，什么是三合一的面料，搭建起他对任敏阿姨的感情金字塔。稳定是完全不需要依赖那个尖顶的，然而吸引我们全部关注的，却是那个尖顶，它在阳光里烁烁闪光，就是在这些琐碎的疲惫中，我们一点一点被引领到顶尖。思念，再也没有人会像贾先生这样去表达对妻子的思念，每个周末，不顾疲劳地往返在五角场和八仙桥之间。现在，人们不会想到那是多么遥远的路程，贾先生把去八仙桥描述成"今天，我到了市区。"可见，复旦是在遥远的郊区，以至于他多跑了几次，"这个月因为买东西老跑上海，没有给你寄钱，对你的生活很是惦记……"

贾先生的超脱，对于名利、地位的淡泊，我们都看见了；他是红尘外的人，他在政治运动的漩涡里，为了他认定的"原则"，是可以把自己的肉身献出的人；可是读到他写给任敏阿姨的信时，眼泪却忍不住往下流，全然没有想到，贾先生的性格里，居然会隐藏着这样一份信念，他原来又是一个脚踩着土地，实实在在生活在红尘里的人，他踏实得让你不能相信，可以把每一分钱都算得那么清楚。

贾先生被逮捕以后，就失去了任敏阿姨的消息，只是从大哥的信里知道，她去了青海，那一定是没有什么好结果的地方。直到"一九六三年十月，我突然收到一个包裹，包裹的布是家乡织的土布，里面只有一双黑色圆口布鞋，鞋里放着四颗红枣，四只核桃，这是我们家乡求吉利的习俗。虽然一个字也没有，但我心里明白，任敏还活着，而且她已经回到了我的家乡了。这件事使我在监狱里激动了很久很久……"(P170)此处无声胜有声。每每说到任敏阿姨，贾先生都会有一种深深的内疚，当年这个爱读《七月》杂志的文学女青年，与贾先生四处颠沛流离的时候，总是说，自己苦是吃得起，就是不能受气。可是，贾先生一直说，他没有想到，为了他的独立人格，追随他一生的任敏阿姨吃的苦，竟然是如此之深。

1997年末的时候，走进"胡风分子"家里，听到最多的议论，就是关于任敏阿姨的事情，她脑溢血中风了。大家都在关注她的病情，最后一句话就是："老贾还好，还好。"谁都意识到，这直接联系着贾先生的命运。任敏阿姨从青海劳改回到贾先生的家乡山西襄汾，住在简陋破败的草屋里，照顾着贾先生的父母，为他们送终，她代贾先生尽孝。直到"文革"后，终于在上海和贾先生团圆了。但是她没有收入，更没有什么医保。她突然倒下，病得很重，住进医院以后，一天的医药费必须是递上伍佰元现金，药才能发到床头，眼看着真金白银就这么哗哗地流出去；大家同时都看明白一件事情，就是任敏阿姨的病是很难治愈的，可是没有人敢告诉贾先生真相。只有医生在暗示着贾先生，不要花这个冤枉钱了。那时候，贾先生刚刚退休回家，是他经济上最拮据的时刻。贾先生也似乎在那个关口，突然耳朵变得特别背，人家说什么，他都听得非常困难，就是想尽办法往医院送钱，就是在那里坚持着！一天，出版社给贾先生送来了一万多元的稿费，他连点都来不及点，把钱压在学生的手里说："快，快快，给医院送去！"贾先生唯恐医生不再支持他，亲自找到医生跟他们说："我和任敏，来上海时手里只有几个铜板，一卷铺盖，现在是有一个像样子的家了，我大不了再拿几个铜板回老家去住。"最后贾先生的真情打动了上帝，贾先生在学生的搀扶下来到医院，他紧紧地握着任敏阿姨的手，大声叫道："任敏！以前别人整我们，我们没有办法，现在好了，我们一定不能自己打倒自己啊！"所有在场的人都惊呆了，闭着眼睛，已经不能动弹的任敏阿姨泪如泉涌！真的就是贾先生的这一句话，让几次发出病危通知的任敏阿姨活下来，并且跟着贾先生回家了。直到抢救回来以后，他才对陈思和说了真话："我不能动摇，我一动摇，你们就不努力了！"原来，他什么都听见了，他只是不想和任何人解释，他就是要按照自己的意愿走到底。任敏阿姨完全成为一个植物人。都说，久病无孝子，但是，只要任敏阿姨活着，贾先生依然是快乐的，他亲自给任敏阿姨喂饭，家里依然高朋满座，每一次来了熟人，他都要带着他们走到任敏阿姨床前，大声地说道："任敏，（何）满子来看你啦！""任敏，你看小顾（征南）都变成老顾啦！"任敏阿姨毫无反应，贾先生却乐呵呵地说："她最近好多了，不用吃流汁了！"五年里，每一天结束的那一刻，他都会走到任敏阿姨的床头，对着完全没有知觉的任敏阿姨，一点一点汇报自己一天的生活，然后贾先生又走到她的床脚边上，把任敏阿姨冰凉的脚握在手心里，慢慢地把它搓热，为她捂好被角，这才走到自己的床前入睡。每天如此，一直坚持到任敏阿姨去世。就这样，在2002年春天的时节，任敏阿姨去世的前半年，有一天她突然醒过来了，贾先生叫她，她对着贾先生点头；跟她说话，她也有反应了。家里人甚至可以搀扶着她在屋里走上几步，这不仅让贾先生乐不可极，用"分子"们的话说："我们都为老贾高兴，给他打电话说，哎呀，好事，好事！"

　　还早在1989年春末时，一帮胡风分子在曾卓叔叔的邀请下，到武汉聚会、旅游。一天晚上，在酒足饭饱之后，不知道是谁建议，应该让他们的爱情再辉煌一次。因为，在任何政治运动中，只有整治"胡风反革命分子"时，几乎所有"分子"的夫人，都和自己的丈夫一起承受下苦难，没有提出离婚的。于是，他们说应该好好地吻一下自己的夫人。当时，是一个游戏，大家是想让耿庸先生和他年轻的妻子接吻，没有想到，贾先生第一个站起来说："那就要论资排辈一下，我在这里年纪最大，所以应该由我开始！"说完，他朝夫人任敏走去，这可把任敏阿姨吓住了，她满脸通红，一直烧到脖子里，掉头就跑，可是贾先生紧追不舍，整个屋子已经笑得掀开了屋顶，贾先生又回到了当年那个小顽童的姿态，怎么也不罢休。两个人在屋子里追来躲去，太搞笑了。最后，任敏阿姨真的生气了，贾先生这才摇着头对大家说："算了，放弃了。改造还不够彻底，你看，一脑门子的封建思想！"

1945 年逃亡徐州的深夜，定格在贾先生的情感里，夜晚里，伸手不见五指，贾先生在前面爬，然后回头叫一声：任敏。任敏阿姨赶紧跟着爬过来。直到老了，即使去院子里散步，陪伴在贾先生边上的任何一个人，都会注意到，贾先生走路快，他总是急急匆匆地走在前面，当陪伴着的师母落在身后时，贾先生就会突然停下步子转过身来，喊："任敏，任敏。"张新颖说，即使在书房里坐着，喝了一口茶，又要说："任敏，任敏，喝茶。"说着，就把杯子递过去了。

贾先生在 1955 年被捕坐牢以后，只流过两次眼泪：一次是胡风先生去世，另一次是 2002 年的 11 月末，任敏阿姨去世。满满的大厅里，拥满了几代贾先生的学生，大家在为师母送行！贾先生在学生的搀扶下走进来了，走到夫人的遗体面前时，谁都没有想到，这个八十六岁，一辈子的傲骨老人，突然不顾学生的坚持，"啪"地一下在夫人面前跪了下来，大家拉都拉不住他，老人哭了。他说："你跟我苦了一辈子啊……"

无尽的思念。

人生，最大的恐惧是时间，时间是永远不会回头的，时间没有给予我们重复出现第二次的可能。过去了，就是永远，但是人是需要依靠时间的积累成长的，在成长中成熟，也是成熟之后才学会理解、认识事物。很多事情，我正是在贾先生去世以后，才渐渐地理解了他。残酷的现实，就是住进自己的监狱，胡风先生在 25 年的监禁里，精神分裂；父亲（彭柏山）在监狱里，自杀未遂；（王）元化叔叔在监禁中患上心因性精神病。只有贾先生，强大地挪动着水肿的双腿，独自走出了监狱大门。"……从牢房通往监狱大门口的道路很长，乍一见午后的阳光，我感到了眼花与晕眩。"（P3）

再坚强的人，也是经不起 25 年精神和肉体上的摧残。贾先生把所有的恐怖抵押在他的黑色幽默后面，可是当他生病的时候，他控制不了自己了。1996 年 12 月底的时候，贾先生突然出现了幻觉，以为自己重新被抓进了监狱，于是他在幻觉里高声叫骂着。学生们吓坏了，赶紧把已经身为中文系主任的陈思和老师叫来，陈思和赶紧请来了医生，给贾先生吃了镇定药，他才渐渐地安稳下来。没有人是用钢铁塑造成的，在长期的牢狱下、在监禁中、在不断改造时，留下巨大的创伤和沉重的阴影，贾植芳先生全部的幽默和风趣，依然无法释放他的苦难和恐怖。后来谈起他骂人的事，张新颖说："先生带着狡猾的表情问我，我当时骂了你没有？我说没有。先生又问，我骂你们陈老师了没有？我说没有。说完，先生就笑了起来。"

后来陈思和又对我们说："1966 年三月宣布贾先生判刑 12 年，这时他已经在监狱坐满了刑期，五月押送回复旦大学印刷厂监督劳改。那时，已经是'文革'前夕，是夏天，他穿了一条短裤，拖了一个很重的板车，上面又压着很重的东西。他拖着车到印刷厂去，走过我们学校的工会礼堂，正好复旦大学一批教授从里面开会出来。那些教授就有朱东润、赵景深、刘大杰，这一批都是他过去的朋友，当时都是衣冠楚楚拿着扇子站在门口说话。贾先生远远的拖着车看到他们了，他想了一想要不要过去，当时也是可以绕过去的，但是他觉得我不要绕，他还是拖着车从他们前面走过，低着头。他说他走过他们的时候，那些人本来都在说话，看到贾先生过来，一下子认出他来了，一下子都不说话了，眼睛看着他。他说，'我就这么走过去，我心里就在想，我之所以有今天，是因为我追求真理，追求自由。如果你们也坚持这点的话，你们也会像我一样的。有一天，你们可能还不如我呢。'这个话是贾先生亲口跟我说的。"

历史，证明了他的思考，几个月以后"文革"开始，当时从教学主楼走下来的教授们，全部被抓起来了。

贾先生直到最后的那个时刻，都在保持他认定的价值观。记得 2002

年的春天，我去看（王）元化叔叔，他非常感慨地跟我说："你要去看看老贾啊，他现在退休工资只有一千多一点点，还不如一个技术工人。我托人给他送去了西瓜，他们回来说，他感动得都要流泪了。"多么沉重的故事，我一点都没有怀疑，直奔何满子叔叔家，我说："我们一起去看看贾叔叔吧。"万万没有想到的是，满子叔叔坚决地说："不去，我春节刚去看过他，他很好！"于是我把元化叔叔的话转述了一遍。满子叔叔更是一脸不屑的表情。"不可能！你想想，这是老贾的性格吗？什么都要流泪了，胡说八道。不去，不去！"但是，我还是去了。一看，贾先生依然坐在他那把破藤椅里，双脚搁在另外一张条凳上，拿着一本他的学生刚翻译出来纪德写的《从苏联归来》，他看见我走进去，只是扔下书，连姿势都没有改变，问我："小莲，要喝水吗？""不要！""不要，那就随便找个地方坐吧。"

"贾先生，你退休工资只有一千多块钱啊？"

他奇怪地看着我，似乎怀疑我不能是为了这样一个问题，从大老远的静安寺跑到复旦来吧。他几乎没有反应过来，我着急了，再追问他："是吗？"回答很简单："是的。""凭什么？""因为我坐了25年牢，教龄不够，只能算一般教师退休，所以大家都是这点钱，我怎么办？"

我完全愣住了，他身边的学生解释说："是贾先生自己不要的。因为他参加过一二·九学生运动；解放前一直帮助共产党，坐过日本人监狱，还坐过国民党的监狱。学校要给他写个申请报告，然后就会作为离休干部办理，那待遇完全是不一样的。他不要！"我大声地质问贾先生："为什么不要，你跟钱有什么好过不去的。"这一刻，我看见贾先生显得有点不耐烦了，显然是太多人这样问过他。他连看都不看我，这时候一直把我认为"贤侄女"的贾先生，意识到我原来也不是自家人，怎么一点都不了解他？我第一次看见，没有笑脸的贾先生，甚至带着一点愠怒。他管自吸着烟说："我不是干部！我从来没有当过官，我是读书人！""读书人也要吃饭的呀！"贾先生竟然没有再搭理我，就让我默默地在屋子里坐着，然后灰溜溜地回家了。直到一年以后，我采访何满子叔叔的时候，我听见他说的一句话，我才明白他们内心的骄傲："我们不要做官。我们是读书人，我们是知识分子。知识分子意味着什么？没有权，没有钱。但是，我们有自己独立的人格和思想！"

那一天,幸好我后来什么都没有说,我没有摆出我的实用主义经来念一念,你管这个,先拿钱再说。在贾先生面前我不敢,我知道,他的幽默,他的插科打诨是有原则的,他的原则是最简单又是最有个性的。在他认定的原则面前,不要说钱,就是生命都是可以付出的。他的纯粹让我看见了自己的无聊,一份被世俗腐蚀以后的无聊,无聊得那么廉价。

对于贾先生,他依然用他的幽默点缀着我们的生活,他快乐、他坚强、他睿智、他骄傲,又永远是个不服老的顽童。在他九十大寿的时候,几代学生都赶来了,以至于满满的大厅都拥不下这些学生,走廊里都站满了学生。贾先生在那个大大的寿字前,变得更加矮小,于是他用一辈子没有改变的乡音,山西襄汾话大声地对大家说:"我年轻的时候,听到的都是骂我、批判我的话;现在老了,耳朵背了,都是赞扬我恭维我的话,可惜我听不见了。"

"回顾一生,自然感慨颇多。不过我并不怎样后悔,就像俄国作家契诃夫说过的那样:'如果再让我活一次,人们问我:想当官吗? 我说,不想。想发财吗? 我说,不想。'……我觉得既然生而为人,又是个知书达理的知识分子,毕生的责任和追求,就是努力把'人'字写得端正些,尤其是到了和火葬场日近之年,更应该用尽吃奶的最后一点力气,把'人'的最后一捺画到应该画的地方去。"(《我的人生档案》,P63)

重读贾先生写的文字时,我这才意识到,陈子涛在赴刑场前的一句话:要活得像一个人。成为贾先生一辈子的坐标,不论时代再怎么变化,也不论生存条件如何在改变,贾先生,作为一个人的贾植芳,他没有改变过。

2016/03/18 于上海修改

(据原稿付印)

悼念深情如父的贾植芳先生

卞志刚

2008 年 4 月 24 日是我悲痛而难以忘怀的日子,下午 6 时 45 分,深情如父的贾植芳先生因病逝世。我得到消息已经是晚近 9 时,我突然接到来电:"贾植芳先生于 6 时 45 分已离开我们。"这突来的悲哀,使我难以安生,我赶到医院时人已离去,再赶到贾老家,全都沉浸在悲哀中,并布设灵堂,我也参与当夜为先生守灵。守灵时,我耳边还响起先生的话语:"心脏没问题了,回家我们再共同欢庆细说。"您还希望出院后听到我儿子(小毛豆)的喜讯。每次看望你,您总充满欢笑与快乐。可是您就这样快递离开了这个世界。我没有您的才华与文笔,我只能记载一些往事,学习您德高望重的品质。我感到有义务传递您的精神,也是对恩师您的永久怀念。我更深信您生前培养的德才兼备的弟子,一定会传扬把"人"字写端正的精神品质在人间发扬光大。我们大家每个人都尽心尽力地把该做的事做好,就是对您的最大的怀念。您的崇高品质永远留在我的心中,也留在您所有关怀过的后辈心中!

难忘的 1977 年年底,当我刚拿到招待所(原复旦室内体操房)住房的钥匙时,一对与我父母年龄相近的老人迎了上来,告诉我住招待所价格与位置,一下子点燃了我心里的"一盏灯"。从这以后,虽"文革"的残余影响还在,但随着风风雨雨,漫长岁月也磨炼造就了人性化的理念内涵实质。从关爱别人的每一件小事做起,从搭起相互沟通的每句话每件小事做起;才是享受生活的乐章和保持永恒友情的根本。患难与共筑起的真诚友谊,加深了我对贾先生的"要把大写的人字写好"的内涵的理解,各种风波与曲折,使我们间的友情更加诚实与牢固。小孩哭啼时迎来了这对老夫妇的呵护,我感到做父母的失职,也感到长辈对小辈的爱戴,人间爱的力量。当时，我是校外人员，每周五休息一天。我家搬入招待所后，相互介绍认识后，这对老人时常抱着哄着我的哭啼的孩子，孩子的笑容，使我感到内疚。自我的生活怎么能给长辈添麻烦，我感到关爱应是相对的，感恩需要回报。我从小就喜欢烧菜煮汤，于是利用星期五休息日，多买些菜烧好了就送过去给关爱我们的长辈品尝我的"手艺"。贾老夫妇的夸奖与鼓励更拉近我们之间的距离。我们生活的招待所充满温馨与关爱。

但是，那时候"阶级斗争"的硝烟并没有停止，突然有一天，有人跑到我面前说："我是右派，你跟我来往没有关系，但老贾他们是反革命，你可要当心些。"我有些惊讶。怎么啦？"文化大革命"的烈火，在我们招待所每间只有 12 平方米的小屋之间燃烧起来啦？然而我也很镇静，马上回答说："如果有人认为我年青容易被污染，就把我搬出去，省得被感染。"这一来，真是不打不相识，我们这招待所的小屋天天相聚，也可能是那个人对我人心的考验。随后，我就把此人的话，告诉了老贾夫妇，他们却笑着说："可要当心呀！"我却说："大家注意！"我在这些长辈、恩师的教导下，逐步了解了过去的历史和过去的故事。

在底下的小屋住的有原新闻系主任王中，中文系教授贾植芳夫妇，体育系资深教授谈启德老谈公……从此后，我也十分敬仰这些为新中国诞生和发展作出贡献的杰出人士。在聊天中我知道王中的女儿叫进军，比我大三个月，当时王中受党安排到上海从事新闻工作，而妻子在老家待生，坚信新中国一定能诞生，先取名叫"进军"。还了解到老谈公重视体育工作，如何自己多吃苦来启发教育学生重视健康的身体。通过贾植芳，开始逐步了解"左联"与"胡风成员"的关系。可以说招待所小屋生活真难忘，使我大开眼界，认识社会。然而"文革"的硝烟没有结束。贾植芳先生在残酷的历史大考验中，受尽磨难，巍然屹立不变初衷。他的经历反映我古老国家从曲折艰难逐步走向进步的过程。他正确理解历史，坦荡胸怀，不计个人名利，特别是复出后他继续追求真理，追求学问，他所追求的是良师益友鲁迅胡风的精神，为中华民族伟大复兴呐喊呼唤、奋斗，付出血和汗的代价，培养出一大批优秀人才，不愧为我们民族优秀代表，他永远是我国宝贵精神财富永留人间，受到崇敬。

随着相互深入了解，我和贾老夫妇之间关系更深入，我讲了我自己家中的情况。我父亲一代起，三代没有女儿，在旧社会生活所迫，我父亲的兄弟被卖给人家，改名叫王流根。我叔叔与父亲直到解放后才相认。我叔叔解放后当上船舶老大，在天津工作，原本想认领我做儿子，因我父母不同意，不想把旧社会创伤再延长到我们这一代。叔叔退休返回上海嘉定居住，也有我来照顾。我母亲在解放后当上里弄干部。先后参加上钢厂建设，后在居委小区工作退休。贾老听了我叙述挺感动，认为他见到了祖辈都是红五类家庭，而且我父亲在长航船工作，年年是先进劳动者。同时，贾老也逐步给我讲述自己的经历与兄长贾芝之间恩爱感人故事。特别令我感动，贾氏家庭子女如何尊重长辈话语及后期贾氏兄弟团结共苦精神实质与内涵。

贾老讲的留在我心中不能忘记的几件事，我只能一一加以回忆与叙述。这就是众人所知的贾老四次入狱。贾老给我讲述他童年时代不好好学习，有空和干农活的小朋友"玩迷藏"，在学习期间有济南的叔父管教。兄长贾芝老实，可贾老不满叔父管教，到处在地上写上打倒他叔父贾某某。后来贾先生在北平参加学生运动被捉捕关在牢里，他叔父用白银鸦片把他从狱中赎回，此时叔父对他说："你有什么本事打倒我，还没成却自己就倒了。"接着叔父安排他渡远洋去日本留学。临行时还叮嘱贾植芳三条："一，要学医，不要学艺；二，要从事，不参政；三，要回国，不娶日本女人。"贾老笑着说："这三条我只做到一条，没有迷上日本女人。"随后，贾老笑着说了复旦前任校长苏步青的故事。苏校长的爱妻是个日本有教养，服从真理的日本妇女，苏校长也自豪地说："我所取得的成绩，包含妻子的理解和支持。"并例举自身的故事，使人感动的是日本占领南京，请苏步青去南京赴宴，苏步青断然拒绝，苏夫人说"听从夫命，跟随夫意"。动乱的"文革"，苏步青被批斗，苏夫人却在家门口跪下祷告，"愿丈夫平安健康地度过艰难的每一天。"苏步青自豪地说："夫人是妇人的榜样，也是我走向成功的力量。"后来的日子贾老也时常提起兄长如何帮助李星华渡难关的故事，以及我们小时候语文课本里的《忆我的父亲李大钊》出版过程。我听了很感动。这不仅是故事，更是中华民族的民族魂和前仆后继民族精神。我深感贾芝的伟大精神，更是对革命前辈最大安慰。虽贾老和任敏师母未生育孩子，但他们夫妇是共患难的夫妇。全国解放后，他们领养了贾芝的小孩,任敏哥哥的小孩,好像还有济南伯父家的孩子。所以贾老家也有一段欢欣笑容,温馨愉快生活的家庭。他也谈到了国民党统治时期,他入狱后朋友胡风先生的营救和帮助。贾老多次谈及他与兄长的感情。1955年冤案使他的家庭破碎,但是危难时期也显示贾芝兄长内涵素质。他给予弟弟帮助是感人的。贾老时常讲到生活的某细节,如第四次入狱近十一年中,虽人身受限制,但他的伙食却好过监狱长的伙食,都是他哥哥一贯的经济补贴。老贾经常讲到他的难友胡风先生,虽然我熟记了年幼时的"胡风反革命集团"的宣传,但他的真正思想和人性化,是在与贾老接触与逐步读了他的理论著作才逐步认识。虽然我没有机会接触胡风本人,但他的每一个患难朋友所表现的真情,使我对这批伟人充满了崇敬与感动。贾植芳一生品质的高贵就是他处处想到别人,唯有没有想到自己。不管是难苦的生活,还是稳定后的生活,他想到的就是感恩与回报。1978年时,他的工资提高到97元,算有所好转。他想到的爱妻任敏,要她不要亏待自己身体,并叫她给生活困难的二哥寄零花钱,并为任敏的侄女桂英买学习用品,扶植她快快成长。1981年2月18日桂英从山西到上海,作为贾老夫妇的养女,陪伴老人生活,后来又帮助她成家、出国定居。师母任敏1942年与贾植芳结婚,1947年秋与贾同时被国民党中统逮捕。监禁两个多月后,取保释放。曾在上海、南京市某小学任教,后因政治犯家属被校方辞退。1955年胡风冤案事发,任敏被关进上海南市一所监狱,第二次与丈夫连坐入狱。1956年释放,安排上海科技出版社上班。拿到工资,就买毛毯、饼干、鸡蛋等食用品给狱中丈夫。1958年11月左右一个冬日,公安人员递给贾植芳一封兄长贾芝给监狱领导的信:"关押在你处的胡风分子贾植芳是我弟,现在他妻子任敏已被批准去青海参加社会主义建设,经组织批准贾植芳今后生活经济由我负责,以利于他的学习。任敏离开上海时留下50元现金请转给贾植芳。"牢里的贾植芳才知道任敏因为他的冤案被发配去青海。贾植芳和任敏所经历的艰苦岁月可能会让我们后人对命运发生唏嘘,但是他们这种顽强拼搏、共患与共的精神,对生命的热爱,奋力拼搏、互相鼓励、互相帮助、相依为命、共渡难关,珍视历史的精神,对我们后人来说是一笔宝贵的精神财富。

在与贾老的38年的交往中,对我感受最深的就是能认真愉快的对待各种事物挑战，使自己生活更有质量和意义。我和我爱人已经从年轻新婚夫妇到退休人员，在贾植芳和任敏的身边，从他们身上学到了许多书本找不到的做人道理，用先生话就是把大写的人字写端正，用他们的文学语言说就是"主观战斗精神"，这是人的生活的核心。正是因为我们中国有这些文艺理论思想的发展，才能使我们中国有现在的发展，这样的发展是马克思主义思想发展史，也是中国坚定走社会主义道路，创建和谐社会发展史，只有这样一代代不断努力奋斗进取，中国才会雄伟壮观，有"中国梦"。

我是个工人，对文艺思想不沾边，但我今天要把真实的生活，不平凡的 38 年写出来，就是要使人们看到中国不平凡的改革发展史，告慰在天之灵的先辈们。人们没有忘记他们。我为自己未能用文学的语言把与先生间难忘记忆记录下来而感到悔恨与疑惑。我与先生是在我建立家庭起相遇，也就是先生所说黑暗前黎明迎接改革开放曙光。我在前面也提起新闻系王中。这批老人虽然遭到不公正待遇，但他们心目中就是一个希望。最大的苦难自己担当，不让下一代受遭灾，他们既不为名耶不为利，他们从身边每件小事做起，奉献自己的爱和力量。他们把名利地位看得如此的薄，而对关爱与尊严却看得很重。比如，关于贾植芳刚见到曙光，第一次赴北京时的情景，先生多次向学生和身边人员叙述过："我第一次到北京，就问小卞借了裤子和棉背心，并借了叁拾元钱。"而贾老为学生小辈的付出代价都字字不提，充分体现老人的爱与关怀付出何等的高尚。遇见困难与磨难，贾老夫妇从不低头屈服，但贾老不忘感恩和报答。贾老不忘伯父对他的宽容与慈爱心，不止一次说起他第一次坐牢，伯父的宽容与厚爱。然后当济南的贾植兰生病，他们夫妇一次次去寄药，帮助贾植兰减少痛苦（患癌症直到去世）。更为可贵的是贾老对社会中出现的爱心与丑恶有鲜明的立场与观点。我在与先生接触和走过的 38 年时间，不但看到他对培养出来的有成就的学生进行称赞和肯定，不知辛劳加以哺育，最可感动的，连素不相识的学生寄来的信件，也给予解答，并寄予希望，指路方向。可以说，贾先生是个不怕辛劳，把困难和艰难留给自己而走完不平凡的伟大一生。

任敏师母在最困难时期，刚刚从监狱被释放，就自觉把先生的父母当作自己父母、孝敬长辈，为父母送终，让长辈得到安息，是天下最有孝心的子女榜样；先生师母生活稍有改善，就千方百计减轻师母兄长负担，并为贾英的学习、户口、工作等事情忙碌，是天下最慈爱的父母之心，这就是大的民族魂。特别是先生最后岁月在医院里与我的对话，先生对我说，等出院后，再到家里聚一下，希望听到我儿子小毛头给他带来喜讯。我对先生说："您和我相处这段时间，我从年青人变为退休老人，我和您欢笑同享，患难与共。"并先后照他愿望对师母进行了祭扫（清明、冬至），他还常常问我和夫人的身体及对小毛头希望。在这里值得一提的是，当时同号屋患友，新闻系王中教授，他也是从我们小屋飞出的第一个平反右派，因劳累住院，从临时病房到住入病房再到高级干部疗养院，我也关注他病情，经常看望他，直到他逐步老去为他送行。贾先生总是看在眼里，记在心里，常对我说："你我永远是朋友，我也永远是普通知识分子，做不了官，也没有做官的梦。"先生和我零距离接触，相互鼓励了解是史无前例的，可以看成我们和谐社会、缩小工农商学兵差距的典范。先生博学多才，培养精英，忘我传教的伟大功臣；而我却是一个在厂工作 40 年无名工人，相距遥远。但爱心、先生的为人把我们连接在一起，也有利社会进步与发展。先生的逝世，师母的先行，对我来说极为悲痛，我没有博学多才的本领，但我要有先生师母的性格与品质，像他们一样战胜困难，顽强生活，把"大写的人字写端正"，做对得起先生，不愧后代，不愧社会的人。

先生的逝世，在我心里，是爱心领域一大损失。我一直把先生看成我的父母与长辈，他们活着的时候，我一直称呼先生"爸爸"，称呼任敏师母"妈妈"，这是我内心发出的叫唤。他们是我人生一步步地走向社会、开展人心所爱的伟大启蒙老师，是他提倡"把人字写端正"的引路人；现在虽我已退休，但社会这个大家庭生活的路还长着。我感到莫大的悲哀和痛苦。对先生最大的纪念和安慰就是应该像他一样对待生活，发扬他的精神。他的功绩与品质永远留在我的记忆和人类历史的史册里。

先生、师母的逝世对我来说是个极大的悲哀。在师母先逝世的五年时间里，我一直遵照先生的愿望，每年清明、冬至到墓地看望师母。愿师母的爱能时刻保护先生平安！也被他们坚强珍存情感所感动。先生师母走过的人生路是最不平凡的。他们顽强毅力、博大胸怀、坚强毅力、宽容慈爱、顽强精神、甘于奉献、不怕艰难的精神情怀，我是第一见证人，有责任义务把他们的精神显示出来，宣传他们可贵精神。也会像往日一样看望守护父母、先生、师母的天灵，把人字写端正。在悲哀痛哭中先生、师母留给我做人的道理，以及大爱大德永留心间，不被磨灭。他们的精神要我去珍惜发扬光大。他们的以人为本、相互信任、相互鼓励、战胜困难的精神与崇高信念永远是中华民族的宝贵精神财富。

（据原稿付印）

回忆贾植芳先生与韩国的缘分

朴宰雨

（韩国外国语大学教授）

1990 年代，我去上海时，只要日程上不是特别紧张，就一定会去拜访贾植芳先生，向他请教。这样的拜访，大概有好几次吧，而最后一次拜访，是在 2001 年 4 月。再后来，就听说贾先生已于 2008 年 4 月仙逝。贾先生仙逝时，我身在韩国，没有收到任何讯息，所以没能赴沪到他的灵前跪拜、哀悼，到了得到他已往生的噩耗时，我也就只能把哀痛放在心头了。直到现在，一想起贾老先生，我还是深深怀念！

这一次，张业松先生嘱我写一篇有关贾先生的回忆文章，我颇踌躇了一会，因为 1992 年韩中建交之后贾先生虽然与韩国学界有过交流，但先生毕竟年事已高大，我们不敢邀请他来韩国进行学术交流，所以有点担心可供追忆的内容不是那么丰富。但是，转念一想，贾先生与韩国的交流毕竟还是有足迹可寻的，更何况我与贾先生有过那么长时间的缘分呢，那还是不揣冒昧，写下来吧！

我和贾植芳先生的缘分是从韩中建交的 1992 年那年 12 月开始的。不过，我还是从 1998 年和 1999 年的事情开始回顾吧。

韩国的韩国中国学会于 1955 年由韩国研究汉学的二十一位文史哲教授创立，至今已有六十多年的历史。学会于 1962 年创办韩文版《中国学报》年刊，后来改为半年刊，至 2016 年 2 月已经出版 75 期。1998 年，我担任韩国中国学会的总干事，与会长、梨花女大李钟镇教授商量，决定本着推进韩国汉学的国际化的宗旨，于当年的 12 月底创办中文版《国际中国学研究》年刊。我们既然是以"国际"为口号，就理当邀请韩国与海外的学者来写贺序，也请他们特别是海外学者多多赐稿。高丽大学原校长金俊烨先生是韩国光复军出身的汉学界元老，韩国的中国史学界的领军人物，而国立首尔大学的名誉教授暨大韩民国学术院院士车柱环先生则是韩国的中文学界的泰斗，我们是一定要恭请他们二老代表韩国的汉学界来写贺序。那么，海外呢？经过协商，决定由李会长和我分别邀请中国大陆与台湾的学者来写贺序，台湾学界的代表学者应该是研究古代哲学的，由李会长推荐，中国大陆学界的代表学者应该是研究中国现代文学的，由我推荐。结果，李先生首先推荐了台湾"中央研究院"文哲研究所原主任戴连章先生。

我想，既然要推荐中国具有代表性的现代文学学者，就应该推荐那些亲身继承了新文学运动精神脉络的作家暨学界权威，而最合适的人选，则非复旦大学贾植芳先生莫属，不过，担忧随之而来：贾先生会答应吗？记不清楚 1998 年年底还是 1999 年年初，我通过陈思和先生恳请贾先生为《国际中国学研究》创刊号写贺序。据说贾先生很高兴，欣然答应了。这次阅读《贾植芳先生年谱初编》①，上面记载是 1999 年 2 月 1 日，"贾先生为韩国《国际中国学研究》而序《我的祝贺与祝福》。"杂志于 1998 年 12 月创办，贾先生写序的时间却是 1999 年 2 月 1 日，这是什么缘故？当下韩国学界的定期学术刊物无论纸质出版还是电子出版，最好要准时出版的，否则评鉴机构就会视为违规，要扣除相应评价分数，该学会也会吃不少亏。不过，那个时候还不像现在这么严格，据我的记忆，《国际中国学研究》确实是到 1999 年 2 月底、3 月初才出版，只是书面上的发行日期署为 1998 年 12 月 30 号罢了。此事似值得一记，因为它反映了韩国学界规则的一点小小变迁。

贾先生的贺序是以"中国新文学的一个研究者和实践者"的身份，对他所从事的中国新文学研究进行回顾与反思的。贾先生首先厘清中国新文学的概念，概括新文学八十多年的历史，然后指出新文学的主要特点："在东西方现代文化的催生下，在革新中继承与发展了中国的文学传统，从'启蒙的文学'与'文学的启蒙'两个方面来推动古老的中国文学与中国文化的现代化。"②接着，贾先生又指出新文学研究的意义："与研究中国

---

① 沈建中编撰，张业松先生提供。
② 见《祝贺韩国〈国际中国学研究〉创刊》，《国际中国学研究》创刊号，"目次"第 16 页。韩国中国学会，1998.12。

古典文学不同,研究中国现代文学可以昭示'活着的中国'的'面影'与'灵魂'。"①贾先生充分肯定陈独秀、鲁迅与胡适等新文学先驱者所开创的新文学精神传统以及鲁迅、老舍、沈从文、巴金等大师的创作成就,"为近百年来中国新文学所取得的发展感到衷心的喜悦"。在反思"50 年代至 80 年代初的中国现代文学研究"时,贾先生很痛烈地表达了他的批判观点:"成了政治史与革命史的注脚。由于狭隘的政治标准与宗派眼光,也由于名目繁多的政治运动,致使中国现代文学史可以研究的作家越来越少,解释也越来越脱离文学史实际,在史无前例的"文化大革命"中更出现了'鲁迅走在《金光大道》上'的怪现象,丰富多彩的现代文学史也被离奇地解释为'两条路线斗争的反映'。"②正是在这样的背景之下,他才会盛赞 1980 年代以后的新文学研究"冲破狭隘的政治标准与教科书模式,'重写文学史'也提上了议事日程,并在以后的发展中取得了巨大的成就。"③在贾先生所说的"巨大的成就"中,"现代"领域里最突出的成果是北京大学严家炎先生撰写的《中国现代小说流派史》④和钱理群、温儒敏、吴福辉教授撰写的《中国现代文学三十年》等,"当代"领域里最显眼的著述则是贾先生的高足陈思和教授撰写的《中国新文学整体观》⑤、《中国当代文学史教程》⑥等,估计大家都知道。

贾先生在贺序最后一部分十分注意到"自二、三十年代起,国外的汉学界也开始关注中国新文学,并取得了可观的成绩"这一事实。贾先生已经知道韩国汉学界对于中国新文学的介绍与研究:自 1920 年代《开辟》杂志译介中国"文学革命"发其端,至 1980 年代以后更有可能蓬发的发展,译介和研究的数量与质量都颇为可观。因此,贾先生以非常鼓舞的语调说:"中国新文学研究已经成为韩国的中国学界一个不可或缺

---

①②③　见《祝贺韩国〈国际中国学研究〉创刊》,《国际中国学研究》创刊号,"目次"第 16 页。韩国中国学会,1998.12。

④　这本书由笔者翻译成韩文,1997 年 11 月以"韩国学术振兴财团翻译丛书"之一,由韩国的"青年社"出版。

⑤　这本书由笔者组织翻译成韩文(笔者的导生金顺珍、朴南用等当时韩国外大读书的几位研究生等参加翻译,由笔者监修),1995 年 9 月由"青年社"以《20 世纪中国文学的理解》的韩文版书名出版。

⑥　这本书由鲁贞银与朴兰英翻译成韩文,2008 年 8 月由韩国的出版社"文学村"出版。

的部分,我衷心祝愿中韩两国的研究者加强交流,使中国的新文学研究更上一层楼。"①

韩国汉学界和"韩国中国学会"的文史哲三个领域以前都以古典研究为主,尤其是在中国文学研究领域里,不少保守学者歧视中国新文学研究,认为不值得研究,而且有意识形态上的危险。正是有了贾先生的鼓励,并且有了中国新文学研究专家陈思和、朱立元、郭锡键等中国教授与郑晋培等韩国教授的论文登载于创刊号,中国新文学研究在韩国的"国际中国学研究"阵地里才算是有了坚实的立足点。

我对贾先生的了解,1992 年 12 月与贾先生的第一次见面的时候一点都没有。1992 年 8 月 24 日,韩中两国建立外交关系,对于 1970 年代初进入大学中文系、等待韩中建交近二十年的我来说,这是一件令人难以置信的好消息。当年的 12 月,以我的大学恩师李炳汉先生为团长的人文学教授中国访问团巡回访问了中国的天津、北京、呼和浩特、济南、南京、苏州、杭州、上海等主要城市的主要大学和研究机构,和那里的中国人文学权威和元老教授们进行交流。那一次的学术交流中,中国教授们大都说:这是第一次与韩国教授见面。我们团队由八位构成,专业多样,包括研究中国文学、哲学、史学、人类学、新闻学的学者,由我担任干事,而研究中国新文学的只有我一个人。我当然想趁着这样的好机会与本专业的中国学者多认识、多学习,因此,每到一个地方,我就积极结识当地的中国新文学学者。这样一来,我就认识了北京大学的钱理群、温儒敏、陈平原教授,山东大学的孔范今、周来祥教授,南京大学的叶子铭教授,杭州大学的郑择魁教授,苏州大学的范培松教授……最后一站到上海,在复旦大学餐厅,我认识了复旦大学的贾植芳与蒋孔阳先生,在华东师大餐厅,我又认识了钱谷融先生,在上海社科院里认识了王文英教授。除了新文学研究的著名教授,我还认识了中国古典文学的权威学者、元老学者,比如周勋初、徐朔方、陈允吉、陈伯海先生等。对于当时刚刚四十出头的我来说,一下子结识这么多中国新文学研究的元老学者与著名教授,有了与他们

---

① 见《祝贺韩国〈国际中国学研究〉创刊》,《国际中国学研究》创刊号,"目次"第 17 页。韩国中国学会,1998.12。

交流、学习的机会,算运气很大了。要知道,在当时的韩国汉学界,我的前辈学者们中研究中国新文学的并不多,做新文学研究是一件非常寂寞的事业啊。

1994年1月,我又有机会来上海。我带着已经进入复旦大学中文系攻读博士学位的金炅南同学(现任韩国德成女子大学教授)访问了贾先生家里,贾先生非常欢迎我。就在这一次访问中,我认识了贾先生的高足陈思和先生,我们马上成了一见如故的朋友,很是谈得来。我还记得他谈到他在"文革"时候安排到图书馆工作,因祸得福地得到许多读书的好机会。我当时带来亲自翻译的巴金《爱情三部曲》上、下两部(里面包括短篇小说《奴隶底心》等六篇)的韩文版,陈先生想办法为我创造了拜访巴金先生府上的机会。我把书赠送给巴金先生,巴金先生很高兴,和我谈了一些关于韩国人和韩国文化的话题。送别的时候,先生以瘦小的、不舒服的身体慢慢地走路送我,从中我看到一代文化巨人的形象,感动至今留在我的心中。后来,我又收到贾先生的邀请,和金炅南同学一起去他家,吃了贾师母准备的午餐,谈了很多学术的问题。

1994年8月起,我担任韩国外国语大学中文系主任。我来到复旦大学,和外事处长陈寅章先生签定合同,约定韩国外大中文系和复旦大学中文系互派教师,进行双向交流。此后,我便有更多机会来复旦大学交流,去贾先生家里拜访。

1995年,贾先生的自传《狱里狱外》在上海出版,我拜访贾先生时,他送了我一本签名本,我这才有机会真正了解贾先生的传奇一生,并由此体会到先生被既仁慈可亲又真诚坦率的外表掩藏着的为了大义不惧牺牲的硬骨汉本色。现在大家都知道了,贾先生一生受到多种政治势力的迫害,坐过四次牢。后来两次是国民党的监狱,一次是日本宪兵队,最后一次则是被打成"胡风反革命集团"(1955年)的骨干分子。因为被打成胡风分子,从四十到六十五岁,长达二十五年的时间里贾先生都要么身陷囹圄,要么作为"牛鬼蛇神"不得不夹着尾巴做人,怎么可能从事自己心爱的创作和研究?这多么可悲呢!我年轻的时候参加了韩国的反法西斯民主化运动,并因此坐过短期的牢,但是,和贾先生比起来,我的经验真的算不了什么。但是,正是短期的囚禁经历,使我更能够理解四度入狱的贾先生的遭遇和感悟。我想,对《狱里狱外》评论最到位的,还是陈思和先生:"虽然作者自称'大时代里的小角色',但这本书却贯通了一个大气象。如果后人要了解20世纪中国的知识分子与时代、社会和政治的复杂关系,无疑这是一个很典型的文本。"①

那么,作为一位韩国学者,贾先生给我留下哪些印象呢? 刚见到贾先生,我对他的第一印象是"朴素可亲"。经过深入的对话,我慢慢体会到了先生的"真率坦诚"的本色。经过几次交往,我慢慢透过他瘦小的身形,感受到他不管多少次屈辱都压不偏、折不断的坚忍、顽强的生命力,由此,我对贾先生又产生了"外柔内刚"的印象。值得添上一笔的是,贾先生的山西口音很重,外国人很难听懂,很多话语我都是经过金炅南同学的一番说明后才能真正了解的。金炅南同学说,他在复旦大学留学期间,贾先生喜欢他夫妻(他的妻子是中国同学)来家里陪他聊天。而曾经担任震旦大学中文系主任的贾先生自1980年得到平反后,出土文物一般受到学界的巨大尊重,一时间访客不断,不过,就连这些中国访客都不太听得懂贾先生的话,需要他的翻译。所以,他非常骄傲地说:我比一般的中国学者还能听懂贾先生浓重的山西口音。

中国现代作家里,有不少人与韩国发生过因缘。比如,郭沫若去日本留学时是经由韩半岛坐船去的,而在坐火车从北京经过新义州到釜山的旅程中的所见所感,激发他后来写出《牧羊哀话》。又如,1930年代巴金从与他有所交往的韩国抗日斗士刘子明的白头发获得灵感,写出《发的故事》。其他写过韩国与韩国人的中国作家还有不少,像台静农、萧军、舒群、无名氏,不胜枚举。作为一位新文学作家,贾先生虽然没有机会创作有关韩国与韩国人的作品,但是,与他共度患难的挚友胡风,以及其后与他交往颇多的范泉,与韩国和韩国文学均有过不浅的缘分。1936年4月,胡风编译《山灵:朝鲜台湾短篇集》,由上海的文化生活出版社出版,里面包括朝鲜的四篇小说与台湾的三篇小说——当时的朝鲜就指称在日帝殖民统治下的全韩半岛。四篇韩国小说分别是张赫宙的《山灵》、《上坟去的男子》、李北鸣的《初阵》、郑遇尚的《声》。就此小说集,胡风后来回

---

① 《推荐贾植芳的〈狱里狱外〉》,《语文建设》,2006年Z1期,第32页。

顾:"朝鲜是我们比邻的兄弟民族,受到了日本侵略者的统治,朝鲜人民陷进了当亡国奴的地位,我们当然关心他们的命运。我在日文刊物上发现了这些作品,读了以后,认为是控诉日本帝国主义者的,极难得的材料,因而译了出来。"①贾先生 1937 年初在东京留学时把自己写的作品《人的悲哀》投给在上海出版的《工作与学习丛刊》,不到两个月,"就收到了刊登了我的小说的丛刊第四本《黎明》和三十多元日元的稿费,与编者胡风的热情来信"②。正是通过这次通信,贾先生订交丛刊编者胡风先生,并开启了长达半个世纪的"在历史的风风雨雨里一步一步建立起来的"、"饱尝苦难而坚守"的、"相濡以沫"一般的友谊。贾先生回顾说:"胡风可以说从三十年代初期他用笔名谷非写作、翻译开始,我就是他的一个老读者了……也就是说,我从他的著作和翻译,早就认识了他,也可为'神交'已久。"③通过这段自述,我想,贾先生估计看过《山灵:朝鲜台湾短篇选》,这应该不算太突兀和武断吧?

把日本小田岳夫的《鲁迅传》中译出版而闻名的范泉,对于《山灵:朝鲜台湾短篇集》早有正面评价,他在《朝鲜春》的"前记"里说:"张赫宙氏是朝鲜当代的小说家,他底作品介绍到中国来的,已有胡风翻译的短篇集《山灵》……所以中国读者对于他,应该不再是生疏的了。"④也估计是受到《山灵》的触动,他才会在 1943 年 1 月把张赫宙日文版的《我的风土记》删除掉几篇涉及日本风土的文章,其余全都翻译成中文,并命名为《朝鲜春》,由上海文星出版社出版,1946 年 7 月上海永祥印书馆再版,更名为《朝鲜风景》。范泉似乎对张赫宙的作品有所欣赏,1943 年 2 月,他翻译张赫宙的长篇童话集《福宝和诺罗宝》,定名为《黑白记》,由上海永祥印书馆出版。

那么,胡风与范泉都关注过的韩国作家张赫宙,是何许人也? 1932年,张赫宙凭藉描写朝鲜农民的反抗斗争的日文作品《饿鬼道》登上日本文坛,当时的日本文坛认定他是韩国文坛代表性作家,一些日本进步的左

---

① 见《回忆参加左联前后(三)》,《新文学史料》1984 年第 4 期,第 44 页。

②③ 见贾植芳,《我和胡风同志相濡以沫的情谊》,晓风主编,《我与胡风》,1993 年,第114 页。

④ 见《朝鲜春·前记》,收载于《中国现代文学与韩国》六,延边大学出版社,2014,第 312 页。

翼作家开始与之频繁交流。但是，1936年，张赫宙定居日本，1939年左右，他开始转向，成了亲日派的作家。胡风在翻译、出版他的《山灵》时，张赫宙还没有转向，而范泉翻译、出版他的《朝鲜春》的时候，他早已成了亲日派，看来范泉当时并不清楚定居于日本的张赫宙的身上发生了什么。无论如何，这些事情后来都成问题了。胡风回顾说："我受到批判的时候，有一位朝鲜同志批评我不该译张赫宙的小说，说我应该知道张赫宙是什么人。看他的口气，好像认为张赫宙并不是一个革命作家。实际上，我的确不知道张赫宙是不是革命作家。但不管他是怎样的作家，我只能看他的作品。作品是同情穷苦人民，反对压迫者剥削者的，我认为那就对斗争有利，应该把那当作难得的教材。在那样的情况下面，能够得到这样的作品，已经是很不容易的了。"①韩国学界理所当然地把张赫宙看作亲日反民族的作家，不过，近年有学者针对他的成长背景、经历以及前后期创作的变化，做出了一些实事求是的研究和判断，算是一定程度上拓宽了研究的视野。

后来，胡风与范泉颇多龃龉。1955年1月，《文艺报》以附册的形式发表胡风"三十万言书"（《胡风对文艺问题的意见》），文中说："南京暗探范泉主编《文艺春秋》，……干着……罗丹所说的'装腔作势'的文艺事业。"②对于范泉来说，胡风的指责无异于晴天霹雳、飞来横祸，他也因此遭受了长期的屈辱和苦难，据贾先生描述，"上世纪50年代由于'左'的路线的干扰，范泉划错了右派，于1958年被迫离开上海培养编辑、出版人才的岗位，下放到青海劳动改造。而当他经过二十多年漫长的炼狱生活，1979年复出。"③按照钦鸿的辨析，矛盾主要由胡风对范泉过去主办《文艺春秋》一事有误解而引起，这个"南京暗探说"的真实情况比较容易查清，但是其阴影"直至1990年才烟消云散"。④针对这场公案，贾先生1989年私下给范泉写信，替胡风说一声抱歉："收到来信，内情尽悉。您的痛苦

---

① 见《回忆参加左脸前后（三）》，《新文学史料》1984年第4期，第45页。
② 再引用钦鸿，《范泉"南京暗探"事件始末》，《世纪》，2002年11月15日，第24页。
③ 见贾植芳，《范泉书信集·序》，晓风主编，《出版史料》，2007年，第75页。
④ 见钦鸿，《范泉"南京暗探"事件始末》，《世纪》，2002年11月15日。

和激怒,我是完全理解的。作为胡风的一个朋友,我首先向您道歉!"①
2003 年,贾先生在给《范泉书信集》作序时,对作为优秀编辑家、出版家、
翻译家的范泉一生做出了很高的评价。通过贾先生如何处理胡、范之争,
我们也可以看清他的为人之磊落和胸怀之宽广。

　　行文至此,我愈益怀念贾植芳先生的"朴素可亲"、"真率坦诚"和"硬
骨汉"风骨。我要用《论语》中的"岁寒,然后知松柏之后凋也",来纪念贾
先生诞辰一百周年!

　　　　　　　　　　　　　　　　　　　　　　　　(据原稿付印)

---

① 见贾植芳,《写给范泉的信:1983—1995 年》,《新文学史料》,2002.5.22。

从一封珍贵的诺贝尔文学奖推荐信说起

——兼谈贾植芳先生的巴金研究

常 楠

　　在北京鲁迅博物馆胡风文库,藏有贾植芳先生于 1989 年 1 月 20 日写给瑞典皇家科学院诺贝尔文学奖评奖委员会的一封推荐信(影印件),拟推荐巴金为 1989 年度诺贝尔文学奖候选人,该信用中英文双语写成,共计五页,全文抄录翻译如下:

　　　　　瑞典皇家科学院诺贝尔评奖委员会

　　　　　　　　　　　　　　　　　1989 年 1 月 20 日

尊敬的先生们:

　　非常感谢你们给了我这次参与提名本年度诺贝尔文学奖的宝贵机会。我坚持认为:如果巴先生能够成功获得你们的关注和认可的话,那对我的国家和人民来说将是更大的荣耀。纵观诺贝尔奖的九十年历史,有着光辉的过去和充满挑战性的当下的(中国)文学被排除在这个今天最具声望的奖项之外,是令人痛苦和非常不公正的。

　　但是,我相信这种令人遗憾的现象只是由于过去几十年来的误解引起的。今天,我应该说时间消弭了所有有害的偏见和芥蒂,因为现在一个全球性的信念已然形成,那就是人类能够在这个狭小的世界上创造更好的生活。

　　这就使我更有义务去推荐巴金先生,终其一生,他都以无与伦比的真诚和忠实去追求人类的自由、和平和进步,这与诺贝尔遗嘱的精神完全一致。

你真诚的

贾 植 芳

中 文 教 授

中 文 系

复 旦 大 学

被提名人：巴金

理由：

　　半个多世纪以来，巴金在中国一直极具影响和感召力。他的无
与伦比的真诚为他赢得"中国知识分子的良心"的美名，也使他的作
品成为中国最令人难忘的一段历史忠实而又生动的纪录。在其卷帙
浩繁的作品中，只消提一下《激流三部曲》就足以证明这一点，作者把
读者带进一个中国旧式大家庭的许多最隐秘的角落，让他们得以真
切地观看其无可挽回的崩溃过程和在此过程中各成员的诸色心态。
与此真实细腻的描写连在一起的是作者毕生流淌的巨大激情。在巴
金的后来的另一部堪称经典的小说《寒夜》中，激情变得更深沉、内
在，与洗炼圆熟的技巧和对人性的洞察愈加融为一体，从而使这部作
品得以在一个很高的层次上深刻揭示人与人、人与社会的冲突的实
质。我尤其要提到的是巴金不久前写就的由一百五十篇散文构成的
《随想录》。这些内省的文字在无情地解剖自己的同时，实际上也完
成了对中国知识分子心灵的一次严酷拷问，鞭挞自己灵魂的非凡勇
气加上老年人饱经世事后的彻悟，使这部朴实无华而又实以血泪为
墨的忏悔录成为中国知识分子灵魂觉醒的伟大纪录。即令巴金只写
过这么一部《随想录》，他也永远不会被后人遗忘。

贾植芳

　　此信附在 1989 年 1 月 23 日贾植芳、任敏致梅志信中，在 1989 年 1
月 23 日信中，贾植芳向梅志这样介绍了自己写作这封推荐信的背景和
心态：

115

"我为瑞典科学院推荐诺贝尔奖金人选，已将材料及信寄去了，我推选巴金，听说官方推荐艾青，又听说，瑞典方面原有意于北岛（朦胧派诗人），中国作协党组不同意，并派人□□前往斯德哥尔摩游说。现附信寄去我致瑞典科学院原件影印本一份。您看看玩玩。英文原信，晓山耳译给您听。"

而这封推荐信也从一个不为常人所知的侧面，展现出作为资深巴金研究者的贾植芳先生对于巴金的高度认可和欣赏。

贾植芳先生和巴金的结缘，最早可以上溯到二十世纪二十年代末，那时的贾植芳还和哥哥贾芝一起在太原上中学，贾植芳自称"那时候对新文学一点都不了解，只是盲目买书，在买朱光潜的《给青年的十封信》时，看见巴金的《灭亡》——小开本，封面是黑、白、红三种颜色，因为封面对照分明，书名也很醒目，我便花七毛钱买了一本。"不过，青年时代以后的贾植芳历经磨难，颠沛流离，人到中年时更是无端遭受"胡风冤案"之祸，被监禁和监督劳动二十来年，青年时代阅读《灭亡》的体会和感受，也在多年的艰苦辗转之下消磨殆尽。直到"文革"结束后，贾植芳先生才真正开始了专业的巴金研究。

1978年9月，贾植芳先生结束了劳改，从复旦大学印刷厂回到中文系资料室工作，此时，正值杭州大学和江苏师院（现苏州大学）发起并串联全国三十多所兄弟院校和图书馆协作编辑"中国当代文学研究资料"丛书，复旦大学中文系承担了其中的《巴金专集》的编辑工作，即由贾植芳先生担任主编。为了编好这部专集，贾植芳先生"除了查访巴金作品初版本，搜集各种评论外，还托人找来各种批判巴金的材料，翻译海外巴金研究的新成果，编年表，做索引，不仅自己动手，而且'全家都上阵'"。在编辑这部专集的过程中，贾植芳先生遇到了一个问题——是否在专集中收入一些巴金写于二三十年代的宣传"安那其"（无政府主义）的文章。当时，"文革"刚刚结束，大多数人对于政治高压和理论禁区依然噤若寒蝉。在这种情况下，复旦大学中文系的总支负责人认为以不收为宜。但本着尊重历史、对历史负责的态度，贾植芳先生还是把是否收录的决定权交给了巴金本人，并在1980年3月13日为此专门拜访了巴金。虽然这部分文章在巴金"怕有人又说他宣扬什么主义"的表态之下令人遗憾地未能收入《巴金专集》,但巴金襟怀坦白、敢于面对历史真实且赞同贾植芳先生在《巴金专集》中收入初版原文的态度,还是给饱经忧患的贾植芳先生留下了不错的印象。在巴金本人的支持和协助下,贾植芳先生成功主持完成了《巴金专集》的编辑工作,为"文革"以后的巴金研究打下了扎实的基础。

虽然,贾植芳先生在耗时最长、用功最深的巴金研究方面并没有留下专门的论著,但这并不代表贾植芳先生在他所熟稔的巴金研究上没有自己独到的心得和认识。他对于巴金研究的种种思考和理解,主要体现在他所主编或参编的各类巴金研究资料的编排策划思路上,或是散见于他为各种巴金研究专著所撰写的序言后记中。而这反而使贾植芳先生摆脱了一般巴金研究者研究眼界过于狭窄片面、微观琐细的弊病,能够以一种学科史的视角来高屋建瓴地看待并梳理巴金研究的来龙去脉。作为有着丰富社会阅历、饱尝世间冷暖的"社会中人",贾植芳先生非常清楚:巴金研究,从表面上看是研究巴金本人以及作品,实际上则是要通过这种研究的历程折射出现当代中国社会的历史沿革和社会变迁。所以,贾植芳先生眼中的"巴金研究",与其说是狭义的文学研究,不如说是更广义的社会研究,力图在对巴金作品进行解析和对巴金研究论著进行编排的同时,使读者从一个独特的角度深深体会到现当代中国社会的曲折坎坷和光怪陆离。

贾植芳先生的巴金研究的第一个特点是重视史料、尊重原文且兼容并包,主张在对丰富的史料进行钩沉索引的过程中自然而然地得出研究的结论。这种科学严谨的学术态度今天已然成为学界的共识,但在三十年前的二十世纪八十年代初,秉持这种态度进行学术研究则需要相当的勇气和魄力。在《巴金专集》的后记中,贾植芳先生毫不含糊地指出:"无论是作家自己的自述性作品的选录或是评论家的评介文章的收用,都应该严格地采用初次发表时的印文,这对探讨和研究为我国现、当代文学做出巨大贡献和努力的这位作家的生活、思想和艺术道路以及检阅这许多年以来我国评论界对他的评介研究工作的成绩或失误,那条弯弯曲曲的历史过程和内涵,才有真正的学术意义和历史价值,也符合古往今来编辑研究性资料书籍的一般惯例。"正是在这种编辑思想的指导下,贾植芳先生征得巴金本人同意，大胆地在《巴金专集》中选入了姚文元写于1958年文艺界"拔白旗、插红旗"运动中的两篇批判巴金的论文《论巴金小说〈灭亡〉中的无政府主义思想》和《论巴金小说〈家〉在历史上的积极作用和它的消极作用——并谈怎样认识觉慧这个人物》以及在此期间的其他一些带有相同倾向的论文，还选用了"文革"期间出现的《彻底揭露巴金的反革命真面目》、《反革命的〈激流〉三部曲——〈家〉〈春〉〈秋〉》和《评巴金的战争文学》这三篇批判巴金的文章。在政治气候乍暖还寒、局面尚不明朗的二十世纪八十年代初，贾植芳先生对于这些珍贵的"负面"史料的重视和开掘，无疑具有开创意义。作为中国现当代文学的专业研究者，贾先生深知：中国现当代文学，实际上只不过是中国现当代社会的一个侧面的缩影。巴金研究，又是这缩影的冰山一角。要想研究好中国现当代文学，就不能回避中国现当代社会的种种曲折和阴暗之处，而这就需要研究者全面地占有有关中国现当代社会的各种资料，这样才能够在研究的过程中避免片面，对各种材料进行全面而辩证的分析。出于种种研究之外的考虑，把"负面"材料有意规避掉的做法，是背离了学术研究的基本原则的。因此，贾植芳先生也在《巴金论稿》一书的序言中，称赞了陈思和、李辉两位学者在研究过程中重视资料基础的做法："作为他们研究工作中的一个主要特色，是把自己的论题建立在充足的资料基础之上，在吸取和借鉴了前人和今人的研究成果的同时，开拓了自己的研究课题和中心。这就有助于清扫多年来在我国评论界成为风气的以论代史，即从某些抽象概念或一时的主观需要出发，既脱离历史特点又背离作家的思想艺术实际的或褒或贬的抽象空洞的议论和不正之风。"应该说，贾植芳先生的这种重史料、轻空谈的学术指导思想，在很大程度上顺应了当时思想理论界"拨乱反正"的强烈需求和历史大趋势，从而扭转了20世纪50年代后期以来巴金研究界"以政代学、以论代史"的混乱局面，使之返回到专业性的学术研究的方向上来。其历史功绩，自然不容抹煞。

贾植芳先生的巴金研究的第二个特点是把历史发展演变的视角引入到了巴金研究中，特别强调对巴金作品接受史和巴金作品传播史的梳理，反对孤立地对巴金作品进行文本分析。这种做法在很大程度上使巴金研究摆脱了平面化、单一化的缺陷，转而在历史的纵向和社会的横向上得到了立体式的发展。在《巴金论稿》序中，贾植芳先生特别说明："在他们的研究工作中，一反我们过去多年来成为文学研究工作的定式的孤立静止地研究作家作品，用程式化、概念化和简单化的方法来代替对复杂的文学现象作深入的思想剖析和美学评价的老例，他们首先把问题提到一定的历史范围内，从广阔的时代背景和中国社会实际出发，兼及世界的政治社会思潮和文学现象，来观察巴金思想和艺术上的表现"。这种思想，也同样体现在贾植芳先生对《巴金专集》和《巴金作品评论集》这两部资料性书籍的编辑过程中：在编辑这两部资料性书籍的时候，贾植芳先生尤其注重对不同时期、不同视角下的各类巴金研究文章的选择与排列，并将它们以编年史的形式呈现出来，还特别为此作了《巴金年谱简编》和《巴金作品主要评论目录》。在这些研究文章中，既有沈从文写于 1937 年的《给某作家》，也有巴人写于 1943 年的《论巴金的〈家〉的三部曲》；既有王瑶写于 1957 年的《论巴金的小说》，也有端木蕻良写于 1978 年的《重读〈家〉》；既有叶圣陶写于 1961 年的《评巴金的〈我们永远在一起〉》，也有路遥写于 1978 年的《爱与憎迸发的火花——喜读〈巴金近作〉》。其时间跨度之长，遴选范围之广，几乎覆盖了半个多世纪以来巴金研究界的方方面面，自然而然地展现出一部活生生的巴金作品接受史。在《巴金专集》后记中，贾植芳先生这样阐述了自己对于巴金作品接受史的认识和看重："这样，在编辑这部研究性资料集的过程中，比如评介文章部分，关于解放前的那个历史时期，我们力求选录各个不同历史阶段不同思想政治倾向和要求与不同文艺观点的评文，用以反映当时的社会历史背景和时代特点，以及错综复杂的中国思想文艺界的具体态势；解放后近 30 年的评文，亦复如此。"说到底，贾植芳先生所真正关注的，仍然是纷繁复杂的中国现当代社会，而巴金研究，只不过是贾先生用以了解和展示中国现当代社会的一个窗口。所以静态单纯的文本分析研究，不仅不能全面深刻地反映出巴金的创作过程与作品的真正意义，也不能淋漓尽致地展现出贾先生对多灾多难的中国现当代社会的忧虑与关照，故为贾先生所不屑和弃用。此外，贾植芳先生也将比较文学的思路引入了巴金作品的接受和传播研究中，特别注意对国外巴金研究论著的译介和编辑整理，在《巴金作品评论集》编后记中，贾先生这样说明："巴金又是一个世界性的作家。据我们所知，早在 40 年代以来,世界范围的巴金译介研究工作,也获得了颇可注目的成就。为了反映这方面的实际,我们从手头上的材料中,选译了三篇论文收录在这里,也是藉一斑以窥全豹的意思。"在《巴金专集》和《巴金作品评论集》中,贾植芳先生选辑收录了四篇国外论文,分别为白礼哀(法国)的《巴金:一位现代中国小说家》、吴桑格(新加坡)的《巴金和俄罗斯文学》、纳森·茅(美国)的《论〈灭亡〉〈新生〉》和山口守(日本)的《巴金的〈寒夜〉及其他》。虽然这些国外论文的数量并不算多,但这足以显现出贾先生在二十世纪八十年代初在中国现当代文学学科建设方面的远见卓识:中国现当代文学,本身就是世界文学的一部分,要想推进巴金研究乃至中国现当代文学研究,就必须具有国际化的视野和意识。在把巴金作品推向世界的同时,要及时认识到国际巴金研究界的反应和动向,这样才能够彻底打破建国以后国内巴金研究界封闭保守、固步自封的研究状态。可以说,贾植芳先生的这种以中国现当代历史为线索、参之以国际视角作比较的研究思路,从此打开了国内巴金研究的局面,大大地拓展了它的内涵和外延,使之由单纯的文学作品研究转变为综合性、立体化的文化研究和社会研究。作为在胡风冤案中蒙难达二十五年之久的"胡风分子",贾植芳先生在巴金研究中寄寓了太多属于自己个人的人生体悟和生命感受,他力图通过这种历史化、国际化的研究来促进中国文学界和文化界的反省与思考,让中国现当代文学界乃至文化界的悲剧不再重新上演。

　　贾植芳先生的巴金研究的第三个特点是看重对作家内在心理和人格发展的研究分析,认为作家本身的人格感染力要高于作品所体现出的写作技巧魅力。这种认识在今天来看不无偏颇之处,但在当时的历史背景下,却有着唤醒知识分子良知、主张人格独立的进步意义。在《巴金年谱》序中,贾植芳先生这样写道:"对于一部以作家为谱主的年谱来说,则应在描述出他的生活史、创作史的过程中,显示出他的人格成长史,突出他在思想和艺术上所达到的独自境界;'风格即人格',以人而及于文,人是第一义的,文则是第二义的,重在反映他的人格的素质和文格的特色。""因此,这部《巴金年谱》,不仅是一个作家的生活史和创作史的历史叙述,也是一个中国现代知识分子的人格长成史的真实记录"。在这里,贾植芳先生敏感地意识到:在中国现当代社会的复杂历史背景之下,巴金作为一个知识分子的心路历程,可能要比他的作品本身更打动人,也更具有研究价值。在建国以后的大小多次"运动"当中,包括巴金在内的无数知识分子经历了人格的分裂、异化、沉沦乃至后来的复苏和忏悔,所以巴金本人的这种复杂曲折的心路历程,与其说是属于他自己个人的,不如说是属于中国现代全体知识分子的,具有相当的共性和普遍意义。但与大多数中国现代知识分子不同的是,巴金在人格复苏之后并没有选择遗忘和逃避,而是勇敢地直面自己曾经的怯懦和过失,并把自己对此的反思一笔笔地记录在了《随想录》当中。这种襟怀坦荡、直面历史的人生态度,自然引起了贾植芳先生的共鸣和赞赏,并在研究巴金的过程中把这种欣赏有意无意地带到了笔端。所以,在《人格的发展·巴金传》序中,贾植芳先生再次声明:"'风格即人格',或如作者所说:'文如其人,文见其人',人是第一义的,文是第二义的。文格的特色,正是作家的人格境界的体现。作家的生活史和创作史实际上就是他的人格发展史的表现和反映形式。"作为具有深厚文学修养和开阔国际视野的文学研究者,贾植芳先生不可能不知道巴金的文学作品还存在着过于浅显直白的弊病,但他仍然从人格完善的角度出发,对巴金的作品进行了高度评价,这其中的深意,至今仍然令人长思。

1989 年 1 月 20 日,在对巴金进行了十一年之久的深入研究之后,贾植芳先生写就了这封诺贝尔文学奖推荐信,在信中,贾植芳先生无意对巴金的文学成就作任何修饰和美化,而是从作为一个"人"的角度对巴金进行了高度肯定和评价。也许,在贾先生心中,"人学"与"文学"本就是一体,只有把大写的"人"字写端正,笔下的文学才会熠熠生辉。

(原载《鲁迅研究月刊》2015 年第 2 期)

历史的记录
——从贾植芳致巴金的一封信说起

周立民

　　整理巴金先生遗存文献时，我在二楼书房书桌的抽屉中发现三页用"复旦大学"信纸写的信，那遒劲的大字极其熟悉，不用看署名就知道是贾植芳先生的。我匆匆忙忙浏览了一遍，又用相机拍下来，原信随其他资料一起封存，留待以后整理。

　　五六年过去，贾植芳先生已经离开我们八年，我的脑海中还留着那封信的印象，因为它所谈的内容涉及贾先生新时期恢复工作后一个非常重要的方面：巴金研究。可以说，他是新时期巴金研究的奠基者、灵魂人物。这封信就是一面小小的镜子，映照出他为此付出的努力，这是不应当被遗忘的劳绩。为此，我找出当年所拍的照片，将全信整理如下：

　　巴金先生：

　　　　转来的经过您校改的《访问记录》收到了，谢谢！我们将把它收印在《文学研究会研究资料汇编》这本书里，出版后当奉上一册，请您教正。

　　　　兹趁朱丽英、陈思和、李辉三位访问您的机会，托他们带上我的问候。他们三位合编的《巴金自述》一书已初步定稿，我希望您能对选文目录严加订正，用以纠正我们的无知和失误，使这本读物更合乎实际和理想。您去年五月和日本《朝日新闻》驻上海记者的谈话，我们已根据1981年5月25日《朝日新闻夕刊》的专文迻译了过来，计划收入这本《自述》，译文即由他们三位带给您，请您予以审阅，文中如有不实不确之处，并望更正。我们切望这篇谈话，在您的同意下，在《自述》中发表。

　　陈、李二位同学的毕业论文，都是以研究您的思想和作品为对象的论文，这是他们合写的一本书的两个章节，也是他们在大学学习时代辛勤劳动的积累和成果，也希望您能对他们的论题和内容，多加指示，以利于他们的研究成果在质量上得到充实和提高。

　　唐金海同志经手从您那里借来的您的几种作品的外文译本，用毕即行奉还。

　　我们受命编的有关研究您的那套资料书，第二本是广泛收录一些有关评论文章，其中包括了"四人帮"的三篇"大批判"文章，我们是从文献学的观点看待这些不同时代不同观点的评介文章的，这些都是历史的记录。我们的观点和认识，想来是会得到您的谅介（解）的。这一本正在看校样，第三本为目录资料索引，我们正在复审定稿。我们的这些工作，希望继续得到您的支持和指正；但每想到为此给您增添了不少麻烦，就感到十分不安了。

　　专此奉陈，顺颂

健康。

贾植芳
1982.1.5.

不妨先从信末讲起，即贾先生说的"我们受命编的有关研究您的那套资料书"，它是指《中国当代文学研究资料·巴金专集》，这是新时期巴金研究文献资料汇编的重要成果，已经编定三卷，计划还将出版一卷补遗。这套书是以贾先生为主编，由复旦大学中文系其他老师共同参与编辑的。从1979年开始启动，一直到1985年，贾先生日记中有相当多关于此书编辑过程中的查找资料、研究编目、校对定稿等等的记录。1983年夏，他为这部资料集所写的后记中说："这部巴金研究资料专集，是我们从1979年间开始着手编辑的，中间曾就选文部分，印过一次油印本（共四册），作为我们的工作本，并分送有关兄弟院校中文系和有关人士，广泛征求意见。"（《〈中国当代文学研究资料·巴金专集〉后记》，《贾植芳文集·理论卷》第10页，上海社会科学院出版社2004年11月版）当年的认真不是今天草率的编书人所能想象，反过来，今天的学术体制，所谓重"创新"、讲"原创"，而对一个学科研究的基础性史料的建设视而不见或者极其轻视，也造成学者不会将主要精力化在资料的搜集、编辑上。岂不知，如果没有史料的基础建设，我们的学术研究别说推进、创新，就连基本的可靠性、合法性都令人怀疑。于是，当今的学术研究就陷入一个狗咬自己尾巴的怪圈：为"创新"而丢了"本"，没有"本"一切的"创新"又等于水中捞月。

前辈们在史料编辑过程中所坚持的学术规范和表现的历史眼光也令人十分敬佩。正如贾这封信中所言："我们是从文献学的观点看待这些不同时代不同观点的评介文章的，这些都是历史的记录。"在最初征求意见本的选文中，巴金等人的文章都是按照通行的 14 卷本《巴金文集》收录的，但正是着眼于学术规范和保存历史文献的眼光，贾先生认为："因为这部巴金研究资料专集，理应是巴金的文学生活历程和我国巴金评介研究工作的历史性的回顾和总结。有鉴于此，在这次公开出版的版本中，我们在编辑体例和要求上，做了新的努力，无论选用作家自述性的作品或他人的评介文章，我们都尽力选用初次发表时的印文；对于同一篇文章，如作者或评论者在不同的时期做过重大改动或注释的，我们也一并按文章出现的年代加以选用。我们尊重作家改动自己作品的权利，只是作为新的发表材料予以收录，用以显示历史的发展线索和时代风貌，它和这篇文章初次发表时的印文，并不是对立存在，而是历史发展的新的表现。众所周知，我国现、当代文学研究工作中，也存在着版本学、校勘学、辨伪学、目录学和考据学的问题，如我国古典文学研究领域中一直存在着和研究着的同一性质的问题一样，这也可以说是我国文学研究工作中的一个历史性特点。"（同前注，第 11 页）重温贾先生三十多年前的话，对于今天的现代文学研究同样有着重要意义，因为直到今天，现代文学研究领域对于文献使用规范仍未得到相应的重视。很多出版社重印和编辑现代文学作品根本没有版本的意识和概念，随便或者糊里糊涂地集中一些文字就是一本"选集"。很多肆意编出的"作品选"替作者乱拟书名，也从未标注排印所依据的底本；甚至，连萧红这样的经典作品在历次重印中竟屡遭"修改"。上世纪末，人民文学出版社曾经出过一套《新文学碑林》丛书，在出版说明中说:"为了显示新文学的成果和发展轨迹,我们选择在现代文学史上有影响、有地位的作品原集,汇编成这套'新文学碑林',为中国文学史的教学与研究提供一套精良的参考资料,为文学爱好者提供一套珍贵的文学读本……"如此良好用意,可是印出来的书,除卷首有一张"原版封面"的书影外,每本根本没有交代版本信息,"原集""原版"是什么意思,是初版本吗?确实都是根据初版本排印的吗?需要明确指出啊!这些都反映了编者和出版者版本意识的淡漠,而许多研究者在学术研究中,引用和依据的都是这样的重印本、选本或者根本没有明确版本来源的各种本子,甚至一些文学史的写作中同样是这样糊里糊涂,此时,我会感到贾植芳先生三十年前的话并非无的放矢。

《巴金专集》的第二卷中选入1958年"拔白旗"中姚文元等人批判巴金的文章,也选入"文革"中"造反派"的批判文章,贾先生说:"用以说明这次'文化大革命'所制造的灾难,在一个老作家身上的具体表现,那种疯狂性的迫害劲头。罗曼·罗兰说:'屠杀灵魂的凶手是最大的凶手。'林彪、'四人帮'一伙,就是历史上的最凶恶的灵魂屠杀者。作为范例,选出几篇收在这里,实在具有刻碑石的功用,不仅便利研究者的参照,更作为历史的见证,使我们这一代及后世子孙永远铭记这场'史无前例'的惨重教训。"(同前注,第11页)或许经历过大时代的人,就是比我们多几分历史感和历史自觉,一个好编者也不会放弃历史的道义。正因为这样,贾先生非常敏锐地捕捉到作家思想变化的信息和文献。信中提到的"您去年五月和日本《朝日新闻》驻上海记者的谈话",其中巴金谈到对胡风事件的认识和自我反省,贾先生读后立即在日记中记下:"小李下午送来一张上月25号的日本《朝日新闻》(夕刊),那上面有该报上海特派员田所的巴金访问记。其中巴金对记者说:'胡风批判那时,由于自己的人云亦云,才站在指责胡风为反革命的人的一边。现在他已恢复了名誉,并没有所谓反革命的事实。我对于自己当时的言行进行了反省。必须明白真相才能行动。'这是我见到的第一个为反胡风而向国外发表声明的中国作家,而这样的人在中国如恒河沙数也。"(1981年6月2日日记,《解冻时节》第362页,长江文艺出版社2000年3月版)到今天,很多人还只是关注巴金

1986 年在《随想录》中那篇压卷之作《怀念胡风》，甚至说巴金的道歉都是虚伪的，因为在胡风生前，他并未表示过反省。这些类同妄说的判断，如果拿贾先生这样心细如发的资料功夫和更为深广的历史眼光做估衡的话，真是相差不可以道里计。

《中国当代文学研究资料·巴金专集》第一卷，收录体现巴金的生平和创作的自述和别人所写的史料文章，近 51 万字，江苏人民出版社 1981 年 7 月出版；第二卷，是评论文章选辑，53 万字，同一出版社 1982 年 9 月出版；本来编好的第三卷是资料索引卷，可惜后来由于出版上的困难未能出版。然而，贾植芳先生勾画的巴金研究的框架和版图并未就此止步，1984 年，他与唐金海、张晓云、陈思和又编定《巴金作品评论集》续接《巴金专集》，及时纳入新的成果："这近四年来我国的巴金评介研究工作，更趋活跃，收获更多，在我国已开始形成一支以中青年的研究者为主干的巴金研究专业队伍，有些高等院校已开设了巴金研究专题讲座。鉴于这种迅猛发展的新形势，现在这本评论集除选用了少量的发表于三、四、五十年代的有学术意义的论文外，更着重选用了七十年代末和八十年代发表的巴金研究新成果，有线索可寻，更可看出我国巴金研究的现实面貌和它的前进势头。"（《〈巴金作品评论集〉编后记》，《巴金作品评论集》第 457—458 页，中国文联出版公司 1985 年 12 月版）在给巴金的信中提到的《巴金自述》也是贾先生领衔的巴金研究资料建设的一部分，它由贾植芳、朱利英、陈思和、李辉合编，后定名为《巴金写作生涯》由百花文艺出版社 1984 年出版，全书分生活与创作、文坛交游、文艺杂论三大部分，较为全面地展示巴金创作风貌。与此同时，他积极支持年轻一辈的巴金研究，让巴金研究系统化、立体化，由他担任顾问并作序的《巴金年谱》（唐金海、张晓云主编，四川文艺出版社 1989 年出版），也是巴金研究的基础工具书。研究巴金早期思想的力作《巴金论稿》（陈思和、李辉，人民文学出版社 1986 年出版），是他一手指导下的成果；对于巴金前期思想和人生描述的重要成果《人格的发展——巴金传》（陈思和著，台北业强出版社 1991 年版、上海人民出版社 1992 年版），他为之作序。甚至海外的巴金研究，如日本学者山口守、坂井洋史等人的成果也受惠于他。1989 年，在他的推动和领导下,首届巴金国际学术研讨会在上海召开,而今已经召开 11 届了……所以,我说他是新时期巴金研究的奠基者和灵魂人物,正是由于他的参与和存在,不仅大大推动巴金研究,而且保证了巴金研究的规范和水准。

贾先生对于年轻学者的培养和爱护是学术界出了名的,在他给巴金的这封信中也可见一斑,信中他力荐陈思和与李辉两位年轻学人,这封信,不是邮寄的,而是陈思和、李辉等人交给巴金的,两位年轻人在毕业前第一次去巴金家中拜访巴金,这是一份引荐书。对于年轻人的成长,贾先生充满欣喜,在给《巴金论稿》作序时,他说:"我和他们两位相处既久,又当过他们两位毕业论文(也是收入这个集子内的两个题目)的指导教师。现在他们集腋成裘,又将他们散见于报刊上的有关巴金研究论文,经过认真的校改,整理成一部整体性的专著,我又是他们的第一个读者。现在他们让我写几句话,我心里真有说不出的喜欢……"(《〈巴金论稿〉序》,《贾植芳文集·理论卷》第 27 页)贾植芳在 1982 年 12 月 5 日日记写道:"写出给牛汉信,附去思和和李辉论巴金的内容提要,作了推荐……"(《早春三年日记[1982—1984]》第 94 页,大象出版社 2005 年 4 月版),他不仅在学术指导上,而且在生活上、人格成长上关心和影响着年轻人,在他的日记中有这样的记载:"收到江苏人民出版社汇来我名下的稿费一百零二元,是思和、李辉译,我校过的《俄国文学对巴金的影响》稿费,敏已取出代为存起,思和来时给他们分去。他们初入社会,这点钱有点作用。"(1983 年 2 月 22 日日记,同前书第 128 页)"思和中午来,把江苏寄来的一百零二元给他,请他和李辉平分,他一再谦让,我说为你们校对,是当老师的应尽的责任,你们初入社会需要些钱。"(1983 年 2 月 24 日日记,同前书第 128 页)师者,当有师者的风范。而今,高校里有关师生之间的丑闻频频传出,孺子不可教也,而师者作为"包工头""公司老板",与学生争名夺利、侵占学生的研究成果,也不能不让人感叹师道之不存。前辈的风范,或可作为我们学习的无言教材。

展读书简,那些往事仿佛就在昨天,时间过得真快,贾植芳先生如果活到今年已经一百岁了。前人栽树后人乘凉,作为巴金研究队伍中的一员，我能够走在贾先生等前辈开辟的道路上，感到非常荣幸。而今我每每驻足回望的时候，都能感受到前辈们那种殷切又温暖的目光，它们在我心灰意冷之时，又点燃了"继续前进"的火把。

2016 年 3 月 20 日午后于竹笑居

4 月 1 日午后改毕于巴金故居

（据原稿付印）

我所了解的晚年贾植芳

孙正荃

先生常说自己是喝鲁迅奶长大的。真是这样。先生在骨子里非常像鲁迅，他们都身材矮小而境界高远，他们都是达观的苦闷者，晚年贾植芳的心底里，我感到有不少难以言说的无奈和无力解脱的苦闷。

先生很穷，他那间书房兼客厅兼饭堂的十几平方米的屋子，墙壁剥落，地板七橇八裂，摔了跤，一次朋友来访，发现他额角上包了纱布，这才给他铺了地毯，虽然是化纤的，总比较安全了；他卧室里的空调是九十年代用一位外国回来的学生送给他的1 000美金买的，那时他已经失聪，剩下的钱就买了一个助听器。朋友们常跟他开玩笑，说他身体很好，可以活到100岁，那可是国宝啊，先生开怀大笑说出三个字：大熊猫！其实那只是大家的一种调侃，他心里比谁都明白，自己只是个还可以派点用场的"工具"，没人真把他当"宝贝"。直到九十年代还是那2 000来块的"退休金"，根本入不敷出，面对几乎每天不断的海内外来信，因为"连邮票也买不起"而几乎都"有来无往"。那年他过生日，我为他请宜兴一位紫砂大师做了一件礼品送给他，原以为他会很开心，没想到他只看了一眼，却说了这么一句话：你不如买点吃的给我。让我心酸不已。每每同先生说及经济拮据时，我都会跟他开玩笑：人家让你做官你不做呀，做了官日子就好过啦。他说，我不做，这辈子不做，下辈子也不做。

其实，这在先生身上根本不算个事，他什么艰难日子没过过，他之烦恼和苦闷在于他在"从鬼又变成人"以后，内心依旧感到不能自由地表达，无法真实地说出自己的所思所想。

经历了大风大浪，先生早已洞明世事，他幽默依旧笑容依旧，可是，随着年岁的增长，他愈感自己的无力和无奈，他不止一次地这样说这样写：

我老了，我没有精力了。我在他这个话语后面看到的是他心底深处那种无可奈何的苦痛。最可作为佐证的，就是2004年年底，为胡风案中一个细节，贺敬之通过中宣部发给《随笔》质疑信，为自己文章里那句话，他专门给晓风打了电话，晓风说情况完全是真的，而且她弟弟就在旁边。她给杂志社写了回信，只说自己老了，无力再去辩证了云云，而完全不提事情原委真相。他把信件给我看，我建议他把这个情况写进信里。他说，已经发走了，不改了。牵涉到晓风，更不要改了。又说，他在上层，我在底层。最后他说了一句：历史会说话的。多年后，我把这个情节告诉晓风，她感动地说，先生这样，我更不能说什么了。就让历史去说吧。

我在同先生二十多年的交往中，尤其是在最后这十年左右，每每窥见先生心底挥之不去的阴影，心灵上难以抹平的创伤。1955到1966年，那十一年牢狱的一天又一天是怎么熬过来的，四千个日日夜夜啊！再从1966到1979年，又是漫漫十三年！尽管他坚韧地支撑下来了，没有像胡风那样在莫名的恐惧中失常，也没有像路翎那样在无尽的折磨中崩溃（我似乎明白了先生何以对倒过霉坐过牢的朋友有一种特别的亲近感），然而，那灾难造成的伤害和屈辱毕竟太残酷太长久，有的恐怕已经成为潜意识，于是就有了那么多的梦呓（家人说他常有半夜"鬼叫"），那么多的忧虑，甚至有那么多的惊恐和疑惧：院子里是不是还有人在"监视"他？文章没有及时发表，是不是又"闯祸"了？他长期生活在不自由的恐惧状态中，专政的滋味他太熟悉了也太知道厉害了，他无法与之抗争，他只有向自己说话，于是他不停地记日记，直到生命结束前六天，他还没有放下那支笔。那三十年间连续不断的几百万言的日记，我以为是先生留下的最宝贵的生命遗产，它折射了我们这个社会从专制走向开放的阵痛和艰辛，他说过，那是可以留给历史作为见证的。我相信，十年二十年之后，当有人读到那原封的原汁原味的日记时，一定会像我们前不久读到纪德和罗曼·罗兰日记一样的惊喜和感叹。

先生说他是付出了生命的代价的，我以为这话不仅是指他狱里狱外经受的屈辱和苦难，更是指他的寂寞苦闷无奈和愤懑，他感恩上苍，他的知识分子的良知和独立自由的人格显示了他的高贵和坚贞，但是，他和西方知识分子有所不同，他决不会在"晚霞中将一切抛弃"，即使到了耄耋之年,他依然关注着这个社会的热点,他喝咖啡,他下馆子,他逛书店,但是他决不也从不忘记做人的本义,如果要把他纳入主流意识形态来赞美他歌颂他,我以为不如忘记他。

写于 2008 年 5 月 28 日,先生逝世"五七"

(据原稿付印)

记忆中的"老舅"贾植芳

毛巧晖

　　我的家乡在晋南的一个小镇，在我小的时候，那里还是一个闭塞的小地方，没有高楼大厦，没有铁路高速，甚至连电话都不多，与外界相连的只有一条还算平坦的柏油路。那时，常听家人提起的两位老舅（爸爸的舅舅，山西襄汾方言称"老舅"），便是我印象中了不起的"大人物"了。我知道他们的名字是贾芝、贾植芳，知道他们生活在北京、上海，也知道他们是很有名的大学问家，但所知似乎也仅限于此，毕竟那时我的生活与他们相去甚远。

　　儿时对老舅们的印象多来自奶奶（贾宜静）与家人的讲述，以及偶尔收到的从远方寄来的邮件和包裹，从未想过有一天我的生活会和他们有更多的交集，更不会想到我能在二老舅身边学习生活五年之久，并亲自聆听他的教诲，当然这是很久以后的事情了。

　　2008 年 4 月 24 日晚上，我接到了二老舅贾植芳病逝的噩耗，一时难以接受，难以相信此前半个月还有说有笑地品尝着我从家乡带去的芝麻饼，似孩童般欢乐的老人会骤然离世。参加完葬礼，由沪返京后，本想写一些文字来纪念二老舅，却无论如何也提不起精神去做这件事，我感觉又回到了 1997 年的元旦——奶奶离世时，那是我第一次经历亲人离去之痛，内心痛苦而焦躁。想着二老舅对我的关心和帮助，想着他老人家的一颦一笑，想着他对我的指点和教诲，我的心总是无法平静——他确也离我们远去了。那段时间关于他的纪念文章很多，爸爸搜集了他能找到的所有这类文章，并根据自己的回忆写下了三千余字的回忆录，一并交给了我。我清楚，他是希望我能写些东西，可我不知道该从哪儿写起。这件事就这样拖了下来，它时不时地会牵动我的神经，我总觉得应该做点什么。

2015 年，正值二老舅的百岁寿诞，看着网络上再次出现他在书房中拿着烟的剪影，他的音容笑貌瞬间映现在脑海，一幕幕温馨的画面出现在眼前。

"传说"中的二老舅

最早关于二老舅的印象，是来自奶奶的口述。奶奶从小读书，后因战乱，到延安跟随大哥贾芝在抗大二分校学习，抗日战争胜利后，随父母回到家乡。奶奶不会做家务，无论是做饭，还是女红，样样不在行。在她与二老舅的书信来往中，就曾提到不会绣花的苦恼。后来二老舅回信说："这还能难倒咱家？二哥给你在南京路买几匹布，你需要什么花，直接剪下来，贴在布上就行。"这大概是 20 世纪 50 年代初的事情了。

六七十年代，因为众所周知的原因，在很长时间内，奶奶都没能见过她的两位哥哥。80 年代后，奶奶有条件离开山西了，这才到北京、上海看望她的哥哥们。奶奶到上海是 1983 年，她跟着小叔去了二老舅家。回来后，她经常念叨的就是，她二哥说，现在二哥能养活起你，就住二哥家，别回乡下了。当时日常用品还很紧缺，奶奶回来后，穿着二老舅在上海给她新做的方格涤卡对襟外套，这在小镇上算得上是很珍贵的东西了。

直到 2002 年 4 月我到华东师范大学考博士，才第一次走进二老舅家。当时女儿已出生，还不到一岁，去上海考试，拖家带口，怯生生进入老舅的书房兼客厅，看到一张古朴的圆桌，上面堆满了书，身后则是书桌，两侧是书架。二老舅照片中曝光率最高的一张就是以这儿为背景拍的。不知为何，凌乱倒也平添了几分亲切，再加上他那一口地道的古城方言，真让我有了回家的感觉。和二老舅接触久了才发现，他并没有想象中那么富裕，他的豪爽大概是从小养成的一个习惯吧。

二老舅记忆中的家乡美食

刚到上海读书，第一个月没去二老舅家。初到异地，一切都不熟悉，包括外出，地铁也不太敢坐，公交车上售票员讲的是上海话，每次报站名，我都听不清，好几次越走越远。于是就躲在宿舍里，极少出门。有一天手机突然响了，拿起电话，是桂芙阿姨，她说二老舅要我去家里吃饭。我心里莫名地紧张与不安，尽管是亲戚，可我跟二老舅不熟悉，不知道去了能说什么。

到了家里后，二老舅依然是坐在书房，当时他在跟谁聊天，我不记得了，我就坐在圆桌旁的沙发上听他们聊天。客人走后，他问我，到上海熟悉吗？山西人在上海生活不习惯，他说最初他来上海，上海的外国人比山西人多。我只说"还好"。他就说，为何这么长时间不来啊，我就随口说自己忙。他略带嗔怪地说，再忙还能不回家啊。尽管当时已近而立之年，也有孩子了，但听到这句话，眼泪还是止不住地在打转。我来以前的担心太多余了。

他老人家很健谈。在聊天时，他突然问我："你吃过'狗舌头'吗？"我当时一愣，就反过来问他"狗舌头"是什么啊？他说小时候最好吃的一种点心，酥皮。老人记远不记近，之后多年的聊天中，"狗舌头"不是每次必问，也是隔三差五就会提起。我也挺纳闷，每次回家，就问家里的百事通姑姑和叔叔，老家有"狗舌头"这种点心吗？问来问去，谁都不知道。不知道二老舅的记忆从何而起，也不知道他老人家在哪儿吃过，但他依旧每次都会回忆"狗舌头"的美味与精致。每次听完，我都好想为他找到这一美味，以至于我每次从老家去上海，都会带各式山西糕点，但遗憾的是至今也没找到"狗舌头"。或许是记忆移植，老人家将其他地方的美食，误记忆为家乡点心了吧。

二老舅经常提起的另一件事，就是多年前到太原上高中的路上喝"汽水"的经历。他在回忆文章中也提到过。在聊天中，他反复念叨，当时哥哥贾芝带着他去太原成成中学读书，他们从临汾坐长途汽车去太原，途经平遥，他看到有一富商买汽水喝，当时就很馋，要求哥哥给他买。哥哥刚开始不同意，觉得汽水太贵。他就坚持不走，非要喝汽水。最后哥哥拗不过他，就给他买了一瓶。他觉得那个汽水太好喝了，只是一直不知道是什么牌子，然后就会反问我：你小时候喝过吗？现在老家还有这个汽水吗？很快我便和他熟络起来，我开始喜欢跟老舅开玩笑了。我告诉他，我小时候家里比你们家穷，哪有汽水喝。这时候，他总会沉吟半天说："肯定是，咱家就跟《乔家大院》（当时这一电视剧热播）里的乔家一样。"

"狗舌头"和"汽水"是他老人家记忆中的家乡美食，且不管其真正的产地在哪儿，这恐怕就成为了他记忆中的"故乡"。他老人家十几岁离开家乡，他的生活与家乡切断，但是"故乡"因为这两道美食永远留在了记忆中。

无微不至的长者关怀

二老舅好客是出了名的，我去他家里，多数时候会有客人在。我一般都坐在客厅长沙发的书堆旁，听着他聊天，偶尔说一两句话。他的山西话很多人听不懂，当有客人知道我是山西人，就要求我充当翻译。他说的是地道的古城话，我全能听懂。但不知为何，我偶尔跟他说老家话，他却听不懂。所以他说山西话，我用普通话回答。

他经常让桂芙阿姨给我带一些美味回宿舍，月饼、粽子最多，还有就是山西老家来人拜访带的特产，最初我都推说不要，他会开玩笑说，你老舅家里多得是，不缺你吃的这点。后来也就习惯了，在他家里吃了，再拿些回宿舍，这多少缓解了我在上海的思乡之情，更因为桂芙阿姨，我经常能在老舅家吃到地道的山西面条与腐乳肉。

我的专业是民间文学，二老舅就经常收集一些民间文学资料给我，凡是他人赠送的与民间文学、俗文学有关的书籍，他都会备好，让桂芙阿姨整理在一起带给我。博士二年级确定了选题后，我告诉他博士论文打算写延安时期的民间文学，他说："这选题不错。应该多关注历史，不过你这个应该多问问我哥哥。"之后每次再去家里，他都会把搜集好的有关延安以及 20 世纪三四十年代的文学史书籍给我。在做博士后期间，因为就在复旦大学，宿舍离他家很近，我去家里的次数越来越频繁，经常晚饭后就到他家里闲坐聊天。那两年开始，他的身体状况明显下降，但依然笔耕不辍，每天都会看到他吃力地写着日记，翻阅着书籍。有时候看他吃力，我就跟他说，年龄大了，别再写了。他却说："我就是靠写字吃饭的，不吃力。"他不仅对自己要求严格，还经常劝我要眼勤、笔勤。很惭愧，我到现在也没能达到他老人家的要求。每每想到他在身体状况极为不佳的情况下,还挂念着我出站后的工作,挂念着我的学习和科研,便久久不能平静。

上述文字都是记忆中的一些碎片,随着时间的推移,记忆力越来越差,很多经历过的事情渐渐模糊,但二老舅贾植芳哈哈大笑与埋头写字的剪影却永久定格。

(原载《中国社会科学报》2016 年 3 月 28 日第 934 期)

"真人"贾植芳

魏时煜

　　2003 年五月,上海导演彭小莲打电话邀请我和她一起拍摄关于胡风事件的纪录片,我几乎立刻答应了。我的动机很简单,如果朋友需要我、信任我,而这件事有意义,我就会做了。接下来的六年里,纪录片成了生命中的大事,我也因此有了许多奇遇。一面阅读七月派的诗人、作家、理论家的代表作,一面也读了不少现代人研究胡风案件的书,基本理清了文脉。同时,在三十多次行程中,我和小莲访问了二十六位当时健在的"胡风分子",以及十多位"骨干分子"们的亲友。很多老人我都感觉非常投缘,贾植芳先生却是我最先拍摄、也最幽默的一位。

　　住在复旦大学的贾植芳先生是我生平第一次拍摄的访问对象。虽然我不能完全听懂他的山西口音,但是当他知道我在日本工作过,就用日语对我说,"我读的是日本大学。""日本"两个字,他用的是战前日语的发音。后来我再见到他,他都还记得这件事,总要用日语说两句。第一次提到日本,他说到留日和留欧美学生的不同,所谓前者是"镀银"、后者是"镀金",类似说法我之前在《围城》中也看到过,不过故事从贾先生嘴里出来,特别地生动,让我一下子就能联想到当时的情境。他讲起他早年去日本留学,是因为参加一二九运动被捕之后,大伯让他去避祸;后来我访问过几位老人也都是因为"避祸"去的日本,因为日本比较近,去读书也比较便宜。贾先生到日本大学去报名,人家要求看他的文凭,他连中学都没有毕业、却递上一份假造的大学文凭,别人看他很年轻,不能相信他十九岁就已经大学毕业,没有接受他的文凭。而他的做法,竟然是找个带流氓气的广东人,花了一元钱请人家吃顿西餐,让那人跟着又去了学校,连唬带吓,让他上了学。面试的时候,先生问他,"你崇拜希特勒还是斯大

137

林?"他竟然说,"我崇拜我自己!"我听了这个答案笑了很多天,而且真是要崇拜他了呢!

2003年八月很热的一天,我们约了贾植芳、何满子两位先生,到他们都住过的提篮桥监狱"故地重游。"当时的监狱长很客气,带着我们参观了监狱里面公开开放的范围。彭小莲带着一位摄影师和一位录音师,在拍摄。贾、何两位先生因为和小莲太熟,都很"入戏",无视镜头,插科打诨。能看的地方不多,监狱长问我们要不要参观一下"狱史展览",戴着一顶礼帽样式的草帽的贾先生问,"展览有我的照片吗?""没有。""啊,那就不去看了!"何先生拿着一把扇子,在旁边笑了。离开监狱,贾先生说去喝咖啡,因为外面温度38度,他需要凉快一下了。到了咖啡馆,他笑说小莲把监狱长也变成了演员,而事实也如此,小莲这位"导演"也入了戏,忘了天热,也忘了我们其实不是在拍剧情片!贾、何两位先生的学识、幽默与气场,让我忍不住跟小莲说,"这代知识分子太可爱了,一定要都拍全了!"这在那一刻,当然只是一种愿望的表达,十年过去了,我也只是拍了这一代的六十位老人。

听贾先生讲故事,感到他对于人情世故,比年长他十多岁的胡风先生了解得更多。1954年,胡风要上书给毛主席,于是约好几位朋友抄写他的《三十万言》。贾先生说,你不要写这个,给他一本日文版《天方夜谭》让他翻译成中文,另外建议他再写个《鲁迅回忆》;胡风没有听。到了要批判胡风的时候,胡风开始写自我检查的文章,贾先生介绍老党员朋友潘开慈给胡风提意见,老潘说,"你写这个干什么,写了多一条罪!"胡风仍旧没有听;贾先生仍旧是他忠实的朋友。事实上,因为贾先生身居高位的朋友很多,关于胡风即将获罪,他早就收到各种风声,但是他仍旧没有避开,或者对于自己被牵连表示一点点后悔。贾植芳在胡风集团中是对于中国社会和政治看得相当清楚的一个人。诗人彭燕郊说,我们都叫他"贾真人"。几年前我去访问《炎黄春秋》的徐庆全,他是从周扬、丁玲那一支开始研究胡风事件的,对于胡风的朋友,最佩服和惊讶的也是贾先生。他不像其他人那么书生意气、那么理想主义,但是他尊重这些人,作为一个小说家他有对于各色人等观察和理解的能力。

抗战爆发之后,贾先生从日本回国,四十年代在报刊和军队里面都任过职,广交各界朋友;就是五十年代末坐牢,也会和邵洵美这样的旧知,并在八十年代末写文章纪念他。从 1955 年起受牵连,贾先生监禁、劳改二十四年,自由之后,第一件事就是到北京寻访老朋友。他去看了路翎,去看了萧军,也去看了潘开慈,这些人我是通过贾先生的描述第一次有了感性的认识,对比别人的回忆文字,每每感到贾先生描摹各类人物的功力真正一流。他一生坐过四次监狱,天地图书出过他的《狱里狱外》;但是他朋友无数,三教九流都能谈,到了晚年也不断地回忆这些不再被提起的朋友,很多文章都是生动描绘人物的范本,很多故事都收入了《历史背影》。2008 年三月,我最后一次和小莲去看望住在医院的贾先生。一看到小莲,贾先生就开玩笑问她带水果了吗。当时他的新书《历史背影》只有一本在手边,因为我是远道来的,就签名送给了我,于是我就得到了他生前签名的最后一本书。

从 2007 年到 2008 年的两年多里,我几乎每天坐在电脑前剪片子,贾先生怡然自得地在镜头前点起一支烟,悠然地吸着,一面给我们讲故事,说到好玩的地方,还会站起来模仿故事中人的样子。没想到到了四月,片子快要剪接完成时,贾先生去世了。电脑中他还在说笑话,我根本不相信他去世了。直到收到张业松寄来的他追悼会的照片,才含泪把这张照片也剪进了片子里。不过留在我脑海里面,总还是他自得的笑容,当时想过有机会要做一个贾先生的纪录片,就叫做《自画像》,听这位经历了差不多一个世纪动荡的"大写的人",讲他的人生。

近年来我做研究,接触到贾先生作为学者的一些著作和研究,仍旧觉得文如其人、触类旁通,他能够做比较文学,是因为他善于看到不同文化传统和思想潮流之间的关系,而这种洞察力和他交友的方式、和他所经历的时代,又赋予他一种后来两、三代中国文人所没有的开放,他思想有分野却不按照意识形态来分高下,正因如此,他谈文学的著作,让我们能够在五四之后的情境中了解新文学最有活力的作品、也可以了解至今仍旧未变的事态人生。

贾植芳对鲁迅的承传

[美]舒允中

胡志德(Theodore Huters)在评论鲁迅第一人称小说时注意到鲁迅往往故意将个人与社会放在某种对立平衡的关系中:

> (鲁迅)一方面将叙述人置入故事之中,但同时又将其加以严格审视从而使读者逐步丧失当初对这一角色的同情和认同。当读者将叙述人看成可靠的道德向导时这一剥夺信任的过程产生了一种使读者在自己身上寻找当初导致这种认同感的错误根源的效果。①

许多评论者,包括胡志德本人,注意到鲁迅的自我审视使鲁迅意识到自己参与了那种他当初企图摒弃的残酷的社会制度。在这种困境下,鲁迅只好放弃现代短篇小说这一形式而采取一种问题较小的体裁——杂文。与此同时他的小说对个人与社会之间的微妙关系的探讨成为一种经典,给后来的作家不但留下了启示而且也留下了醒目的疑问和未决的难题。在某种意义上二十世纪二三十年代的大部分中国小说可视为对鲁迅的初步探索的不同反应。

就七月派报告文学而言,它们对个人与社会的关系这一问题做出了不同的回答。举例来说,曹白为了打击战时的英雄主义倾向故意在谴责邪恶社会势力时强调自己与社会共有的人性弱点,而阿垅,尤其是在南京血祭中,则将自我塑造成一个基本上没有受到社会邪恶腐蚀的理智及道

---

① 见胡志德:《雪中之花:鲁迅和现代中国文学的困境》,《现代中国》第 10 卷第 1 期(一九八四年一月),第 66 页。

德中心,尽管他仍然为自我的进一步发展和完善,包括自我改正,留有余地。当七月派作家将创作精力转移到小说上从而使自己进一步从报告文学这一文体对历史和事实特有的依赖中解脱出来时,尤其是当他们开始贯彻胡风的"主观战斗精神"时,自我这一主题成为他们作品中的中心,引发了种种不同的反应。

自我主题在七月派小说中的中心地位首先在贾植芳的短篇小说中得以显现。作为一个在鲁迅影响下开始写作的作家,贾植芳以鲁迅的第一人称小说为模式创作了自己的大部分短篇小说,因此他的作品势必会将读者的注意力导向为这些作品提供具体楷模的鲁迅小说。然而当他在四十年代中越来越强地受到胡风影响时,他的小说选择了一种明显有别于鲁迅的方向。我们在下面会看到贾植芳与鲁迅的不同之处起源于贾植芳对自我的作用的重新思考,而这些初步的不同之处此后将在其他七月派作家手中得到进一步发展。

贾植芳写作生涯中的第一个短篇小说"人的悲哀"在精神上最为接近鲁迅。这篇于一九三六年底写作于东京并于一九三七年刊载于胡风编辑的工作与学习丛刊上的第一人称短篇小说吸收了相当多的自传成分,描写了一个刚刚被释放出狱的政治犯的沮丧,痛苦和徘徊。"人的悲哀"的故事发生在一家死气沉沉的麻袋铺里。年轻的"我"在出狱后作为铺主的亲戚滞留于此。如同鲁迅的"药"中所描写的茶馆一样,贾植芳笔下的麻袋铺是一扇面对中国社会某一断层的窗口。当"我"无精打采地观察社会并与无事可做的伙计闲聊时,他在精神上也加入了这种令人压抑的环境。"阴沉,寂寞,无聊和苦闷在每个心上缓缓地爬着,纠缠着,生命的继续在这里象是多余和累赘。"①

面对战争的阻隔而无法返乡并不断受到充满监狱和谋杀的恶梦的折磨,充满困惑的"我"终于走出了令人无法容忍的麻袋铺,但他只是在廉价酒铺中消磨自己的大部分时光和仅有的一点金钱。一天深夜,当他从一家酒铺回来以后他被麻袋铺的掌柜叫去谈话。后者怀疑他又在参加革命活动,因此用客气然而不容质疑的口吻请求他离开。在这种被迫离开的

---

① 见贾植芳:《人的悲哀——贾植芳小说选》,第1—2页。

情况下，第一人称叙述人以自我反省结束了故事，可是这一自我反省立即就被包围在对未来去向的惶惑之中。

> 实在，我应该走一条路，这路应该是我的旧路。近两个月的痛苦而神经质的生活，证明我的敌人已不是先前的可怕的侦探，而是现在自己的怯懦，因为我有了一个避难所，人是惯于苟安的，但现在连这受侮慢的避难所也失去了。
>
> 一日一夜我不知是怎么过去的。有记忆的时候，正是夜晚，我已坐在火车的三等车厢里。①

在此这一自我反省在精神上类同于鲁迅早期小说中的赋有积极意义的结尾或"曲笔"，但值得注意的是当"我"指出自己是被迫离开并强调自己仍然处于困惑和无目的的状况时，他将仅有的一线希望也扑灭了。我认为贾植芳强调"我"的困惑以及削弱其对未来的期望的做法表明他在这个短篇中试图采取类似鲁迅在彷徨中的某些小说中采取的方式对自我进行审查。"人的悲哀"中的"我"通过内省不仅表明了他参与了高压社会以及他的软弱无力，同时也揭露了他的言行之间的距离。正如我们所见，他的与行为不吻合并被惶惑心情削弱的声明最终被他充满悲观意义的行为所淹没。因此他通过对语言的使用而掌握的那一点理智及道德影响被完全消解。

贾植芳取消第一人称叙述人的理智及道德权威的做法使得一种距离产生于第一人称叙述人和隐含的作者之间。我们应该注意到这种距离在表明作者用一种复杂的手法处理叙述人的不可靠性的同时也妨碍了沉默的隐含作者用一种直截了当的方式处理他的题材，并通过使读者怀疑作者对这一充满彷徨的故事的真实态度而破坏作者的权威。这种暧昧从某种意义上来说正是胡风的"主观战斗精神"所要解决的问题。因此当贾植芳于一九四〇年代初期在胡风发展这一观念的过程中进一步接受胡风影响时，他的第一人称小说开始发生显著变化，而这种变化的标志则是第一

---

① 见贾植芳：《人的悲哀——贾植芳小说选》，第 22—23 页。

人称叙述人与隐含作者的重叠。与此同时第一人称叙述人的认知功能和道德权威也得到恢复。

写于一九四二年夏天的"剩余价值论"是这一转变的一个例子。这个故事大体上效法于鲁迅的"在酒楼上",但它处理叙述人与主角之间关系的方式却与其原形大相径庭。正如李欧梵所指出,在鲁迅的故事里第一人称叙述人和主角吕纬甫与鲁迅本人都有惊人的相似之处,"从某种意义上来说两者都是鲁迅的自我投射,他们之间的对话是经过小说的戏剧化处理的作者本人的内心独白。"①相比之下,贾植芳的故事突出了充满活力的"我"与沮丧的主角之间的天壤之别。故事中的"我"与主角余子固多年未遇,但"我"对这位在一个小镇上偶然相见的老友立即产生敌意,因为余子固看上去像一个被衰老征服了的年轻人。感到不快的"我"因此借故摆脱了这位老友。比这一不愉快的初步印象更为重要的是"我"对这位老友的退步的叙述。作者用三段文字介绍了余子固的情况。在前两段中"我"回忆了余子固朝气蓬勃的年轻时代以及他后来的享乐主义的生活态度,而最后一段则是一位旅伴在坐卡车离开小镇时当笑话讲给"我"听的一个有关余子固目前的忧郁状况的故事。贾植芳没有像鲁迅那样让主人翁讲述自己的故事,而是剥夺了主人翁的叙述权并将主人翁降格成任人评论的对象。"我"在集中大部分精力评论主人翁的同时处处表明自己在道德上的优越地位以及自己与这位退步的老友之间的截然不同。

注意力转移到评论和反省的做法使得"剩余价值论"中的叙事成分大为减弱。对主人翁的叙述大部分是用说明性的文字进行的。而且"我"在投入思考时所呈现的基本上只是一种声音而没有诸如相貌,年龄及个性之类的故事成分。在感情和表达欲的促动下,"我"常常超出故事本身的范围而对广大的世界直接而即兴地倾诉自己。在"我"垄断了评论和叙事权力的情况下,一种信心和希望的迸发取代了鲁迅在"在酒楼上"里面描写的主人翁对自己的惶惑,迟疑和失望所做的抒情忏悔。"剩余价值论"的结尾就是一例:

① 见李欧梵:《来自铁屋中的声音》,第 64 页。

我的激越的感情又向战斗转过来了。让我们向这真正的人间勇士致无涯的感激，为他们的健康祝福。①

代表时代动力的"我"最后终于将余子固作为不符合时代潮流的零余者加以弃绝。

研究中国文学的学者通常认为鲁迅在他的第一人称小说中往往通过对不可靠的叙述人的微妙处理强调认知的不足之处。在贾植芳写于一九四〇年代的第一人称小说中，当他笔下的"我"在于隐含作者相结合的同时掌握了越来越多的认知能力的情况下，这种意识受到消解。在"剩余价值论"中已经得到表现的第一人称叙述人的自我信心在贾植芳接下来以鲁迅的"故乡"为模型而写成于一九四二年九月的"我乡"中被进一步加强。鲁迅的故事以认知问题为中心，第一人称叙述人在怀疑自己半信半疑的看法的同时多次显示自己无法将被头脑美化的过去和面对的冷峻现实加以调和。相比之下，贾植芳故事中的叙述人则没有受到这种自我怀疑的困惑。他对自己把握时代脉搏的能力充满信心，只是一味沉醉于突发性的激奋的自我表达之中。

我们首先应该注意到的是贾植芳的故事主要描写的是"我"在回乡时眼见耳闻的现实，而偶然提及或回忆起的过去只是作为充满希望的现实的事实反衬而存在于故事中。在抗日战争的影响下，"我乡"中的故乡形象在于鲁迅笔下的故乡形象相形之下经历了戏剧性的变化。人们参加抗日活动并互相平等相待，不像鲁迅故事中的角色那样被划分成各种社会等级。尤为突出的是"我"的家庭变成了爱的港湾，以至于"我"觉得如果自己在家逗留过久则将受到爱的陶醉，因此想逃离家乡。从另一方面来说，"我"毫不迟疑地将诸如一位迷信的亲戚之类的旧社会残余作为垂死的社会成分加以谴责。

"我"在提供这样一种振奋的故乡形象时对自己看法的可靠性毫不怀疑，根本没有意识到自己的乐观主义出发点所起的作用。然而故事结尾的感情高潮却无疑地表明了这一故乡形象是意志的产物：

① 见贾植芳：《剩余价值论》，《贾植芳小说选》，第65页。

我们正如牧者站在四顾茫茫的苍野,对于生命的设想,是不应该茫然和忧郁的,应该挺身高歌,呼喊生命的愉快和伟大;更不是纯然动物式的生活,而应该努力增润生命,发扬生命的真价。

生命吗? 就是生命。斗争,创造,征服。

故乡,战乱的故乡,是赋予我们以人生和战斗之勇气的。它是这样的一个新的人生之港湾。①

"我"在这一议论性结尾中表现出来的这种力图将生活加以乐观解释的强烈愿望不仅在相当大的程度上决定了这一故事中的评论,同时也决定了这一故事的叙事内容和结构。在没有意识到自己的乐观精神折射了现实的情况下,贾植芳笔下的"我"在追寻生命的确切意义的过程中一边否定别人的看法一边将最终的认知权威掌握在自己手中。他的这种无法容忍模糊和矛盾的态度无意中显示了某些七月小说的一个弱点——在诠释方面的排他性倾向。这种与依然存在的战时乐观主义不无联系的排他性自我观点只是在贾植芳在七月派中的后来者路翎和冀汸的作品中才能得到克服。

(原载 *Yunzhong*,*Shu*:*Buglers on the Home Front*:*the Wartime Practice of the Qiyue School*,State University of New York Press,Albany,NY,February 2000.译文由作者本人提供,载陈思和、王德威主编《史料与阐释 贰零壹壹卷合刊本》,复旦大学出版社 2013。舒允中,南京人,哥伦比亚大学文学博士,现任教于纽约市立大学皇后学院,任古典、中东与东亚语言文学系系主任。)

---

① 见贾植芳:《我乡》,《贾植芳小说选》,第 78 页。

贾植芳先生的比较文学观

严绍璗

按语：2008年我国著名学者贾植芳先生去世，《中国现代文学丛刊》委托李楠女士就贾先生杰出的人生道路与学术价值采访了学界相关的人士。采访内容以《活出来的真正知识分子》为总标题刊登于同年《丛刊》第5期。严绍璗在接受采访中的谈话由李楠女士以"多元整合的学术思想"为小标题将其主要表述归纳其中，内容如下。

严绍璗接受采访时说："中国比较文学在1970年代末，1980年代初'复兴'的标志是：北大和复旦于1981年同时招收国内第一批比较文学硕士研究生。北大的领军人物是英语系的杨周翰先生，复旦是中文系的贾植芳先生，这是两面旗帜，现在活跃于学界的比较文学研究界的中坚力量，大都是在他们的感召下成长越来的。"

严绍璗极为赞叹贾先生学术思想的前瞻性和先锋性，他说："贾先生经历了那么多的苦难，但学术思想一直很前沿。1980年代初的时候，比较文学还刚刚在复苏之中，贾先生谈起来就好像已经思考多年了，他十分关注这一门学术。"其实，应该说在1950年代初（贾先生被冤屈之前），他给章培恒、范伯群、曾华鹏诸位先生上课时，就已经参透着当下比较文学学科倡扬的学术思想。

严绍璗详细分析和论述了贾先生的学术思想和对于比较文学的开拓性贡献。他认为，贾植芳先生在比较文学领域的关键问题上发人先声。贾先生关于中国现代文学的阐释、关于外国文学的研究，其中都贯穿着跨文化的宏大视野，其中有不少是属于比较文学"本体论"的表述，实为我国比较文学的杰出的开路人。

严绍璗说：近十年来，随着比较文学研究的深入，不少研究者终于明白了"比较文学"的真正含义。这是一个把"文学研究"从国民文学、民族文学推进到跨文化、跨国家、跨民族的层面上，从而在多元文化的文化视野中进行文学研究的学科。其实，贾植芳先生很早就阐明了这一基本的学科定位。他在1984年"江苏第二届瞿秋白学术讨论会"的讲话中谈到"国外学者研究中国文学，与我们站在本国研究中国文学相比，有着不同的角度和方法、理解与认识。一般说来，由于他们有着一般西方文学或本国文学的传统素养以及作者自己的社会实践，他们在研究中国现代文学时，比较注意中西文学的比较研究。换言之，他们总是以先入为主的西方文学或本国文学的眼光，来认识和评价中国现代文学。且不说那些专门研究中国文学与外来影响的专著专论，即使是一般中国文学的研究，也常常自然地注意到西方文学或本国文学的比较。这无论在方法上或角度上，以至材料运用上，都能给我们以一定的启发和借鉴"①。这段论述其实道出了比较文学研究的一个重要的学术观念，此即"阐释生成的文化语境特征"。

关于中国比较文学学术史的问题，严绍璗认为"贾先生实在是很前卫的"。严绍璗说，我们至今还没有一部真实的、像样的"中国比较文学史"，不少先生"言必称希腊"而"不知有秦汉"。贾植芳先生一贯注重中国自身比较文学学术的历史。1980年代比较文学学科刚刚"诞生"的时候，许多人都觉得这是一个"新生事物"；贾先生则在《范译〈中国孤儿〉序》中介绍了比较文学在中国早期发生与发展的实相。他说，"早在五四新文化运动初期，即1920年我们就通过译介日本学者本间久雄《新文学概论》，输入了这一名词，并介绍了两部主要的比较文学的理论著作波斯奈特的《比较文学》和罗力耶的《比较文学史》，翌年，我国学者吴宓介绍了这一学派的主要要点"。贾先生以他的故友范希衡先生的学术为证讲述了在现在的研究者群体中几乎不为人知的"学术史"本相。他说，"故友范希衡先生早年负笈欧陆，就学于比利时的鲁汶大学，专攻法国古代、近

---

① 贾植芳先生的这次讲话，后来以《瞿秋白对中国无产阶级文艺理论和文艺批评的开拓性贡献》为题，刊载于《江海学刊》1985年第4期。

代文学和比较文学。1932 年，他以 15 万言的比较文学性质的论文《伏尔泰与纪君祥——对〈中国孤儿〉的研究》获得鲁汶大学的博士学位"；"从我国比较文学发展史的角度看，如果说，范先生 1932 年在鲁汶大学的博士学位论文《伏尔泰与纪君祥——对〈中国孤儿〉的研究》，算是中国学者首次在欧洲用欧洲文字对中外文学影响做了实践性的探讨努力，为中国比较文学事业的发展做出了自己独特的贡献；那么，这篇完稿于 1965 年的现在却作为遗作得到发表的《译序》，则应该是范先生对历经又重新崛起的我国比较文学研究事业的一个崭新的高质量的贡献"。贾植芳先生在这里所说的《译序》，是指范希衡先生写的《〈赵氏孤儿〉与〈中国孤儿〉》一文，这是范先生把它作为当时自己翻译伏尔泰的《中国孤儿》的"译序"。严绍璗说，"读了贾先生的这篇《范译〈中国孤儿〉序》[①]，才知道自己曾经的无知，懂得了比较文学在中国不仅早已有之，而且前辈学者已经为这个学科作出过突出的贡献"。

严绍璗在谈到贾植芳先生的现代文学研究时说，贾先生关于中国现代文学的研究，同样贯穿着"比较文学"的学术思想。比如，在谈到"现代都市小说"时，贾先生认为，"在 1920 年代末到 1930 年代中期，以上海为中心出现了一个从事现代都市小说创作的作家群。这些作家，外文好，中国古典文学的底子又厚，可谓学贯中西，博古通今，每个人身兼数职，有几副笔墨，又搞外国文学翻译，又搞学术研究，又办杂志，又开书店"。因此，要研究这样一群作家的作品，研究者就必须具有"古今中外的文化涵养"[②]。

严绍璗认为，贾先生无论在研究现代文学，还是比较文学方面，始终都坚持自己的学术思想，贯穿着整合多元文化、用世界性眼光观照自己的学术理念。这是贾先生几十年来的学术自觉的意识，而不是有意去迎合某种社会潮流，例如去迎合比较文学这个看似年轻的学科。严绍璗说，贾先生的比较文学学术定位一开始就抵达本质，契合了比较文学作为文学本体论的精神。严先生以贾植芳先生 1996 年 6 月在台北参加"百年来中国文学学术研讨会"时提交的论文作为实证，进一步阐释贾先生的学术思

---

① 贾植芳《范译〈中国孤儿〉序》一文，收入孙乃修编《劫后文存——贾植芳序跋集》，学林出版社 1991 年版。

② 贾植芳：《与查志华谈"现代都市小说"》，载《文学角》1989 年第 3 期。

想与比较文学学术定位的一致性。这篇文章曾经在台湾的《中央日报》发表,题目是《中国近现代留日学生与中国新文学运动》。贾先生的论文不是一篇研究留日学生对中国近现代文学影响的报告,而是以日本和欧美文学为源头的文本,探讨日本和欧美的文学思潮,以留学生为中间媒体传递其思潮的文化材料,从而促使中国现代文学这一变异体的生成。贾先生就这一文学变异体内各自的状况又做了比较研究,认为"留日学生在吸收外来影响方面是相当庞杂的、混乱的,也可以说是多元的……他们着眼于文学思想观念的改变"。留学英美的学生"在对外来文学的选择上,态度是保守的,或者是暧昧的……他们更注意新文学形式的探索"。贾先生进一步阐述,中国现代文学变异体的生成,事实上经历了两次组合的过程。在组合的过程中,受到民俗、媒介、人物、思想、时代、历史、哲学等诸多因素的作用,所有因素共同整合的结果方才造就了中国现代文学今天的面貌。贾植芳先生的表述本质,为比较文学研究中文学的传递和发生,提供了一个观察与解析的模式。此种模式是当今比较文学借助于文学的发生学、阐释学、符号学等理论的指引才得以完成叙述的。

严绍璗说,20 世纪八九十年代,中国比较文学论坛上的主潮流被言必称希腊的"欧美话语"势力所笼罩,当许多言说者自己都不明白自己在说些什么的时候,贾植芳先生在此种学术话语迷雾中始终引领学术研究从自己民族文学文本出发,以文本细读与解析为阐述的基础,在诸多文学现象中以实证表述文学事实,从文学事实的梳理中引导出理性阐述。作为一个学术后辈,在从对贾先生的比较文学观念的思考中意识到,对一个人文学者来说,学术犹如人品,人品铸就学术,眼观学坛四方,这样的判断大概是不错的。作为一个学术研究者,应该把对贾先生的敬仰与怀念,内化为自己的人品与学业,追随先生成为一个"真正活出来的知识人"。

（与复旦大学李楠女士的谈话,原载《中国现代文学丛刊》2008 年第5 期）

（原载严绍璗:《比较文学与文化"变异体"研究》,上海:复旦大学出版社 2011）

贾植芳与中国比较文学

严 锋

贾植芳,这是一个在中国知识界非常受尊敬的名字,贾先生活动贯穿漫长的中国现代史和广阔的文化政治领域:他是新文学作家,编辑家,文化活动家,抗日反蒋的革命战士,教育家,文学研究家,最后,与我们特别密切相关的是:比较文学家。最后这一点,在比较文学全球不景气的背景下,是我们广大比较文学工作者的荣幸与骄傲。

贾先生与比较文学的渊源可以一直追溯到 1952 年,那时候他是复旦大学教授,现代文学教研室主任,同时担任现代、外国、俄苏、写作等多门课的教学。贾先生既是中国现代文学的当事人,又通晓多种外语,精研俄、日文学,在讲课时常追根溯源,以异国文学相印证,令他当时的学生们耳目一新。1980 年,贾先生平反,恢复名誉,那也是比较文学刚刚在中国获得平反,恢复名誉并走红的年代。1981 年,国家教委委任他招收比较文学研究生和出国留学生,复旦大学由此成为我国首批拥有比较文学硕士学位授予权的单位。1986 年,他被国务院学位委员会批准为中国现代文学博士生导师,研究方向是"20 世纪中外文学关系史"。他是中国比较文学学会的首任副会长,也是上海比较文学学会的首任会长。

贾先生对中国比较文学研究的贡献首先在于对一些重要资料的收集和整理。他曾经说过:"一个国家、一个时代文化的发达与发展,资料工作是最基本也是最关键的工作。"这是一种为后来者栽苗植树的工作。上世纪 80 年代中期,贾先生主持国家"七五"重点社科项目《外来思潮和理论对中国现代文学的影响资料》,整理和编辑各种外来思潮和理论对中国现代文学的影响过程中的原始材料。全书共分"文选"、"大事记"、"书刊目录"三大部分,收录了 1898 年—1937 年中外文学关系史中的基本文献,包括外国社会科学思潮和理论评介文选、外国文学思潮、流派和理论评介文选、各国文学史、文学运动与作家评介文选等，是国内第一部较为全面和系统地整理中外文学关系史文献的大型资料书。该书凡数百万字，篇幅浩大，1985 年完成交付出版社以后，几经周折，辗转于数个出版社之间，终于最后由 2004 年广西师范大学出版社推出，更名为《中外文学关系史资料汇编》。

贾先生对中国比较文学研究的另一杰出贡献在于对该领域研究者的培养与扶持。他是国内最早招收比较文学专业研究生的导师，并受教育部的委托培养出国留学生，同时还带国外高级进修生，目前在国际学术界享有声誉的李欧梵先生、郁达夫研究专家铃木正夫先生、现代文学研究专家坂井洋史先生等都曾接受过他的悉心指导。

贾先生被委任于比较文学的学科建设之初，除了注重资料的整理工作之外，特别重视对中国比较文学研究的过去、现在和将来的梳理与探询。这方面的工作，有他的代表作《中国比较文学的过去、现在与将来》等。贾先生认为，早在 20 世纪初，以苏曼殊、王国维、鲁迅为代表的中国知识分子就十分注意中外文学的对比和互证，把文学的概念放到世界文学的范围上进行考察。到了"五四"前后，比较文学作为一种新鲜的治学方法广泛引起了中国作家和学者的注意。茅盾和郑振铎等人将比较研究的方法延伸到世界文学研究领域，对外国文学中不同国别和不同民族、不同时代的文学做了比较细致的比较研究。虽然当时这类文章的材料来源大都是国外有关研究资料，独创性不多，但作者们在引进国外研究成果、学术观点的同时，将国外的比较文学研究方法也引进来了，丰富了我国现代文学批评在方法论上的内容。这种回顾的工作不仅在于史料的钩沉，其意更在为中国比较文学研究者树立起一种自信：在中国土地上比较文学并不是一片废墟、一片空白，在我们前辈开拓者辛勤开垦的基业里，有一份并不菲薄的遗产。由于贾先生是他所研究对象的直接见证者，当事人，在他回顾中国比较文学历史的时候，所提到的许多前辈学者和作家，如范希衡、陈铨、林同济、傅东华等，都是他朋友或同事。这就使他的记述和回顾有着一种特殊的文化现场的意义。这种"目击者"的证人式的研究法是贾先生的独门暗器，也是历史和磨难赠予他的珍贵礼物。在这一方面,非常值得一提的还有《中国近现代留日学生与中国新文学运动》,这是贾先生结合自己亲身留学经历写就的研究论文,也是中国比较文学界公认的经典名篇。他以留日学生的生活、学习、心理状态、回国后的工作情况为切入点,考察了中日交往的这一页在中外文化和文学对话中的特殊意义。

贾先生指出,中国新文学从一开始就与留学生运动结下不解之缘,《新青年》的主要作家中,除胡适、刘半农等几人外,几乎都是留日学生。他们当中许多人原先在日本留学时,不是搞文艺的,都是在日本改变了生活道路,转向新文艺运动。他比较了留日学生和欧美留学生的异同,认为留美学生更具有一种"激进"的姿态。比起留学英美的学生来看,他们比较不保守,多吸取了与 20 世纪精神相通的现代哲学和文学思潮。对于形成这种差异的原因,贾先生以自己的亲身经历,进行了多方面的叙述和论证。例如,从外部环境来看,留英美学生的生活环境相对安宁富裕,所在国的政治也比较稳定成熟。而留日学生则不同,日本国本身没有给他们提供什么可行的样板。日本当时本身处在激烈的动荡改革中,它在留学生眼中是一个成功地学习了西方的榜样,至于学什么和如何学,对留学生来说还是模糊的。这就决定了留日学生回国以后,在政治上和文学上的态度,基本上是不稳定的。他们总是处于不断探索、不断否定自我、不断追求,不断接受一个比一个更新的思潮的阶段。从人生的磨炼上看,留日学生比留英美学生所走的心路历程和人生历程要坎坷得多,艰难得多。

在整理和总结历史的同时,贾先生坦率地指出,以往的中国比较文学较多地停留在方法论的运用上,始终没有形成过一门独立的学科。如何把中国比较文学建设成更具有中国民族特点的研究学派,从一开始就是贾先生关注的重点。他的这种工作更多地是围绕着中国现代文学研究的多元化展开的。一方面,他热心撰文向学界推荐海外汉学界研究中国现代文学的最新成果。先生指出一个长期为人们所忽略的现象,一些在中国传教办学的西欧天主教神职人员,如明兴礼(Jean Monsterleet)、布里埃(O.Briere)、文宝峰(P.Henri Van Boven)、善秉仁(Joseph Schyns)等,曾陆续向西方介绍中国现代文学。在这些介绍中包括作家作品介绍、评论及文学批评史等项,他们都应该被看作是外国学者研究中国现代文学的先声。另一方面贾先生也指出了海外汉学中的种种痼疾和片面性，尤其是政治化和西方化的倾向。在这样一种研究视点的多元化过程中，贾先生逐渐确立了"20世纪中外文学关系"这一研究方向的基本研究思路与研究精神。这种研究不是把中国现代文学仅仅看作是西方文学的翻版或被动接收者，而是把它放到一个更大的时空范围内进行全方位的考察。在《博采众花 以酿己蜜——〈中国现代文学研究译丛〉总序》里，他指出："产生于世界无产阶级革命与民族民主革命运动风起云涌的年代的中国现代文学，一开始就具有重要的世界性意义。正像我国的古典文学曾对世界文学的总体构成产生过重大影响和做出了巨大贡献一样，我国的现代文学是世界现代文学总体构成中的一个重要组成部分。这不仅表现为它曾经以'拿来主义'的态度接受过马克思主义与其他外来思潮、理论和文学样式，同时还表现为它以辉煌的文学成就向全世界宣告了一个古老文明在文化上的新生。"①贾先生在这里提出了一个非常重要的命题：中国现代文学从一开始就并非单向地接收外国文学，它同时也是世界文学创造性的贡献者。中国现代文学的意义，只有放到世界文学的背景上，才能有更为全面的认识。这种研究领域的扩展，不仅体现在对国界、民族、文化的跨越，也体现为对历史的跨越。在《中国现代文学与传统文学》中，贾先生提出了一个创造性的观点：以往的比较文学研究重点是国与国之间文学关系的研究，我们应该把比较文学研究的范围进一步扩大，比较的方法不仅是在不同空间下有存在的意义，在不同的时间下也同样具有存在的意义。"在不同时间背景下的文学现象同样有比较的价值，我所指的是，在一种民族文化发展的不同时期所产生的文学作品，同样具有可比性。它可以说明许多问题：如民族文化自身发展变迁的状况，一个民族在不同历史环境下的精神特征等等。他们之间的异同，也许能够说明文化的凝聚力与它的开放性特征。这种比较研究的可行性如何，它在'比较文学'学科中具有什么样的地位和价值？这些问题将取决于我们在方法论的意义上对'比较'这个范畴做深入的理论探讨"②。

---

① 贾植芳文集（理论卷）211页，上海社会科学出版社，2004年。
② 贾植芳文集（理论卷）237页，上海社会科学出版社，2004年。

　　贾先生结合中国传统文化与中国新文学之间的关系问题，对这一命题进行了进一步的阐发。他认为两者的关系非常复杂微妙，既相互对立，相互排斥，又存在着千丝万缕的联系。他更进一步把这种历史性的关系放到共时性的世界背景下来考察。新文学初期反传统的中国知识分子，如同西方 20 世纪初的先锋派一样，要求破除一切文化传统的束缚与控制，可是双方的参照系并不一样。中国知识分子反传统依赖的思想武器和追求的新目标恰恰是西方先锋派知识分子所竭力要摆脱的西方传统的文化价值观念。这里存在着一个非常有意义的时空错位。使问题更加复杂化的是，中国知识分子在广泛吸取西方外来文化时，也注意到与中国新文学几乎是同步发生的西方先锋派的某些文化思潮，而后者又是与中国古典文化精神有某种相似之处！那种追求人类精神发展过程中每一瞬间都充满着创新意义的精神状态，其实正应合了中国传统文化中的一个非常宝贵的思想：苟日新，日日新，又日新，尽管这种精神在中国历史的发展中常常处于遮蔽的状态。从这个角度来重新检视新文学发展过程中对传统文学既否定又肯定的双重倾向，以及在这引起倾向基础上形成的中国知识分子对待传统文化的两种态度，就能获得更加全面和深刻的认识。

　　在这样一种共时性和历史性并举的视野下，中国现代文学，中国古典文学，西方文学这三者呈现出我中有你，你中有我的更为复杂的互动和相互包容的关系。从此关系中，贾先生从一个世界性的角度重新检视了传统文化的积极意义，这在人人争相"走向世界"的 20 世纪所做的二十世纪中外文学关系研究，在复旦大学被陈思和、张业松、张新颖等后起的研究者所继承。陈思和老师所提出的"二十世纪中国文学的世界性因素"这一命题，正是在他当年随贾先生做《外来思潮和理论对中国现代文学的影响资料》这一课题时开始萌芽，后来进一步不断发展完善。其核心含义为：一方面中国文学在 20 世纪被纳入世界格局，它的发展不能不受到世界性思潮的影响；另一方面，中国文学与世界的关系不可能完全是被动接受，它已经成为世界体系的一个单元，世界/中国的二元对立结构不再重要，中国与其他国家的文学在对等的地位上共同建构起"世界"文学的复杂模式。

　　很明显，陈思和老师的这一命题正是处在贾先生所开创的工程的延长线上,是对 20 世纪中外文学关系研究的进一步发展和深化。这种学术和知识血脉的承接和延续,是贾先生这样的老一辈知识分子最为珍视、倾注最大心血的工作,也是对他历经坎坷、艰辛与苦难的传奇人生的最大的回报和安慰。

（原载刘献彪、陆万胜、尹建民编:《中国比较文学艰辛之路》,人民日报出版社 2005）

贾植芳与海外华文文学沙龙

王晓君

在纪念贾植芳先生逝世一周年的一个会议上，我和同济大学施建伟教授谈及贾植芳对上海海外华文文学沙龙的支持，颇为老人之精神所感。

施建伟是在 20 世纪八十年代中期认识贾植芳的。一次，湖南省出版工作代表团来沪举办大型活动，施建伟被邀参加，而贾植芳也应邀参加。久仰贾老大名的施建伟想不到竟在这里遇上贾老，喜出望外，于是他连忙跑去请教。贾老得知施建伟 18 岁就被打成右派，十分同情，他操着山西口音开玩笑地对他说："你是小右派，我是反革命，正是同病相怜啊！"从此，两人便成了忘年交。

1993 年，施建伟被引进同济大学任文法学院副院长兼海外华文文学研究所所长。当他和几位民间业余的研究者相聚时，感到上海在海外华文文学研究方面总落后于其他省市，于是他产生了以同济大学出面，成立上海海外华文文学沙龙的念头，以此为平台，不定期地举办"沙龙"活动，大家交流信息，互相切磋，资源共享，去倡导一种新的研究学风。这一想法很快得到了贾植芳的支持。贾老不但同意当顾问，而且还允诺坚持参加每次活动。1994 年 12 月 4 日，"沙龙"成立，复旦大学、华东师大、上海师大、上海社科院文研所等 20 余位专家出席。贾老不顾年迈，兴致勃勃地来到会场，他发言说："随着改革开放文化交流活动的增多，海外华文文学国内由不知到知之，由知之少到知之多，海外华文文学的形成与华人走向世界形成华文文化圈分不开，并且影响越来越大，研究探讨华文文学已构成一门新的学科，也组成一群新的科研力量。"贾老把海外华文文学提到一门新的学科的高度来阐述，可见他是多么地重视。会上，施建伟也开宗明义地讲了办"沙龙"的目的：要发挥群体实力，不要散兵游勇；要研究资料共享,互通信息。贾老闻之,插话说:"文学研究要发展,必须打破封闭,采用走出去,请进来的方法,广泛交流。资料和信息,应当是从事研究工作的公器,是大家共同享有的资源……"与会者说:"贾老说出了我们的心里话。"于是他们纷纷表示,愿将所拥有的资料,向研究者开放,树立新的学风,就从我们大家做起……

海外华文文学的资讯几乎全部来自境外,新华书店买不到,图书馆里找不到,只有通过境外各种渠道的交流直接获得。这种独特性也只有高校和研究机构才具备,而民间草根的业余研究者要得到这些资料就十分吃力。有了"沙龙"这个平台,不仅凸显了学术为天下公器的意义,而且有利于民间业余研究者融入学术界主流层面的研讨,从而推动了学术自由和学术民主的发展。施建伟说:"我这样做,因为我从'始终站在民间立场上的知识分子'的贾老那里得到了精神资源和支柱。"平时,施建伟和贾植芳就这样的问题经常交流,贾老非常认同施建伟扶植民间沙龙的理念。贾老常说:"学术的天地应当是自由宽广的,那些草根的研究者也够艰难的了,我们不支持他们谁支持。"在贾老的支持下,上海海外华文文学沙龙在同济大学开展得很顺利且又热闹。上海诸多著名学者如贾植芳、罗洛、徐中玉、钱谷融、毛时安和海外的文化名人如曾敏之、符兆祥、林忠民、吴东南、潘亚墩都应邀参与其中并参加学术研讨会,上海海外华文文学沙龙在中国香港、菲律宾、泰国、新加坡、马来西亚等地引起不小反响,当地的华文报刊经常刊出"沙龙"的消息和文章,"沙龙"也成了海外华人文友的一方福地。

(2009 年)

(原载王晓君:《斜阳半城——记上海文化名人》,上海:上海人民出版社 2011)

"贾植芳与中国现当代文学研究"的四个维度

权绘锦

对于河西学院文学院来讲,"贾植芳与中国现当代文学研究"有着几个方面的意义:其一,复旦大学的善意不能辜负。在现有领导的力推下,河西学院在诸多领域获得了复旦大学的帮扶,为学院的整体发展跨上新的台阶,赢得了重要机遇。复旦大学是国内顶级院校,人文学科有着深厚传统和领先地位。贾植芳先生是复旦大学中国现当代文学和比较文学两个重点学科的奠基者,这两个学科当前的主要支柱,都与贾植芳先生有着师承关系。我们在这方面有所作为,无论对于当下,还是将来发展,都有好处,尤其是在学术研究和人才交流方面,是进一步加强联系的有效渠道。而且,在这两个学科的创建与发展过程中,贾植芳先生不仅做出了突出贡献,还形成了需要后学不断继承和发扬的学术传统与人格精神。河西学院地处偏僻,文学院力量不足。但前人有言:"虽不能至,心向往之"。通过"贾植芳与中国现当代文学研究"这一学术课题,有助于提振信心,充实底蕴,培育应有的学术精神;其二,是加强学科力量整合的重要契机。学院的人际关系和氛围比较融洽,但如何把这种良好的人际关系和氛围,转化成学术增长的辅助力量,既需要相互合作的主动性、自觉性、纯粹性,也需要学校的支持和学院的领导。推动学术研究增长的,既可以是个人的自主的兴趣,也可以是外在的整合的压力。"贾植芳与中国现当代文学研究",既是当前学院必须完成的任务,也是加强学科整合,寻求学术增长的契机。尤其是,通过这样一个机会,将学院此前曾有的"传帮带"传统延续下去,通过三个年龄层次教师的通力合作,打破学科之间曾有的壁垒,顺应当前学科交叉以实现学术创新的潮流和趋向,在学科力量尽其可能整合的基础上,找到学科发展的新的增长点;其三,对于现代文学学科而言,也是扩展学术视野,提高学术层次,参与学术对话,加强学术内涵的重要平台。立足河西,做地方文章,自有其道理。近年来,文学院也在这方面取得了成绩,获得了荣誉和肯定。但如果缺乏在普泛性层面上打下基础,有所作为,必然带来两个方面的后果:一是学术后劲不足。地域性和民族性的文化和文学,虽然有其独特性,在一定时段内,研究成果能够吸引注意。但毕竟积淀薄弱,成就有限,三五年之后,将不再具有值得继续发掘的学术潜质;二是研究质量不高。过于强调特殊性,忽略一般性,只能使自己画地为牢,固步自封。对于学院的学科发展来讲,应该在突出研究对象特殊性的基础上,扩展到一般性领域,参与到中国现当代文学的学术对话中去,加强学术交流,提升研究层次,获得更好发展。贾植芳先生不仅在现代文学学科领域有着重要地位,也是现代文学史的见证者和亲历者,尤其是前者,对我们自己研究水平的提升,有着重要意义。

一、史料研读与历史重释

在现代文学研究领域,"文化诗学"应该是占据主流位置的方法论。尽管此前有过以审美研究为中心和以文化研究为中心的摇摆,但现在看,将二者结合起来的"文化诗学",是这个学科在研究方法上的基本趋向。这就是说,对现代文学的研究,停留在文本解读层面是远远不够的,因为文本的思想意义和审美价值的阐发,有其边界,就现有的学术积累看,基本已达到饱和。倘若再局限于文本研究,只能是对前人的重复。因此,需要转换思路,将作家作品放置到具体的历史文化语境中,进行全面的考察和研究。既要"知其人",也要"论其世";既要"振叶以寻根",亦需"观澜而索源"。鲁迅曾说:"不过我总以为倘要论文,最好是顾及全篇,并且是顾及作者的全人,以及他所处的社会状态,这才较为确凿。要不然,是很容易近乎说梦的。"这就是说,文学研究,既要以文本分析为基础,又须拓展视野,探寻作家的创作意图,顾及作家所处的文化语境,揭示作家创作的实质,并阐明其意义。如此,才能得出较为"确凿"的结论。概括起来说,文学研究要完整回答四个问题,既要描述"写什么",还要寻绎"怎么写",更要追问"为什么"和评价"怎么样"。

要实现上述目标，自然应该重视史料研读。贾植芳先生的治学本就注重史料的全面与扎实。史料研读也是当前现代文学研究的重要领域，并取得过重大突破。河西学院基础薄弱，在原始史料的占有上，有着先天缺陷，也就给学术研究和学科发展，造成了不可逾越的障碍。但是，对于现代文学作家的研究，既要全面了解作者的生平、创作经历、创作意图、人格特征乃至生活态度等，也要从社会、历史、文化角度，外引内联，综合研究。这有必须以史料为基础。贾植芳先生藏书的捐赠，对于学院来说，真是一件幸运的事。就个人而言，贾植芳先生是现代文学史的亲历者，他的回忆录《狱里狱外》、回忆性散文、书信和日记等，是从事现代文学研究的重要史料，对某些领域来说，甚至不可或缺。通过对这些史料的研读，仔细寻绎其中的信息和线索，再结合其他文献，对于解开现代文学内部的诸多复杂现象，使现代文学呈现出本来应有的丰富内涵，一改以往历史叙述的简单化约，展露以往因为各种原因而被遮蔽了的历史真相，进而对文学历史的建构与叙述，做出可能的纠偏，都有着重要意义。

二、"接着说"与作家重评

学术研究需要继承和积累，也需要突破和创新。现代文学经过了历史化和经典化过程，现代文学研究也是如此，经过几代学者的努力，形成了现有的规模和格局。对于后来者而言，无疑是巨大的困扰和压力。但这是学术研究和学科发展必然要面对的，唯一的途径，只能是在充分肯定前人研究成果的基础上，寻求可能的空间，在一种"影响的焦虑"之下，"接着说"，这是基本的学术规范。也只有在尊重学术规范的前提下，有些微的创新和突破，才是真正能够立得住的创新和突破。否则，可能获得暂时的成功，过后，自然沦为过眼烟云。

要能"接着说"，就必须具备学术史的视野，其中的某些重要环节，不仅不能忽视，还能成为可以有效利用的资源。就中国现代文学研究而言，贾植芳先生的学术贡献可谓独树一帜。不仅在许多重要的研究方法的变更、研究范围的拓展、研究资料的收集和研究书目的整理出版等宏观方面，做出了突出贡献，而且对鲁迅、郭沫若、周作人、茅盾、巴金、胡风、瞿秋白、郁达夫、李金发、赵树理、废名等人，也都曾做过专题或综合研究。此外，关于新文学与传统文化和传统文学的关系、新文学与外国文学和外来思潮的互动、近现代留学生运动与新文学的个性形成等，这些涉及到现代文学的基本属性、特征、格局、源流、发展机制等重大问题上，都做出过重要论断，影响到了现代文学学科近二十多年的发展。

就学院现有力量和资源来看，要在宏观层面有所成就，未必可以期许。但选择贾植芳先生曾经研究过的作家，作为突破口，在完整梳理作家研究历史和系统研读以往文献，尤其是贾植芳先生的研究文章的基础上，结合新的材料，采用新的视角，融合新的方法，形成新的观点，对上述作家作出新的阐释和评价，还是可行的学术研究路径。这样一种学术路径的选择，至少可以达到双重目的：一是可以实现自己的学术研究创新。只有经过学术史的梳理，学术研究才能谈得到创新；任何学术研究创新，也只有经得起学术史的检验，才能名副其实；二是肯定了贾植芳先生的学术研究的意义和价值。作为一代学者，重要的还不仅仅是其研究成果在当时获得承认，乃至引起轰动，重要的是，在学术史上，占有自己相应的位置。只有使自己的研究，不断对后来者有所启示，才是真正的价值和意义所在。在贾植芳先生曾经涉足过的作家专题研究领域，能够"接着说"，也才是对前辈最好的纪念和继承之一。

三、流派考察与理论个性

贾植芳先生与"七月派"关系密切。就这个学术话题而言，存在两个影响因素：一是对"七月派"的研究，已有比较多的成果，尤其是以周燕芬的《执守、反驳、超越：七月派史论》为代表，而且，"七月派"内部及其与中国现当代文学和文化的复杂性，也使许多人只能望而兴叹；一是贾植芳先生在这个流派中的位置，其实并不是核心成员。但这并不意味着就无所作为。在上述两个方面的研究中，可以研读出贾植芳先生的文学思想和理论个性，再将其与"七月派"总体的文学观念、理论追求、思想渊源，或者胡风的文学理论、吕荧的美学理论、阿垅和鲁藜的诗歌理论进行比较研究。这样一种研究思路，当然既是对贾植芳先生的肯定，也是对"七月派"

理论的丰富和深化。在这方面，还有比较大的空间。

贾植芳先生曾有这样一段话："我们首先想到的和必须坚持的一个原则，就是在生活和工作的实践中回到历史唯物主义的正路上来，尊重历史，面向实际，坚持实事求是的马克思主义学风，我们所要坚持的党性，必须与科学性相结合，它才会有生命力，才会真正认识和评价事物。我国现代文学是以党所领导的和影响的左翼文学和进步文学为主流的，这个历史实际无从否定，谁也否定不了，贬低不了，因为它是历史的真实，这就是中国现代文学史上的主心骨，它的正宗力量，但历史运动的内部是复杂的和丰富的，在中国现代文学的领域里，随着人们的政治态度和艺术观点的接近和迥异，又呈现出一派流派纷纭、风格各异的历史景象。对于那些'正宗'力量以外的'旁宗'或'正宗'内部的支流，对这类的作家作品，我们不能视而不见，或有意回避，甚至设置禁区，而是尊重史实，给以择要选用，给以应有的历史评价，既要从政治大处上着眼，又要注意艺术上的成就，二者不可偏废，既应顾及史的线索，又应注意面的完整，才能显示历史的全貌。"(《贾植芳文集·理论卷》)

对这一段话，如果加以扩展和发挥，甚至可以这样说，在关于"七月派"研究近乎饱和，关于这个流派的认识基本清晰，也已经大致形成学术共识，关于"七月派"的中坚，诸如胡风、路翎，乃至争议人物舒芜等的研究，已经取得重要成果，基本形成文学史定论，并使后来者感到强大的学术压力的前提下，以贾植芳先生这样一个并非核心的成员作为突破口，通过对其文学思想和理论个性的研究和概括，进而与流派中人以及现当代文学史上的其他作家或理论家的比较研究，既是切实可行的，也是有可能获得新的突破的。更何况，这样一种以"边缘"切入中心，进而对已成定论做出修正、丰富和补充的学术路向，是当前学术发展的重要趋势之一。

四、文学交流与精神传承

贾植芳先生也是一位翻译家。从学术研究的可行性角度看，从文学交流视野出发，探究贾植芳先生与外来文化和文学思潮的关系，可能较为可行。贾植芳先生翻译过契诃夫，《契诃夫的戏剧艺术》、《论报告文学》、

《契诃夫手记》和《俄国文学研究》等，以及许多俄苏作家和理论家的文章。在新时期，他还积极督促和推荐学生翻译外来文学。就此，引发了关于翻译文学与现代文学的关系，尤其是翻译文学的地位和价值问题的讨论。这些较为重大的理论探讨，不是不可以涉足，但就目前看，也还存在一些难度。如果就贾植芳先生自己的翻译成果与其文学思想、学术思想形成的关系立论，也还可以做出一些文章的。

另外，贾植芳先生注重培养后学。在当今学界，有许多人也在他的熏陶和影响下，形成了自己的学术立场和学术个性。通过对这些学人与贾植芳先生的比较研究，梳理其中的传承脉络，对肯定贾植芳先生的学术史地位，有着重要价值。

总之，围绕贾植芳先生这个中心，结合学院现有实际状况，从以上四个维度展开，能够产生可以预见的学术成果。更重要的是，培育良好的学术氛围，以利于后续的发展。

贾植芳为什么翻译契诃夫？

赵建国

　　2004 年由上海社会科学出版社出版的四卷本《贾植芳文集》之一的"翻译卷"，收录了已故的著名作家、翻译家、学者贾植芳翻译的有关俄罗斯文学研究论著，这还不包括《契诃夫手记》等单篇独立译作。贾植芳的译作几乎全是迻译或转译，即从日文或英文移译而来，他翻译的有关俄苏文学研究论著就属于这种情况。在众多的俄苏文学家中，贾先生翻译最勤译得最多的是契诃夫。不仅翻译契诃夫的论著，还有介绍纪念契诃夫的文章。阅读贾植芳的译作，一个自然直接的疑问难以回避，即贾植芳为什么翻译契诃夫？ 为了解答这个疑问，故将其与契诃夫有关的译作搜罗分列如下：

　　翻译契诃夫研究论著有：

　　1. 巴鲁哈蒂的《契诃夫的戏剧艺术》；

　　2. 高尔基的论文《契诃夫论——关于他的小说〈在峡谷中〉》；

　　3.《契诃夫手记》包括契诃夫手记（1892—1904），日记（1896—1903），补遗（1891—1904），契诃夫的临终，契诃夫和他的作品中的题材，契诃夫年谱等；

　　译介纪念契诃夫的文章有：

　　1.《契诃夫手记》译者前言；

　　2.《契诃夫手记》新版题记；

　　3. A.契诃夫《契诃夫手记》译者新序，贾植芳译，湖南文艺出版社2006 年；

　　4.《"用爱和信念劳动"——纪念契诃夫逝世五十周年》（发表于 1954年 7 月 15 日《解放日报》第三版）；

5. 收录在"创作卷"中的随笔《温故而知新》一文提及 1958 年英国牛津大学出版的《俄罗斯文学大纲》，并抄译其中一段论契诃夫的语句："契诃夫不属于任何党派，他从来未发表过任何过激的言论，作为一个知识分子，他具有当时俄国自由知识分子的气质和抱负，当他的朋友高尔基由于政治原因，被沙皇亲自下令免去俄国科学院职务的时候，契诃夫辞去了自己的科学院院士职务，以示抗议。正如他常说的：'一个人没有任何要求，他既不希冀什么，又不惧怕什么，这样的人，是成不了一个作家的。'"接着，贾植芳说道，"契诃夫的这则言和行，却很值得我们回味和深思。这样的作家，值得尊敬"。[1]

从以上列举，不难发现，契诃夫是贾植芳译介探讨最多最受关注的一位俄罗斯小说家与戏剧家。

一、贾植芳的俄苏文学情结

十九世纪与二十世纪之交的俄苏文学群星荟萃，具有世界影响的文学家俯首皆是，如普希金、果戈理、屠格涅夫、托尔斯泰、陀思妥耶夫斯基和高尔基等都是贾植芳钟爱的文学巨匠。贾植芳在《危机与复兴——白银时代俄国文学论稿》一书序中指出：

"'五四'以来的中国新文学，受俄苏文学影响之深，是自不待言的。中国新文学与世界上任何一国文学的联系，都无法同俄苏文学相提并论。中俄文学之间的关系可谓'剪不断，理还乱'。即使是现在，有关俄国文学的一些问题，仍不乏吸引力。我个人解放初期在震旦大学和复旦大学教授过俄苏文学，后来虽然一直从事中国现代文学教学和研究工作，但对苏联文学的兴趣却有增无减。我始终认为，中俄两国发展有不少相似之处，全面深入研究和总结俄苏文学的历史，为人们描绘一幅真实完整的俄苏文学图像，不仅对认识俄苏文学本身是当务之急，而且对研究和总结中国现当代文学，也不失为一项具有积极意义和参考价值的基础性工作。"[2]

从这段序文传递的信息可以知晓，贾植芳教授过俄苏文学，对俄苏文学有种特殊的感情。他曾在辑译谢尔宾娜等学者的论文集《俄国文学研究》一书"排印后记"中说："这本书是近年来我在教授俄国文学过程中——其实是在学习俄国文学的过程中，作为一种学习方式，从期刊和书籍上随手译下来的论文，经过一番取舍和整理的功夫后的结集印行。"[3]

除了个人兴趣和职业需要外，"五四"以来翻译俄苏文学成为一种潮流，以俄为师是中国先进知识分子的精神与文学追求。1932年鲁迅先生写的《祝中俄文字之交》一文中明确说道："俄国文学是我们的导师和朋友"。[4]已故著名的俄苏文学研究专家戈宝权先生指出："我国杰出的作家如鲁迅、郭沫若、茅盾、郑振铎、巴金等，他们不仅是俄国文学的热烈爱好者和宣传者，而且是积极的翻译和介绍者。"[5]从"左翼文学"到"七月派"，从鲁迅到胡风，中国现代文学史上许多著名的作家学者都把翻译研究俄苏文学当做思想进步表现。加之"七月派"的理论主张，源自苏联马克思主义文学理论，在精神上一脉相承，作为七月派作家的贾植芳自然也会热衷俄苏文学的译介。据统计，"左翼文学"时期翻译出版的外国文学书籍约有700种，占1919年至1949年全国翻译总量的40％。其中相当数量的是俄苏文学。

中国新文学或中国现代文学的发生与俄苏文学有着千丝万缕的联系，对于从事中国现代文学与比较文学研究的贾植芳而言，翻译俄苏文学既可以与中国现代文学相互镜鉴，又能抓住中国现代文学的源头，可谓切中要害。贾植芳不仅有自觉的现当代文学学科意识，而且将这种学科意识与思想付诸教学和研究工作。1955年以前，贾植芳出版了恩格斯的《住宅问题》等六部译著，发表了一组介绍尼采、拉伯雷、果戈理和契诃夫等外国作家的文章。复出后，他先后参与主持编纂了《中国现代文学史资料汇编》、《中国当代文学研究资料》等大型资料丛书，并亲自承担了其中《巴金专集》、《赵树理专集》、《闻捷专集》、《文学研究会资料》、《外来思潮流派理论在中国现代文学史上的影响》等书的编选，在八十年代后期开始的"重写文学史"工作中发挥了重大影响。贾植芳历来重视文学研究的史料收集整理，把文学史料作为学科建设与科学研究的基础。

二、贾植芳与契诃夫的精神交往

不用怀疑，在实际生活中贾植芳与契诃夫并无交集。据戈宝权先生的研究,契诃夫"在 1890 年 5—6 月间横跨过辽阔的西伯利亚,到萨哈林岛(库页岛)去调查流刑犯和苦役犯的生活的时候,他途经黑龙江,到过我国的爱珲城,沿途还认识了不少中国人。"[6] 契诃夫游历中国之时,直至他去世,贾植芳还未出生。但是,他们之间却有精神交往,即所谓的"神交"。贾植芳 1985 年 1 月 18 日日记写道:"上午思和来过,看病途中,在新华书店购《契诃夫文集》第四册一本。"[7] 由于《贾植芳文集》(书信日记卷)收录的书信并不是全部,仅为致胡风(1938—1954 年)和写给任敏(1972—1985)的信;日记也为退休前后(1985—1987 年)有时间限定的生活记录。这段文字是唯一能在书信日记卷中找到的与契诃夫有关的材料。虽然只是寥寥数语,但却是贾植芳购买《契诃夫文集》的真凭实据。这本《契诃夫文集》是贾植芳收藏和阅读的书目之一,从河西学院贾植芳藏书陈列室"贾植芳赠书编目清单"检索可知,人民文学出版社出版《契诃夫文集》一、二、三、四册皆有。另外,有关契诃夫藏书清单中还有:契诃夫著,辽宁教育出版社出版的《莫斯科的伪善者们》;上海译文出版社出版的契诃夫散文集《醋栗集》;屠尔科夫著,湖南人民出版社出版《安·巴·契诃夫和他的时代》;徐祖武著,河南大学出版社出版的专著《契诃夫研究》。这些契诃夫的藏书即是贾植芳阅读清单,他显示着藏书主人对契诃夫的浓厚兴趣。贾植芳不仅经常阅读契诃夫的著作,还写一些读书札记。例如,1954 年他就写过《契诃夫手记》的读书札记,后来在 1983 年浙江文艺出版社出版的增订本《契诃夫手记》新版题记中重新抄录,他认为:"这(《契诃夫手记》)是研究契诃夫的一种财富。"[8] 接着,他引用托尔斯泰关于契诃夫的评价"没人能比的艺术家"[9]"他关心人,和各式各样的人来往,由于在生活中自然地熟悉了人养成了他的深刻的观察力和概括力,所以一提笔就能简洁有力地深入到人的本质中去,不仅写出人的性格,而且活画出人的灵魂"[10]在谈到《契诃夫手记》的艺术性时,他这样说:"契诃夫手记,正如他的作品,色彩鲜明而简洁。"对于契诃夫本人,贾植芳评价道:"对于这个要求人要'头脑清楚、心地纯洁、身体干净'的作家,我们是永远敬爱的。"[11]这段话引自《契诃夫手记》,原句为:"头脑必须清楚,心地必须纯洁,肉体必须干净。"[12]应该说,贾植芳关于《契诃夫手记》以及他的全部作品的评论是精到智慧充满真知灼见的,他的观点对于今天的契诃夫研究也是具有启发和借鉴意义。

在翻译《契诃夫手记》时，贾植芳有意无意地流露了他的翻译观。他说：

"译本根据的主要是日本神西清氏的日译本（东京，创元社，1938年刊），是个订正本。神西清氏是日本优秀的俄国文学研究者，也是俄国文学的翻译家，他对于屠格涅夫和契诃夫都有独到的研究著作。一般评价，他的译文还算严谨。另外，也参照了 S. S. Koteliansky 和 L. Woolf 合译的英译本，这两个译者合作所译的英文版俄国文学著作，在我们也不算陌生，但好像是一个人口述，一个人执笔那样的合作者，译文和日译本比较起来，不仅在篇幅上少了一些，而且内容上也有差别。一般地说，英译本不如日译本细致完整，有的意义则恰巧相反，这两个英译者好像采用意译的办法。译者根据自己的理解，凡是两种译本有差异的地方，都反复斟酌，加以取舍，大体上是根据日译本译的。日记部分，为英译本所无，完全是根据日译本译的。注释方面，英译本较少，所以大部分来自日译本。至于译者自己所加注释，则都加以标明。上个世纪80年代初，我复出后，趁这个译本重见天日的机会，我又临时借到 S. S. Koteliansky 和 L. Woolf 合译的英译本《契诃夫手记》与高尔基的《契诃夫回忆录》（The Note-Book Of Anton Tchekhov Together with Reminsences of Tchekhov by Marxim Corky, The Hogarth Press 1921）我又据此做了一次校改，有些条目做了较大的改动。经过当时我认识的一个青年朋友江礼旸同志的热情努力，又由他找到前苏联国家文学出版社1961年印行的《契诃夫全集》第十卷的印文，做了一次校对，并补译一些注文。由原文校勘的结果表明，日译本较英译本译文严谨和忠实。在两种译文中，有些意义相反的译文，也借此得到核实。"[13]

虽然，贾植芳没有系统的翻译理论，但他对翻译还是有自己的见解。比如，在译本的选择上，他选择对俄国文学有研究且译文严谨的译本；在翻译方法上，他用日译本和英译本相互对照，以俄文本为准参照校对，精细核实；在翻译策略上，贾植芳认可直译，不用意译，注重译文的严谨真实。这些翻译的点滴体会，看似零散，但值得后学者认真研究和总结。

三、契诃夫对贾植芳文学创作的影响

　　复旦大学中文系陈思和教授说过，贾植芳先生本质上是一位作家。由于命运的摆布，让他历经磨难，一生坎坷，最终未能成为作家，却成了一位学者。从贾植芳的文学创作过程看，除了短篇小说《歌声》写于1979年，其余绝大部分小说写于20世纪三四十年代，这段小说写作的集中期既是贾植芳小说创作的开始期，又是创作的终结期。从他16岁发表的第一部小说《一个兵的日记》起，到后来成为作为七月派作家的主要成员，他先后创作了短篇小说集《人生赋》、散文集《热力》、中篇小说集《人的证据》，自传《狱里狱外》等作品，晚年还发表了大量回忆散文。的确，如果不是人生的曲折坎坷，命运的喜怒无常，贾植芳一定是一位优秀的小说家。已故著名学者王元化曾在《我和胡风二三事》一文中回忆说："解放后，华东局宣传部派刘雪苇和我去新文艺出版社的工作。五二年党内整风，这位同志已经在北京工作，他专门写来了揭发信，揭发我和胡风关系密切，并说我如何为路翎捧场等。其实，当时我并不太喜欢路翎的小说。我和胡风说过，我比较更喜欢贾植芳的《人生赋》。"[14] 喜欢贾植芳的小说，而不是路翎的小说，这是王元化的个人兴趣和真实想法。学术界普遍的看法是，七月派小说家中影响最大，成就最高的不是贾植芳而是路翎。王元化提到贾植芳的小说《人生赋》是一部短篇小说集，包括《人的悲哀》、《嘉寄尘先生和他的周围》、《人生赋》、《我乡》、《理想主义者》等小说。且不论路翎与贾植芳小说成就孰高孰低，仅以贾植芳精炼的短篇小说而言，在艺术上超过他的中篇小说如《人的证据》。贾植芳的短篇小说创作会不会以契诃夫为师呢？向他学习或者模仿写作？因为契诃夫毕竟是享誉世界的短篇小说大师，贾植芳有便利的条件模仿契诃夫的小说。契诃夫的文学成就主要表现在小说与戏剧，小说是短篇和中篇。贾植芳也有短篇和中篇。契诃夫还是世界级的戏剧大师，有大量的戏剧作品，至今仍常演不衰，如戏剧《樱桃园》。贾植芳也创作戏剧如《家》，但仅此一部。由此看来，贾植芳与契诃夫的文学创作在文类选择上存在着相似性。是贾植芳有意为之？还是无心插柳之结果？确凿的证据难以查实。不

过，这种文学创作类型的高度契合，恐怕很难说贾植芳没有受到他仰慕的大师契诃夫的影响。

顾征南先生在评论贾植芳小说时，说道："贾植芳开始写作，也和五四时代一些进步作家相似，主要受到俄国文学的影响。很显然，《人的悲哀》是受到了安德列夫的影响的。以后几篇，如《人的悲哀》、《剩余价值论》、《理想主义者》、《更下》、《草黄色的影子》、《一幅古画》等，就逐渐地倾向于契诃夫式的从平淡的生活中揭示小市民的愚昧、贪婪，小公务员的蜕变，兵痞军官的沦落和知识分子的苦闷。但它尚缺乏契诃夫式的幽默和机智，更多的实质许人物命运中的苦闷和悲叹。"[15]这种评价基本上是客观准确的。一方面揭示贾植芳的文学创作受到契诃夫的影响，另一方面还道出了贾植芳与契诃夫小说创作的差异或者欠缺。契诃夫对贾植芳文学创作的影响还不限于此，关于"小人物"的描写，贾植芳与契诃夫也是相似的。如《人的悲哀》中的我，《人生赋》中牙科医生，《剩余价值论》中的余子固等。

贾植芳自己也说过："他（指契诃夫）是我所偏爱的俄国作家。他不是一个为艺术而艺术的人，甚至也不是一个职业作家，他首先是一个医生，并且为自己有这份崇高的职业而自豪。他曾经送给高尔基一块表，上面刻着'契诃夫医生赠'。医生的身份使他总是生活在普通人之中，自觉地为人们解除各种病痛与苦难，他的关心人、了解人的一颗爱心，正由此而生。这种品性很让我尊敬。其次，由于他在生活中熟悉各种各样的人，养成了他深刻的观察力和概括力，所以一提笔就能简洁有力地深入到人的本质中去，不仅写出人的性格，而且活画出人的灵魂。所以我1951年翻译出版了巴鲁哈蒂的《契诃夫的戏剧艺术》，1953年又翻译出版了《契诃夫手记》，都是文化工作社出版的。契诃夫说：'一个人没有什么要求，他没有爱，也没有憎，这样的人是成不了作家的。'这句话一直是我在漫长而坎坷的人生道路上跋涉的精神支柱。"[16]成为贾植芳精神支柱的契诃夫，自然也是贾植芳文学创作膜拜的对象。

至此，关于贾植芳为什么翻译契诃夫这一问题，有了初步浅显的答案。贾植芳说过："没有翻译文学也就没有自'五四'发端的中国现代文学"。[17]这种堪称经典的论断,正是基于对翻译文学的熟知与自觉,对中国现代文学的熟悉与经验以及贾植芳一生探索外来思潮与中国现代文学的内在关联的高度凝练,言简意赅,意味深长。

参考文献：

[1]《贾植芳文集》(创作卷),上海社会科学出版社出版2004年,第331页。

[2]《贾植芳文集》(理论卷),第376页。

[3]《贾植芳文集》(翻译卷),第439页。

[4]《鲁迅全集》第四卷,人民文学出版社1981年,第459页。

[5][6]戈宝权,《中外文学因缘——戈宝权比较文学论文集》,北京出版社1992年,第24,128页。

[7]《贾植芳文集》(书信日记卷),上海社会科学出版社出版2004年,160页。

[8][9]《贾植芳文集》(理论卷),339页。

[10]《贾植芳文集》(理论卷),339—340页。

[11]《贾植芳文集》(理论卷),341页。

[12]A.契诃夫《契诃夫手记》,贾植芳译,湖南文艺出版社2006年,27页。

[13]A.契诃夫《契诃夫手记》译本新序,贾植芳译,湖南文艺出版社2006年,13—14页。

[14]《王元化集·随笔》(卷7),湖北教育出版社2007年,311页。

[15]顾征南,《贾植芳小说散论》,陈思和主编,《贾植芳先生纪念集》,33页。

[16]《俯仰无愧　风骨文章——贾植芳先生访谈录》,张杰宇,载陈思和主编,《贾植芳先生纪念集》,复旦大学出版社2011年,360页。

[17]陈思和主编,《贾植芳先生纪念集》,367页。

贾植芳与现代文学

杨万寿

贾植芳先生生于 1916 年，逝世于 2008 年，在其近一个世纪的历程中，他的社会活动、革命活动、文学活动充满传奇色彩，但，根本的色彩是"努力体现自我人生价值和尽到自己的社会责任，在五四精神的培育下走上人生道路的知识分子"[1]。

贾植芳先生与现代文学因缘，始于胡风，从 1955 年遭逮捕到 1980 年平反的 25 年的遭际，因于胡风事件。当 1937 年自己的小说《人的悲哀》在胡风主编的《工作与学习》丛刊上发表并收到胡风热情鼓励的来信时（这是他们友谊的开始）是 20 岁的青年，在经历了胡风事件的磨难于 1980 年平反时，已是 64 岁的老人。造化弄人，人其奈何？但贾植芳先生"没有怨愤，没有消沉，没有像有些人那样，在满腹牢骚中消磨残生，而是迅即站起，继续前进"[2]。

如果把现代文学作为一种文学活动，那么，贾植芳先生是这个活动的亲历者、见证者；如果把现代文学作为一种文学学科，贾植芳先生是这个学科的培育者、建设者；如果把文学活动作为一种生命的历程，贾植芳先生说"生命的历程，对我来说，也就是我努力塑造自己的生活性格和做人品格的过程。我生平最大的收获，就是把人这个字写得还比较端正"。[3]

一

贾植芳先生在 14 岁时到太原读中学。此时，他受到一位北师大毕业的国文老师的影响，"热忱地读起了《呐喊》、《彷徨》、《女神》、《灭亡》、《胡适文存》、《独秀文存》等文学作品以及翻译作品，还有一些传播马克思主义思想的政治读物"[4]。这些阅读使他对五四以来的新思潮、新文学有了广泛的认识并使他初步形成了后来一直奉行一生的文学理想,即"从这时起,我开始认识到文学是一种改造社会、改善人生的武器"[5]。第一篇尝试性的小说《一个兵日记》,发表在 1931 年的《太原晚报》上,描写的是"阎锡山旧式军队生活的野蛮和糜烂,初次表现了我对现实生活秩序的不满和抗议,对他的告发"[6]。这个时期,贾植芳先生阅读了大量的西方文学作品和社会科学著作,从托尔斯泰、陀思妥耶夫斯基、尼采、克鲁泡特金、马克思这些西方文学大师和哲学大师那里汲取思想营养,同时不断以社会现实为题材写作小说和杂文,这是贾植芳先生文学活动的开始,作品中已经显示出对现实的洞见和独立的个性思考。结束了中学的学习之后,贾植芳先生东渡日本,入东京大学经济系学习。在留学日本的年半时间里,对中国社会历史、经济文化有了深入的了解和研究,在社会与文艺思想上开始自觉秉承以鲁迅为代表的五四传统,并在这一传统的影响下从事严肃的批判现实的创作。所以当他在 1937 年初看到由胡风主编的《工作与学习》丛刊时,"从它的编辑风格,撰稿人员阵营,惊喜地发现,这是继续高举鲁迅先生的战斗文学旗帜前进的严肃的文学刊物,因此抱着试试看的心情,把 1936 年底写的一篇小说《人的悲哀》寄给了丛刊编辑部"[7]。贾植芳先生的这篇小说以他从北平监狱里出来以后的一段生活为素材,"努力学习鲁迅先生深刻的现实主义手法,在平淡的生活中揭示出人性的麻木与悲哀。"[8]不久以后,丛刊第四集《黎明》上刊登了他的小说,并收到了胡风的一封非常热情的来信,对他的创作给予了很大的鼓励(这是贾植芳先生与胡风友谊的开始,也是他后来二十五年政治灾难的由头)。此后,贾植芳先生的小说、散文、通讯、戏剧作品经常发表在胡风主编的《七月》、《希望》等文艺期刊上。

在日本留学一年多后,抗战爆发,贾植芳先生决定放弃学业,回国参加抗战。"选择回国抗战,仍然是我的良知所决定的,即使历史重演一下,我伯父为我安排的几条路程再次摆在我面前,我仍然会选择自己应该走的路,终生不悔"[9]。整个抗战中,贾植芳先生颠沛流离于全国各地,经历了无数次的贫困、饥馑与绝境。正是在这些磨难中,他的生活性格和做人品格得到了考验和确定。作为一个真正的知识分子,他不畏惧来自现实社会的不测和凶险，而是以直面人生的勇气反抗者现实的丑恶和不公。抗战八年的闯荡令贾植芳先生更为深切地认识到中国社会的各个方面，不仅丰富了他的人生观察，为他的创作广泛鲜活的素材，同时他的"精神生活不再以抽象的方式进行，它同生活中的重大主题紧密地联系在一起，思想者把生命溶化到时代的脉搏里，同时也感受着时代的生命对精神的刺激。"[10]这一时期贾植芳先生的作品独幕剧《家》、报告文学《嘉寄尘先生和他的周围》、小说《人生赋》、《剩余价值论》、《我乡》等，这些作品陆续在胡风编辑的《七月》上发表。这些作品继续了对"人的悲哀"的反思，同时也有对抗战生活的描绘和赞美。

抗战胜利后，贾植芳先生和胡风有了密切的交往，同时和路翎等一大批同属于"七月派"的同道作家结下了新的友谊。此后两年多（1947年9月，贾植芳先生因"煽动学潮"入狱，直到1948年10月出狱），贾植芳先生进入到勤奋创作阶段，两年里写有小说《理想主义者》、《更下》、《草黄色的影子》、《一幅古画》，散文《黑夜颂》、《热力》、《悲哀的玩具》、《夜间的遭遇》等。他的小说风格更为冷峻，以讽刺的笔调刻画社会现实使人堕落的悲剧，揭示出精神堕落者在人格上的破产。他的散文作品则含有丰富的哲理意味与尖锐的政治讽喻锋芒，表现出沉郁有力的批判力量。

在出狱后的一年里，正是新中国成立前最黑暗的一段日子，四周一片阴霾，贾植芳先生昼夜不停地写作着一部社会学著作《近代中国经济社会》。"每每在倒霉时，更想对自己的命运、中国的命运做一番透彻的思考：为什么中国这几十年搞来搞去总搞不好？当时我刚刚出狱，怀着对黑暗世道的一肚子愤懑，特别是1948年底，人民解放战争已经在全国范围内打响，国民党统治摇摇欲坠，……旧社会的腐烂已毕现。我十分清楚地感到，一个社会的腐烂必然孕育着另一个社会的新生，这个即将诞生的新型社会究竟会怎样来临呢？它会在哪些地方显示出历史的必然性？送去旧的，迎接新的，这是当时知识分子从理性上可以接受和把握的时代精神。我正是怀着这种情绪，开始撰写这部著作。"[11]看得出贾植芳先生在这部学术著作中融入了极大的情感因素，渗透着多年来在社会中摸爬滚打的阅历和心得，其思想和之前的文学创作一脉相承又有理论思考上的超越。书中对近代王朝的专制统治的认识，"三百数十年间，皇帝，宗室,近臣,全在阴谋中生活而这以阴谋始以阴谋终的清代政治社会本身,就是它的社会关系的直接反应。"[12]这种认识既是对中国近代社会历史的深刻体悟,也是对现实社会黑暗性的批判,甚至,"他所忧虑的当还有中国社会将走向新生过程中可能遭遇的困境。"[13]这样的忧虑,和鲁迅的忧虑是一致的。书中对知识分子的批判也一如鲁迅先生,"中国知识分子,在传统的麻痹和自傲中,理想的职业当然是当官,学而优则仕,为一切读书人的最终目的地。一切知识技艺,如鲁迅先生所论,完全成为做官的敲门砖。"[14]这一观点是极具批判力的。《中国近代经济社会》这本书中的诸多观点,是贾植芳先生对过去十几年的社会活动、革命活动、文学活动的深刻的体认、总结和思考,是在胡风影响下,对鲁迅思想的继承和发扬,并称为自身为文处事的标尺,是后来他在二十余年的牢狱生活中的坚韧和坚守思想源头。

贾植芳先生在新中国成立后的五、六年和 1980 年平反后的生活仍和现代文学活动息息相关,更多的是为现代文学这门学科的建设而倾心尽力。

二

新中国成立后,现代文学作为一门学科,正处于初创阶段。从时间概念上讲,现代文学"以 1917 年 1 月《新青年》第 2 卷第 5 号发表胡适《文学改良刍议》为开端,而止于 1949 年 7 月第一次全国文学艺术工作者代表大会在北京召开。"[15]贾植芳先生 1950 年秋任震旦大学教授,后来转入复旦大学中文系任教授兼任现代文学教研室主任。从这时起,贾植芳先生几乎是"白手起家"地为这门学科的创建而努力着。一个学科的建设尤其是初建阶段,课程建设和人才培养是当务之急,他担任了现代文学作品选读、世界文学选读、俄苏文学等课程的教学,并着力培养后学,贾植芳先生这个时期教授过的学生中,有好几位成为全国知名的学者,如施昌东、章培恒、范伯群、曾华鹏等。这段时光,贾先生过得充实愉快,"无论与师友相处,与学生相交、无论教学、写作,还是个人生活,都是比较愉快的。我一生颠沛动荡,很少有连续几年的安定日子,而这几年的教书生涯,对我来说是难能可贵。"[16]正当事业处于欣欣向荣之际，一场空前的灾难又一次降临到他的头上。1955年因胡风事件被逮捕，1966年被判刑，劳动改造，直到1980年正式平反，历时二十五年之久，就是在这样的境遇下，贾植芳先生"我们得熬着，硬着头皮顶着，我们无罪。"[17]"虽然那时他头上的胡风分子的帽子还没有摘除，但朴朴素素、问心无愧地与人交往，看不出一点'老运动员'的猥琐相。"[18]贾植芳先生在1980年代恢复政治名誉和原来的工作，担任复旦大学现当代文学专业硕士生导师和博士生导师、比较文学的硕士生导师。在全国范围率先启动了大规模的中国现当代文学资料的搜集和整理工作。先后主持和参与编纂《中国现代作家作家作品研究资料丛书》、《中国当代文学研究资料丛书》、《巴金专集》、《赵树理专集》、《闻捷专集》、《文学研究会资料》、《外来思潮流派理论在中国现代文学史上的影响》等大型资料文库。贾植芳先生对于中国现当代文学学科的复兴和发展的建设性的思路就体现在这些资料丛书的审读和编辑思想中。例如：他作为编委为《中国现代作家作品研究资料丛书》之一种《郭沫若研究资料》所写的审读意见，其中特别突出地强调一个编辑原则，"在选文内容上应比较客观、全面，应打破'三讳说'，从学术研究、历史观点的严格要求出发。"[19]这里的"三讳说"指的是当时钳制研究自由的非学术要求，这个编辑原则显示的一种客观求实的学术态度，现在看来并不稀奇，但在1980年代初的历史环境中，要突破意识形态强加给学术领域的条条框框，的确是一种学术勇气。在他主编的《中国当代文学研究资料·巴金专集》的后记中，这一编辑思想解说得更为清楚，"我们觉得这部资料既然是研究型的书籍，就应该从文献学的角度，或者说从历史的观点从事编辑工作。无论作家自己的自述性作品的选录或是评论家的评介文章的收用，都应该严格地采用初次发表的论文，这对探讨和研究为我国现当代文学做出巨大贡献和努力的这位作家的生活、思想和艺术道路以及检阅这许多年以来我国评论界对他的评介研究工作的成绩或失误，那条弯弯曲曲的历史过程和内涵，才有真正的学术意义和历史价值。"[20]这种突破辖制，恢复学术和精神领域内的自主性，以及还原历史的本相与对人在历史中原来价值的尊重，就是贾植芳先生从事整理资料整理时所考虑的更为深远的目的。这种严谨的尊重历史真实的学风逐渐在研究界确立后,对中国现代文学的反思与重新整合就成为一条必然的学术之路。基于这样的认识,贾植芳先生在《从清理重灾区入手》一文中,提出了重新审视和反思文学史的必要性。他所谓的文学研究的重灾区主要有两个方面的体现,"其一,文学史观的狭隘与偏颇。……常常将革命史和文学史混为一谈,因此造成了文学史研究中的许多空白或遗漏。……其二,由文学史观的偏狭而带来的对具体作品、作家评价的失误。有的明显偏高,有的则明显偏低。"[21]贾植芳先生在1980年代对现代文学的研究,就是致力于弥补这两个方面的严重缺陷。从宏观的角度勾勒现代文学发展的真实历史面貌,公允地评述一些被忽视和贬低的文学流派和社团以及通俗文学。在这方面的论述体现在为《中国现代文学作品选》、《中国通俗小说书目修订稿》、《中国现代文学社团流派》、《中国现代通俗文学文库》、《郁达夫年谱》等所作的序言以及《瞿秋白对中国无产阶级文艺理论和文艺批评的开拓性贡献》等论文和《巴金作品评论集》(中国文联出版公司1985年版)、《中国现代文学社团流派》(江苏教育出版社1989年版)、《中国现代文学的主潮》(复旦大学出版社1990年版)、《中外文学关系史资料汇编(1898—1937)》(广西师范大学出版社2004年版)等著作中。

三

　　教书育人一直是贾植芳先生以极大的热情和责任心从事的工作。贾先生桃李遍地,贤者众多。1950年代初培养的学生如范伯群、曾华鹏、施昌东、章培恒等,多年以后都成为不同专业的颇有声望的学者。1980年代初培养的学生如陈思和、李辉、孙乃修、颜海平、严锋、张新颖、王宏图、宋炳辉等,也成为专业领域的知名专家。贾先生的人格精神和学术思想薪火相传,代有人出。1990年代,一大批学子聚集在贾先生和陈思和身边,聆听贾先生的教诲,从贾先生那里感受的知识分子的人格魅力和精神,成为他们一生最可宝贵的财富。

　　晚年的贾先生花费了大量的时间和精力为他人的著作写序。慕名而来的后辈学子请他写序,他从不推辞,并认真审阅手稿,甚至广泛查阅资料,以求写得准确,以增加学术评价的分量。他的不少序文就是优秀的论文或散文，或表达对现实、文学、文化、学术研究的观念，或表达一种对人生、历史、后辈学子的态度、情感，字里行间体现者他一贯的鲜明的个性和品格。

参考文献：

［1］［3］贾植芳.历史的背面[M].山东：山东教育出版社，1998：30

［2］乐黛云.中国现代文学研究丛刊[J].2008：5

［4］陈思和.贾植芳先生纪念集[C].上海：复旦大学出版社，2011：3

［5］贾植芳.历史的背面[M].山东：山东教育出版社，1998：14

［6］贾植芳.历史的背面[M].山东：山东教育出版社，1998：14

［7］［8］［9］贾植芳.狱里狱外[M].上海远东出版社，1995：137，138，108

［10］陈思和.留给下一世纪的见证.历史的背面[M].上海远东出版社，1995：669

［11］贾植芳.狱里狱外[M].上海远东出版社，1995：14

［12］贾植芳.中国经济社会[M].棠棣出版社，1950：146—147

［13］［14］宋明炜.贾植芳先生简传.贾植芳先生纪念集[C].上海：复旦大学出版社，2011：10

［15］钱理群等.中国现代文学三十年[M].北京：北京大学出版社，1998：1

［16］贾植芳.狱里狱外[M].上海远东出版社，1995：67

［17］陈思和.贾植芳先生纪念集[C].上海：复旦大学出版社，2011

［18］陈思和.殊途同致终有别——记贾芝与贾植芳先生[J].文教资料，1996：1

［19］［20］［21］贾植芳.历史的背面[M].山东：山东教育出版社，1998：218，225，228

艺术直面"人的问题"

——贾植芳小说简论

王 锐

　　贾植芳是我国现代文学重要流派——七月派的代表作家。一生历经坎坷,却矢志不渝捍卫着做人的理想与尊严,默默奉献于中国新民主主义革命和文化教育事业,是一位德高望重、学养深厚的学者。同时,他又是"一个中国的殉道者",为正义和信仰而屡遭牢狱之灾。"他是不同时期的统治者的敌人。但他不是但丁,而中国的维其略也不可能引导他到天堂的路。因为,他不是浪漫主义者。如歌德说的,不是空中楼阁的诗人,而是脚踏实地的作家。这就决定了贾植芳不可能是一位多产作家,我们的过去并没有给予他以任何幸运。"[1]混乱不定的时代,颠沛漂泊的生涯,终身追随社会革命的斗志,以及接连不断的囹圄折磨,都使他无法集中时间与精力坚持创作。尽管如此,他还是在自己少年时就开始喜欢的文学创作领域倾心投入,执著笔耕,并取得让人瞩目的成就。

　　从宽泛的角度讲,贾植芳的文学创作贯穿其大半生,内容广泛,体裁驳杂,涉及到小说、报告文学、通讯、生活随笔、书信、日记、回忆录、学术随笔、序跋等多种样式。这里谈论的小说虽数量有限,但却是奠定其作家地位的基础,路翎、丘东平、阿垅、曹白、彭柏山、吴奚如和贾植芳等的小说(包括报告文学)创作,共同见证了七月派在中国现代小说中的突出实力和独创精神。

　　贾植芳的小说创作主要集中在 20 世纪三四十年代。早在中学读书时,贾植芳已执笔小说。1931 年,他就在家乡山西的《太原晚报》上发表处女作小说《一个兵的日记》,开始"自觉地把他的目光投向对社会现实的观察和剖析中,他那鲜明的、桀骜不驯的个性随之也转向了对中国现存社会秩序的评判与抗争"[2]。1934 年，他又在天津《大公报》上发表小说《像片》，在北平《京报》文艺周刊《飞鸿》上发表小说《米》。1936 年底在日本留学期间，创作完成小说《人的悲哀》，第二年 4 月发表于冯雪峰、茅盾、胡风联署，而由胡风实际主持的《工作与学习丛刊》第四辑《黎明》上。从此他和胡风先生开始保持联系。抗战期间，他一面辗转于战场，一面坚持阅读与创作，写成报告文学《嘉寄尘先生和他的周围——中条山的插话》（1939 年），小说《人生赋》（1942 年）、《剩余价值论》（1942 年）、《我乡》（1942 年）等，刊发于《七月》《抗战文艺》《希望》等杂志。解放战争时，贾植芳依旧保持了旺盛的革命斗志和创作热情，先后完成《理想主义者》（1946 年）、《草黄色的影子》（1946 年）、《更下》（1946 年）、《一幅古画》（1947 年）等小说，并于 1947 年出版短篇小说作品集《人生赋》，署名杨力，辑入胡风主编"七月文丛"。1949 年 7 月，创作纪实小说《在亚尔培路二号——一个人和他的记忆》；8 月，写成长篇《人的证据》第二部之一章《人的斗争——〈一个人和他的记忆〉续篇》；10 月，出版中篇小说作品集《人的证据》，署名杨力。新中国成立后，因胡风事件贾植芳长期被监禁、劳改，同时被剥夺了写作和发表作品的权利，仅在 1951 年和 1979 年分别写成短篇小说《血的记忆》和《歌声》，而后者，他自谓是"我这一辈子的最后一篇小说"[3]。1983 年，出版作品集《贾植芳小说选》。

　　贾植芳出生于军阀混战、国事动荡的民国初期，少年时受新文化思潮的影响，开始阅读新文学作品《呐喊》、《彷徨》、《女神》、《少年飘泊者》、《灭亡》、《胡适文存》、《独秀文存》等，并阅读翻译的外国文学作品，同时接触了介绍马列主义的社会科学启蒙著作和读物。成年后，常在课余时间冒险参加革命活动，继续大量阅读宣传新思潮、新文化思想的书籍，并在北平图书馆自读了托尔斯泰、陀思妥耶夫斯基、耶稣、尼采、克鲁泡特金、马克思等西方思想家、文学家的许多学术著作和文学作品，同时写作以社会现实为题材的小说、杂文。贾植芳青少年时期的文化阅读和革命活动，奠定了其明确的世界观、人生观和价值观，凸显出其思想的激进和叛逆，也给其日后的文学抱负产生深刻影响。抗战爆发后，身处日本求学的贾植芳忧心如焚，当即弃学并毅然回国，义无反顾投身于抗日救亡的民族解放事业中，不但奔赴前线积极作战，还担任由胡风委派的"七月社"西北战地特派员和特约撰稿人,为《七月》杂志写了许多战地通讯和散文。后与胡风相晤重庆,联系日趋紧密,大量阅读和从事写作,并协助胡风主编的《希望》杂志、《七月文丛》编审稿件。

　　和同时期诸多忧国忧民的知识分子一样,贾植芳总是把自己的命运前途和人生追求与国家和人民的命运血肉相连,不离不弃;以争取民主自由和民族独立为己任,不屈不挠。数次身陷囹圄而不改初衷,坚决维护正义、真理和个人尊严,书写了堂堂正正的"人"字。正如贾植芳的自我总结,"我不是一个共产党人,但我的思想、文化性格是'红色的三十年代'形成的,而对我们这一代人说来,又是'五四'新文化运动哺育下成长起来的知识分子,既自觉地献身祖国的进步事业——救亡运动,又坚持和维护自己独立的人格价值,这两条可以说是我立身行事的基本准则。因此在遍地荆棘的人生途程中,有好几次都已经沉沦到无路可走的境地,但正因为我心中的理想始终召唤着我不安分的灵魂,总能让我从绝望中挣扎出来,向着社会进步的道路走去。"[4]贾植芳曾一再追问自己:"我们来到这个复杂的世界,这么几十个春秋,是怎么活过来的,是为什么而活,干了些什么,是否活得像个人的样子?"[5]他用自己不平凡的一生做了平凡而问心无愧的回答,"在上帝给我铺设的坑坑洼洼的生活道路上,我总算活得还像一个人。生命的历程,对我来说,也就是我努力塑造自己的生活性格和做人品格的过程。我生平最大的收获,就是把'人'这个字写得还比较端正。"[6]

　　贾植芳的小说继承了鲁迅等作家开创的"启蒙与救亡"为主题的新文化传统,尤其是在政治和文化语境已发生变化,救亡成为时代的显性主题时,他和七月派作家仍然坚守新文学的启蒙文化传统,摒弃抗战初期亢奋状态中的肤浅颂歌,拒绝标语口号式的通俗化和大众化文艺,而是希冀通过"化大众"的方式改造民众思想、重塑民族性格,以便投入到更为艰巨而长远的抗日民族解放战争中去。在他的小说中,对于"如何做人"的问题的思考占据了显要位置,无论是作品的题目、结构贯穿的主线还是人物形象的象征内涵,都在竭力发掘阻碍或推进民族独立与解放斗争的精神存在,都在呼唤人的价值与尊严,批判形形色色的市侩主义、今天主义与颓废主义。可以说,直面"人的问题"是贾植芳思想和小说中一贯守持的本色，战争的复杂与情势的严峻使他更为深刻认识到，只有自我的精神解放和健全人格才能带来民族的更生和国家的独立。"贾植芳对自己作品的命名是有一个精心的设计的：从开篇的《人的悲哀》到四十年代中期的《剩余价值论》（实际是《人的价值论》），到四十年代末的《人的证据》《人的斗争》，他关注、描写的中心始终是'人'，是对'什么是人'的追问。"[7]贾植芳不仅用自己正直高洁的一生回答了"什么是人"的追问，而且通过具体可感的艺术形象见证了人在历史进程中的种种选择和复杂嬗变，启迪读者思考"人的问题"。

一、贾植芳小说中有关"人"的问题的思考，首先表现为对国民思想的愚钝、守旧和精神上的沉睡、麻木状态的继续揭示。

自鲁迅悲剧性小说开创"改造国民性"的写作主题后，批判国民的劣根性和封建宗法制以求民族性格的重塑，从而在根本上挽救处于动荡危亡中的旧中国，成为一代作家共同的选择和使命。贾植芳也是在这样的思想影响和文艺传统中展开了自己的创作。

写于 1936 年底的《人的悲哀》从主题意蕴、叙事结构到叙事风格均有明显模仿鲁迅小说的创作痕迹。小说紧紧小说围绕一家麻袋店内的"掌柜"、伙计、学徒和"我"——一个临时寄居的爱国青年学生，在极为有限的空间内浓缩了战乱频仍时期，普通民众无着无落的生存现状和麻木冷漠的精神状态。"掌柜"、伙计和鲁迅笔下的"看客""闲人"精神状态无二。"掌柜"热衷于乱世中大胆发财，享受生活，整天出入于贵邸，酒楼，妓馆，饭店，舞场和烟管，过着奢靡淫乱的日子，"店子里很难见到他"。伙计、学徒因战争店内生意冷清而无所事事，每日"摆桌子吃饭，喝茶，搭床睡觉，聊天，相骂"，"人渐次颓唐下去，动作显得勉强，无聊，机械"[8]，想回家乡却因土匪横行而不得。无论是"掌柜"还是伙计，他们都诅咒和害怕战争，但只关心个人的生计与安危，不理解也不支持像"我"一样的青年学生的爱国行动，甚至大肆嘲笑学生的无聊与幼稚。小说以"我"的视角集中刻画了一群麻木、颓废而世俗的"人形动物"，他们身逢"想做奴隶而不得"的乱世，惶惑不定而又安于现状，满足于农民式小生产者和小商人的私利与维稳，在闭塞守旧的传统生活中得过且过，在这些昏昏沉睡的国民身上看不到人生和国家的希望。鲁迅笔下的闰土、阿Q、鲁四老爷等形象仍然顽固地还魂于他们身上，"人的觉醒"的沉重话题又一次痛彻回响于民间。小说中阴暗、冰冷、丑恶的外部世界与人的麻木、无聊、痛苦的内心彼此交织在一起，处处弥散着死气沉沉，让人绝望的气息。鲁迅小说中"改造国民性"的根本观点，"看/被看"的结构模式以及沉炼冷峻的格调在这篇小说中均有突出表现。小说细致的现实描写融象征于一体，具有阴冷幽深、灵肉一致的特色。作者把题目定为"人的悲哀"，其用意不言而喻。这样的"闲人"或"人形动物"在贾植芳的小说中经常出现，如《剩余价值论》中那个抱着孩子滔滔不绝讲别人故事的张同志，《更下》中那个在机关中战战兢兢混日子盼升职而又伺机谋财的客人，《草黄色的影子》中那个靠带兵打仗敛财而贪图享乐的将军史得彪，《一幅古画》中幻想着靠一副假画改变命运而四处招摇撞骗最终陷入绝望的自欺欺人者王秘书……尽管他们身份地位相异，但都缺乏真正的"人"的追求和清醒，平庸而市侩，其本质是相同的。

二、描绘战乱时期知识分子的流亡生活和生命体验，注重其心灵世界与人格形象的塑造。

"特殊的生存背景决定着作家特殊的生活方式，从而在某种程度上也决定着作品的表现内容。七月派的几乎所有成员，当时都是无家可归的流亡者，描写战乱中的流亡生活理所当然地成为七月派创作中一个带有群体普遍性的题材倾向。从宽泛的认识出发，七月派的创作内容，大都是流亡者在浪迹国土过程中的所见所闻，所感所录。"[9]贾植芳大半生都身处战乱、动荡的特殊年代，历经军阀混战、抗日战争、解放战争、反右运动和文化大革命等种种磨难，而且是直接的参与者、受害者。他对中国历史和文化的现代进程有着切身体验和深刻认识，而他的小说也是在坚实的感性生活和冷静睿智的思考中走向读者的，体现着真实的历史具体性和厚重的精神力量。他的小说立足历史本真和民间真相，细致描绘了战乱时期普通民众的百态人生，写出了他们在特殊境遇下的生死现状，特别是深入到他最熟悉的知识分子的流亡生活和生命体验中，对他们的心灵世界与人格形象进行了有血有肉的塑造。作者以此叩问生命的真谛，继续探寻"改造国民性"形成健全人格的历史必然要求。

抗战爆发后，战争在带来深重灾难的同时也敦促人的觉醒与抗争，但随着战争的持续与深入，它又在考验着每个人的神经和意志，而人的思想的分化和改变也成为必然。有的人在血与火的洗礼中变得更为成熟与坚强，矢志不渝捍卫着心中的信仰和理想；有的人，却在先期的惊醒抗争后开始胆怯退却，迷惘绝望，重新回归平庸世俗的现实生活中。贾植芳的小说关注最多，描写最为深切的就是后者。《人生赋》《剩余价值论》《更下》均反映了战争对青年知识分子的生活挤压和心灵戕害。他们原本富有良知和正义，是战争摧毁了他们的信心和理想，改变了他们的生活选择，在日常生活的消磨中渐渐泯灭斗志，从乐观进取滑向碌碌无为。

《人生赋》以一个青年牙科医生在车厢内自叙的方式，讲述了战争引发的人生巨变和心理蜕变。他的经历在当时的知识分子中具有普遍意义，清晰地描绘出从抗战初期到中期人心的不断转变与分化的事实。小说中牙科医生目睹流离中重新经营的诊所被炮火吞噬的情景，内心受到强烈刺激的诸种复杂感受，逼真反映出战争给予人的心灵重创，"我沿着嘉陵江向市外走着，我感到茫然，疲惫，愤怒，那么压人欲倒的感情，……身边混乱的人群默默走着，像一群影子。市外月色很好，江面上笼罩着一层薄雾，月亮清丽的霞光映在灰色的江面上，显着一簇簇的金箭，静寂而美丽，……我想，离开这个都市罢！"[10]一种被挖空、悬置、遗弃的恍惚和绝望由于月色的映衬而愈发冷酷残忍。"战争残酷地改变一切！"[11]

《剩余价值论》中的主人公余子固原本是一个热情健康的"真正青年"，"虽然为生活的不良和过度的努力，那高大而挺直的身躯，蓬乱而坚硬的头发，和那无论在什么境地里永远浮在苍白面颊上的坚定的微笑，发自坦然心坎里的健康而硬朗的笑声，温良坚决的眼神……那一切仿佛是希望的化身。"[12]由于战争的反复刺激后，人逐渐陷入痛苦的毁灭中，企图以日常的消遣享乐麻醉自己忘却过往的痛苦，但反而平添了更多痛苦，他不禁感叹"这回战事真是一种了不得的力量！"[13]小说深刻揭示了战争给予人的精神迫害,这种迫害改变了人生的信念和追求,叠加的痛苦让活着成为一种煎熬,生命的意义变得苍白无力。《理想主义者》以讽刺的笔调刻画了一个时刻不满国内战乱局势和漂泊生活,一心向往靠出国改变艰难困境的伪理想主义者。不务实际,热衷空谈,是其摆脱现实痛苦的唯一良药,经不起生活的碰撞,胆小懦弱,自私自利,是个从市侩队伍中被甩出的可怜虫。

贾植芳笔下的这些青年知识分子有着颇为相像的心灵变迁和生活转变,作者对他们既有发自内心的悲悯和同情,更多精神上的深刻反省和批判,有关"人的问题"的思考转向更为复杂的层面。这些曾经清醒并不断努力过,但最终放弃追求、重归凡俗的形象,让我们进一步认识到社会变革与精神改造的艰巨性、长期性与反复性。因此,也就不难理解作者何以会在文革结束后写成的短篇小说《歌声》中,仍然大声呼唤"要活得像一个人",因为"历史的回忆,往往给人以新的力量和勇敢,把人从迷惘中解放出来,重新认识到生活的责任,自己的价值和存在的意义,它是一眼永远不会枯竭的井泉。"[14]

贾植芳的小说创作坚持胡风所倡导的主体性现实主义,注重作家对生活的"突入"和"搏击",强调主客观的融合。他的严谨的现实主义倾向更接近于契诃夫和果戈理,主要从小人物日常生活的"无事的悲剧"中塑造典型性格,善于刻画性格和描写人物心理,能把客观的讽刺和主观的批判交织其中,感情深沉含蓄,文字朴实简练,这些均体现出其博学善用的艺术胸襟与才情。《人生赋》《理想主义者》《剩余价值论》《更下》《一幅古画》等小说书写的都是小人物的悲剧,不重故事情节的曲折与完整,而长于通过细致的观察与逼真的描写揭示人物的灵魂世界,不时抓住人物不自觉流露出的各种细节,形成明显的反讽和批判,并在现实场景和人物性格中融入深刻的象征内涵,色彩凝重冷峻,感情深沉含蓄,启迪人反复咀嚼其中的韵味。这些作品中的场景描写,人物的心理和精神状态,以及内在的生命体验同样能感受到鲁迅精神和艺术的存在。在瞬息万变的战乱岁月中,人的追求经受着最严峻的考验,人的心灵得到最真实的赤裸裸的检视。

三、描绘根据地军民抗战生活的新面貌、新气象，展现顽强的民族生命力和性格活力。

如果说贾植芳对于其笔下的青年知识分子形象持有更多的失望与批判，那么对于根据地正在成长壮大的民间抗日武装，则使他在战火纷飞中亲身感受到蓬勃向上的力量和民族解放的希望。在他的这类小说中，抗日呈现出人人支持、个个动员与参与的动人景象，人的精神面貌昂扬奋进，"原始的生命力"、"原始的强力"在抗战激发下爆发出令人惊叹的震撼力。这些形象区别于四五十年代先验化的单一英雄书写和二元对立的"教科书"表达方式，不虚饰，不美化，没有过滤选择的革命场景，没有曲折传奇的斗争情节，更符合人性逻辑和生活本质，更为深刻把握到人民与历史、与国家的紧密勾连和复杂关系。

《嘉寄尘先生和他的周围》和《我乡》是贾植芳创作中为数不多的格调明亮、充满诗意的作品。《嘉寄尘先生和他的周围》故事的背景仍是抗战时期，作者着力表现的是一个游击队队长带领当地老百姓抗日的英勇事迹。嘉寄尘先生赴日留过学，曾是一个南赫留甫式的智识阶级革命者，在都会写文章，在学校演讲，或者到乡间去和自己的佃农们"公地"而碰壁。后二次赴日留洋回来，想兴办平民学校提高百姓素质。可落后民众滋生的各种谣言和消息使他众叛亲离，再加上战乱相逼，不得已上中条山当大王造反，后带领部队投身抗日，是一个极富传奇色彩的英雄人物。但"作者没有过分渲染老先生传奇英雄的事迹。他笔下的嘉寄尘是'有着新的呼吸气魄的人'。他的战斗生活始终在老百姓周围，他并不是叱咤风云的夏伯阳式的英雄，而是看起来平凡但却有着强烈的爱国主义和为人民而战斗的气概的'老百姓'。"[15]作者说："我恍然悟出嘉老先生在这里安居，并不完全是什么有超人之才、必有超人之胆的辽廓的理论。只是他也是一个老百姓，而又不同于周围的百姓，却有着百姓们特具的真实……"[16]"这篇报告文学所记叙的是一个英雄的真实的灵魂。也就是'让一个美的、人性的东西展露出来。'"[17]作者从他和当地老百姓身上，看到了民族解放的新生力量，尽管阴云密布，血腥弥漫，但人民开始渐渐觉醒，自觉献身于革命战争中。

《我乡》是根据抗战期间作家返回家乡的见闻和感受所写。小说真实反映了日本侵略者给家乡带来的深重灾难和民众精神上的自我警醒与抗争。面对敌人的烧杀掳掠,他们从忍辱负重到奋起反抗,军民一致驱敌卫国。战争带来了痛苦,也带来民众的奋起和民族的新生。正如小说结尾充满希望的抒情:"故乡,战乱的故乡是赋予我们以人生和战斗之勇气的。它是这样的一个新的人生之港湾。"[18]

四、记录非人的监狱生活,表现战斗者的英勇不屈和坚定信念,揭露国民党阴毒、残暴的兽性。

牢狱之灾贯穿了贾植芳的一生,历史的阴暗与荒谬总是毫不留情地追逐着一个正义而倔强的灵魂,伸出恶魔般的爪牙企图扼住其生命的咽喉。贾植芳正如诗人牛汉笔下的"半棵树",虽然"它是被二月的一次雷电/从树尖到树根/齐楂楂劈掉了半边",但"半棵树仍然直直的挺立着/长满了青青的树叶/半棵树/还是一整棵树那样高/还是一整棵树那样伟岸",即使"雷电还要来劈它"。[19]他通过自己在牢狱中的亲身经历和见闻,真实记录了魔窟般的监狱生活和灭绝人性的酷刑折磨,表现出暴力和兽性肆虐横行下的威武不屈和大义凛然,体现出作者的悲悯与忧愤。"对贾植芳而言,这些都是他所经历的历史和命运,那些普通平凡而又坚强独立的人的惨痛遭际也构成了他自己命运的一部分。他所关心的一切都与他所接触的社会、历史和人的命运息息相关。于是我们见到了一个大写的'人的格局'所带来的精神魅力。"[20]

《在亚尔培路二号》和《人的斗争》就是作者在 1947 年秋被国民党中统特务机关绑架,关押在亚尔培路二号一年多,后据此写的纪实小说(报告文学)。身处其中的关押犯除了被逮捕的共产党和革命嫌疑犯,不少是无辜的受害者。面对恶劣的吃住,面对特务们施展的诡计多端的阴谋和丧心病狂的手段,他(她)们视死如归,坚强忍受着肉体和精神的种种折磨,绝不肯丢弃做人的尊严和立场,常常让对手发疯绝望。对待敌人,他们既蔑视和仇恨,又用集体的智慧去斗争;对待难友,他们给予慷慨的关爱和真诚的帮助。贾植芳曾说过："蹲监狱也是一种人生,在这里,可以接触到形形色色的人物,每个人都带着自己的故事,被迫地凑在一起,成为一个特殊的小社会。在这里依然有正义与邪恶,是与非,甚至是生与死的冲突、斗争。"[21]作者近距离描绘了这些"真正的人的战斗者的风姿",并在"这些自觉地'保卫自己的人格的尊严和价值',同时又为人的解放而自愿牺牲自己的生命的革命者身上,看到了真正的人性的光芒"。[22]

特别要提及的是,同样是描写与革命者狱中斗争生活相关的小说《血的记忆》,还让我们看到另一种温暖的情景,即一个被抓丁做监狱警卫的农民马得生,有感于革命者的正直坚强和国民党特务机构的荒淫无耻,由同情到救助革命者而结成难友"兄弟",再次显示出正义的力量和人性的光辉,也反映出贾植芳历经劫难后始终保持的开阔胸襟和乐观精神。1995 年出版的回忆录《狱里狱外》能让我们更细微地体会到这种独立人格和博大情怀。

贾植芳的艺术之路是开放而包容的,他一直把鲁迅视为精神导师和艺术榜样,结识胡风后又把其当作一生的良师益友,追随其艺术主张和办刊方略,积极为杂志撰稿、编稿。而对于西方文学和哲学的阅读同样贯穿了贾植芳的一生,使其不囿于某种思潮的时代局限,始终保持了清醒的个人思考和开阔的艺术视野。他的小说创作正是博采众长的艺术实践,明显流露出鲁迅、契诃夫、果戈理、陀思妥耶夫斯基、安特莱夫等作家的小说影响,同时在胡风文艺思想的感召下,形成了凝重冷峻、深沉含蓄的写实风格。贾植芳的小说传承了鲁迅"改造国民性"的启蒙文化传统,并与民族解放战争的现实需求相结合,真实记录了 20 世纪三四十年代社会动荡、民族危亡时期普通民众的流离生活和心理际遇,致力表现"人的问题"。他把个人与祖国和人民的命运紧密相连,以深刻丰厚的时代思考和冷静沉炼的写实文风,体现出一个知识分子做人的尊严与担当。他的作品必将与其精神生生不息!

参考文献:

[1] 顾征南.贾植芳小说散论[J].艺谭,1985(4).

[2] 宋明炜,刘志荣.贾植芳先生简传[J]. 贾植芳先生纪念集[M].

上海：复旦大学出版社，2011：3.

　　［3］沈建中.世纪老人的话（贾植芳卷）［M］.沈阳：辽宁教育出版社，2003.

　　［4］贾植芳.狱里狱外［M］.上海：上海远东出版社，1995：100.

　　［5］贾植芳.狱里狱外·序［M］.上海：上海远东出版社，1995：1.

　　［6］贾植芳.历史的背面［M］.济南：山东教育出版社，1998：30.

　　［7］钱理群.人类史前时期的风俗画——读《贾植芳小说选》［J］.复旦学报，2005（3）.

　　［8］贾植芳.人的悲哀［J］.贾植芳文集（创作卷）［M］.上海：上海社会科学院出版社，2004：7—8.

　　［9］周燕芬.执守·反拨·超越：七月派史论［M］.北京：中华书局2003：169.

　　［10］贾植芳.人生赋［J］.贾植芳文集（创作卷）［M］.上海：上海社会科学院出版社，2004：46.

　　［11］贾植芳.人生赋［J］.贾植芳文集（创作卷）［M］.上海：上海社会科学院出版社，2004：44.

　　［12］贾植芳.剩余价值论［J］.贾植芳文集（创作卷）［M］.上海：上海社会科学院出版社，2004：77.

　　［13］贾植芳.剩余价值论［J］.贾植芳文集（创作卷）［M］.上海：上海社会科学院出版社，2004：82.

　　［14］贾植芳.歌声［J］.贾植芳文集（创作卷）［M］.上海：上海社会科学院出版社，2004：328—330.

　　［15］顾征南.贾植芳小说散论［J］.艺谭，1985（4）.

　　［16］贾植芳.嘉寄尘先生和他的周围［J］.贾植芳文集（创作卷）［M］.上海：上海社会科学院出版社，2004：30.

　　［17］顾征南.贾植芳小说散论［J］.艺谭，1985（4）.

　　［18］贾植芳.我乡［J］.贾植芳文集（创作卷）［M］.上海：上海社会科学院出版社，2004：62.

　　［19］王富仁主编.二十世纪中国诗歌经典［M］.北京：北京师范大学出版社，2004：138.

［20］曾毅峰.贾植芳的人格力量［J］.贾植芳先生纪念集［M］.上海：复旦大学出版社,2011:344.

［21］贾植芳.狱里狱外［M］.上海：上海远东出版社,1995:159.

［22］钱理群.人类史前时期的风俗画——读《贾植芳小说选》［J］.复旦学报,2005(3).

一个现代知识分子的精神回望

——写在贾植芳先生诞辰 100 周年之际

王明博

今年是贾植芳先生诞辰 100 周年,遥望先生,无疑是现代知识分子精神史上的一座丰碑。贾先生是著名"七月派"作家、学者、复旦大学中文系教授。贾先生一生都是传奇,生于商贾之家,却清贫一生;身陷囹圄四次,漂泊坎坷半生,居无定所,业无定向,却身兼自由作家、翻译家、学者、教授多种身份,且每一行都尽其所能,努力追求,成绩斐然。先生治学所涉学科众多,在每一学科都有着开创性的成就,如社会学、新文学史料学、中国现代文学和中国比较文学学科建设等。贾植芳先生学术上的价值和影响更多在界内,但笔者以为,作为一个真正意义上的现代知识分子,他的普世价值远不应只在学术圈内,尤其对当下乃至将来,对一个正在崛起和复兴的现代民族国家,他独立的、理性的、民主的,为真理和正义而坚守,为民族和人民而不屈的反抗精神,正是应该弘扬的现代知识分子精神。鲁迅在《中国人失掉自信力了吗》一文中谈到"我们自古以来,就有埋头苦干的人,有拼命硬干的人,有为民请命的人,有舍身求法的人,……虽是等于为帝王将相作家谱的所谓'正史',也往往掩不住他们的光耀,这就是中国的脊梁。"鲁迅所言的中国的脊梁,这是传统的民族精神。在社会、文化转型的当下,我们更需要的是一种现代知识分子的精神。

关于现代知识分子,在不同的历史文化背景下,有着不同的界定。在我国,现代知识分子是近代以来才出现的一个阶层。近代以降,随着社会、经济的转型,社会分工越来越细密,知识分子作为一个阶层,脱离了所依附的社会系统。但是近代以来的知识分子并非都是现代知识分子,现代知识分子必须具备二重属性:超然性和介入性。"所谓'超然',即知识分子应该与整个社会保持一定的隔离状态,在社会角色分工中有着一块只属于其本人的独立营地,并凭借各自的专业从事文化价值创造和操作性作用。所谓'介入',即知识分子又必须关切和参与整个社会的公共事务,包括国家的最高政治决策,能够在一个超个人功利的宏观立场上领导舆论,批评时政,发挥社会良心的功用。"[1]余英时先生对现代知识分子有过这样的论述,知识分子"首先也必须是以某种知识技能为专业的人;他可以是教师、新闻工作者、律师、艺术家、工程师、科学家或任何其他行业的脑力劳动者。但是如果他的全部兴趣始终限于职业范围内,那他仍然没有具备'知识分子'的充足条件。根据西方学术界的一般理解,所谓'知识分子',除了献身于专业工作以外,同时还必须深切地关怀着国家、社会以至世界上一切有公共利害之事,而且这种关怀又必须是超越于个人(包括个人所属的小团体)的私利之上的。"[2]美国著名学者萨义德在其著作《知识分子论》中,按照知识分子"传统的"历史形象,将知识分子理解为精神上的流亡者和边缘人,是真正的业余者,是对权势说真话的人。

贾植芳先生的一生充分体现了现代知识分子的双重属性,从"身体流亡"到"精神流亡"一直处于边缘地带,是一个"自由漂浮"者。以新中国成立为界,早期的贾植芳先生一直处于"身体流亡"的状态。从 16 岁开始贾先生就随哥哥到北平求学,在美国教会主办的崇实中学因参与校内外的革命活动,差半年就毕业的时候,校方以"思想不良"为由开除了他,此后又先后两次转到别的学校读书,都因受到特务的监视而不得不辍学。1936 年也即 20 岁时,因参与"一二·九"运动被国民党当局逮捕,这是他人生中第一次入狱。同年,流亡日本,考入东京的日本大学经济系,后转入社会学系。用他自己的话来讲,"我来日本的真正兴趣并不是'为读书而读书'的,而在于从事'政治避难'。当时的中国面临的是严重的内忧外患的局面,救亡图存意识可以说是那一代中国知识分子的思想共识"[3]。1937 年回国,加入抗战的洪流,先后漂泊于华北、西北、西南、华东各地,1945 年春,在徐州被日伪徐州警察局特高科以策反罪名被捕,这是他第二次入狱。日本投降后,走出了监狱。1947 年 9 月,因为两家进步学生刊物写文章,获"煽动"学潮罪被上海中统局逮捕入狱,1948 年 10 月被保释出狱。31 年的漂泊流亡生活,他始终处在每个政权的边缘,只为正义而奔走,为民族存亡而鼓与呼。1949 年新中国成立了,他为这个新政权而赞美,但仍旧有着清醒的独立意识,始终没有加入任何组织。萨义德在《知识分子的流亡——放逐者与边缘人》一文中有过这样的论述,"一个社会成员的知识分子都能分为所谓的圈内人(insiders)和圈外人(outsiders),即相对于圈内人(insiders)而言,圈外人(outsiders)是一群'谔谔之人'(nay-sayers),这些人与社会不合,因此就特权、权势、荣耀而言都是圈外人和流亡者。"[4]贾植芳先生是一个典型的"谔谔之士",1955 年因"胡风案"再度入狱,23 年失去自由,一直处在被侮辱、被损害的一个灵魂暗哑的时代,但没出卖过一个朋友,从未对强权俯首,高扬人的尊严与独立。王尧先生谈道:"从 1957 年'反右'扩大化开始到 1976 年'四五'运动爆发,知识分子在整体上始终未能保持独立的人格和自由的思想"[5],贾植芳先生是个例外,这时期的放逐更多是"精神的流亡"。

"最早的知识分子通常是业余的或半业余的,是自由职业者,正如知识社会学的创始人曼海姆所说的,是'自由漂浮者',是一个完全没有根基的社会阶层,既可独立于任何阶级,也可以服务于任何阶级。"[6]早期的贾植芳先生从事过多种职业,且大都是自由职业,自由作家、战地通讯记者、翻译、报刊编辑等。按照知识分子的双重属性来讲,他的"超然性"表现在多种职业下与政权的疏离,而"介入性"则又表现在对社会责任的担当。从中国传统文化来讲,他的"介入"是儒墨文化中积极入世的一面,但他的入世并非是"入仕",而是"知其不可为而为之"的自强不息的积极精神和"惶惶如丧家之犬"的孤独而绝望的反抗精神,而他的"超然"则有着老庄文化中的超脱达观。他身陷图圄,朋友背叛,生活拮据,却从不怨天尤人,睚眦必报,而是一支烟、一杯酒笑看人生。用他自己的话说,"传统文化对现代知识分子说来,仍然在他们身上有多方面的影响,最突出的是在人格修养方面的影响。既有积极入世、济世救民的社会责任心和历史使命感这些好传统的影响,也有独善其身、洁身自好或自命清高这些消极的名士风、隐逸风和才子风的坏传统的影响。"[7]显然,贾植芳先生的"超然"中是不存在这种"坏传统"的。

对中国文化传统下知识分子的命运问题,贾先生有着清醒的认识,这也是他能够洞穿世事,继承鲁迅传统,九死而不悔高扬独立精神的原因所在。

在《悼念施昌东》一文中,他谈到"在农业经济与务实传统统治下的中国,存在着这样一个庞大的从事精神领域工作的:'士'的阶层,他们一不可能搞宗教,二不可能搞自然科学,只有把所有的聪明才智都转向知识领域,'学而优则仕',只有通过出仕途径才能实现知识分子的理想价值与自身价值。这一阶层虽有知识但无实权,它不是一个独立的社会体,它必须借助于政权的统治者的力量来实现自我,这就决定了旧时代中国知识分子的两重性:一方面,他们始终忠于王朝,企图依附于朝廷的力量来实现自我;另一方面,又必然独立的使用自己的知识才华,在高度集中的政治体制下千方百计地宣言自我的个性。'士'与皇权,总是处于这样一种微妙的关系之中:它对开明的皇权主义者来说,是一种正的力量,所谓'明君贤臣'的理想境界即产生于此;它对专制的皇权主义者又是一种负的力量,抛弃民主就必须抛弃知识分子,从周厉王用暴力弭谤,秦始皇焚书坑儒,一直到汉末党锢,明末东林党以及清朝文字狱,以至成为中国统治者的政治传统与心理积淀,也成为中国知识分子的悲壮而不得不然的历史命运。"[8]

贾植芳先生出生于商贾之家,本可以康裕无忧,却一生简朴行事,甚至很长一段时间可谓穷困潦倒。在《狱里狱外》中,贾先生谈到过他和他伯父之间的对话。他伯父是个买办商人,这在当时是有别于其他商人的,不仅财力雄厚而且有着一定的社会地位,这是中国世俗社会自古以来就向往的一种人生,但贾先生拒绝了这种生活。典型的一次对话是,他伯父对他说:"各地乱跑,没有固定的职业,这样不好。我们家以前是经商的,你还是经商吧!"贾先生说:"伯伯,你出钱培养我读书,就是让我活的像个人样,有自己独立的追求。如果我要当个做买卖的商人,我就是不念书跟你学,也能做这样事情,那书不是白念了么?"[9]他没有鲁迅小康跌落后,对世态世相的精神触动,但他却一生直面社会人生,高扬鲁迅精神,对民族、社会以良知做出担当。

在《我与胡风先生的交游史》一文中,贾植芳先生谈到过他的价值趋向。"一九三七年秋,我在抗日民族战争中回国,投身于社会。在那个战乱动荡的社会政治环境里，我没有做一个坐在书斋里寻章摘句，咬文嚼字的学者，过比较平静、安稳的生活，而且我也不屑于在祖国烽火连天中做这样的学者；更没有做发战争财的商人，虽然我是商人家庭出身；但我又没有去找一个安定的职业，只为个人的生计操劳，而是把有机会到手的工作当作一个中国知识分子对祖国和人民的脱离历史的苦难，走向新生应尽的历史责任来从事。我对这种生活意义的追求，我这种不合时俗的生活态度，使我在动荡的时代里，东奔西走，在生活中遭到打击，遇到挫折，使自己的人生道路上充满了坎坷和灾难。"[10]

孙郁对贾植芳先生有过这样的评论："贾先生是一个纯粹的自由知识分子，一个真人。胡风想靠近主流，而他不，他要把知识分子的独立精神坚持到底。"[11]

当下，"我们正处在一个价值崩溃与混乱的时代，面对滚滚而来的金钱至上，物质崇拜，物欲横流的'大潮'，坚持独立、自由的思想，坚持信念与乌托邦的理想，坚持精神与道德的操守……就有着特殊的紧迫性"[12]。从各类组织（包括民间组织，如各种协会）到知识分子个体都规训到统一的意识形态系统管理体制下，当代知识分子不是进入正式知识体制中的大学、研究院，就是成为商业机制中的签约作家。"当代知识分子在知识体制（这样的知识体制是受到国家权力和法律认定的，因而也是国家体制的一部分，虽然是边缘的一部分）的保障下，在科学的意识形态下，取得了足以获得话语霸权的文化资本，他们因而也越来越保守化，不再具有当年自由漂浮者那种独立的、尖锐的批判性。知识分子的专业化，使得他们丧失了对社会公共问题的深刻关怀，而知识分子的有机化，又使得他们丧失了超越性的公共良知"[13]。这种有机化"把身为知识分子的工作当成为稻粱谋，朝九晚五，一眼盯着时钟，一眼留意什么才是适当，专业的行径——不破坏团体，不逾越公认的范式或限制，促销自己，尤其是使自己有市场性，因而是没有争议的，不具政治性的"[14]。知识分子阶层的理性、独立、批判精神是一个国家民主与自由的重要精神资源，也是民族复兴与崛起的重要精神力量。

在贾植芳先生诞辰 100 周年之际，回望这位几乎穿越了一个世纪风雨的现代知识分子，其精神烛照在当下愈加灼灼。

参考文献：

［1］［6］［13］许纪霖.另一种理想主义［M］.上海：复旦大学出版社，2010：64，205，206.

［2］余英时.士与中国文化［M］.上海：上海人民出版社，1987：2.

［3］贾植芳.我与社会学［A］//贾植芳.历史的背面［C］济南：山东教育出版社，1988：42.

［4］［14］［美］爱德华·萨义德.知识分子论［M］.北京：生活·读书·新知 三联书店，2002：45，65.

［5］王尧."非知识分子写作"："革命文学"的一种潮流与倾向［J］.苏州大学学报，2000（2）：90.

［7］［9］曾毅峰.贾植芳的人格力量［A］//陈思和.贾植芳先生纪念集［C］.上海：复旦大学出版社，2011：338，347.

［8］贾植芳.悼念施昌东［A］//贾植芳.历史背影［C］.南京：江苏文艺出版社，2007：156.

［10］贾植芳.我与胡风先生的交游史［A］//贾植芳.历史背影［C］.南京江苏文艺出版社，2007：5.

［11］李楠.活出来的真正知识分子［A］// 陈思和.贾植芳先生纪念集［C］. 上海：复旦大学出版社，2011：401.

［12］李梦云.知识分子精神内涵与历史演变——基于西方几种主要知识分子理论的分析［J］.东岳论丛，2013（3）：72.

谈贾植芳与果戈理的小说创作

李春霞

贾植芳先生（1916—2008），是作家、翻译家、学者，也是复旦大学中文系教授。1916年9月29日出生于山西襄汾县南侯村，2008年4月24日因病去世，享年92岁。贾家祖上世代务农，但到贾植芳这一辈，贾家却出了两位大学者。长子贾芝是作家、民间艺术学家，贾植芳更是一位有影响力的中国现代知识分子。作为教师，他在上世纪50年代建国初，培养了一批极富才华的专家学者：章培恒、施昌东、曾华鹏、范伯群等。在复旦大学培养的第一批学生陈思和、李辉等，也是学术和创作界的领军人物。作为作家、翻译家和学者的贾植芳，命运虽多舛但笔耕不辍，四卷本的《贾植芳文集》是他作为"七月派"代表作家和著名学者的成果。此外，贾先生还有多种著译，如《狱里狱外》、《契诃夫手记》、《近代中国经济社会》、《写给学生》等。

《贾植芳文集》分"创作卷"、"理论卷"、"书信日记卷"和"翻译卷"四部分。翻阅《文集》，读者不难发现，贾先生对俄国文学充满偏爱。如"翻译卷"，除第一章翻译的是捷克报告文学家E.E.基希的《论报告文学》外，第二章和第三章的译文全是有关俄国文学的研究。其中第二章，具体翻译的是苏联的契诃夫研究家巴鲁哈蒂著的《契诃夫的戏剧艺术》。第三章共收录译文26篇，涉及了俄国17位作家和他们的作品，而有关果戈理的译文就有8篇。单从篇目数量上看，贾先生对俄国文学，尤其对俄国作家果戈理和契诃夫就显得格外偏爱。而当深入贾植芳的创作时，发现其小说也有借鉴俄国作家艺术手法的痕迹。因此，本文将以《文集》"创作卷"为例，具体分析贾植芳与果戈理的小说创作，借贾植芳的创作反观中国新文学的发生与俄国文学的特殊关系。

一、历史契合中的积极借鉴

比较贾植芳与果戈理的创作，他们竟有诸多相似处：题材上，都注重选取身边十分熟悉的底层大众生活；人物上，都以描写社会底层中的"小人物"见长；体裁上，也都尝试过诗歌，但最后都以小说和戏剧见长，尤其擅长写中短篇小说。像《人生赋》、《热力》、《人的证据》等，是贾植芳中短篇小说的代表集。果戈理的三大中短篇小说集是《狄康卡近郊夜话》、《米尔格拉德》和《彼得堡故事》，其中反映俄国京城生活的一组小说《彼得堡故事》影响最大。除宏观的契合外，贾植芳的作品也都表现出果戈理小说的揭露批判倾向、小人物主题和幽默讽刺的风格等特征。结合《文集》"创作卷"，具体分析如下：

第一，揭露批判的倾向。贾植芳的小说透露着一股强烈的揭露批判倾向，流露出作家对所处时代和现实的不满。如《人的悲哀》通过描绘麻袋店众伙计对"我"像"寒暑表"一般的态度，嘲讽了小市民的势利、愚蠢和麻木。《人生赋》刻画了一个在战争的漩涡中，与世浮沉的牙医堕落成满脑子只有钱和女人的卑琐形象。《理想主义者》则抨击了一个受过殖民地洋奴教育的五哥的愤世嫉俗和自命不凡。《剩余价值论》描绘了精神懦弱的余子固，如何在乱世中被命运驯服，最后为追求享乐而沦为"狗"的故事。《更下》中的何天民更让读者厌恶，在功名和享乐生活的双重引诱下，他竟然由革命青年堕落成毒品走私贩。总之，《文集》"创作卷"的各篇，处处展示了贾先生的忧国忧民思想。

第二，小人物主题。贾植芳小说的背景大都涉及上个世纪的 30、40 年代，那是中国社会和历史大动荡、大变迁的时代。在那个制造英雄的年代里，本该有许多的大事迹、大人物来写，但他却有意回避，只描写底层社会中的小人物，专注表现这类人物在庸俗生活环境中的生存状态。如《人的悲哀》写的是心灵完全被阴沉、迷惘和苦闷所吞噬的麻袋店掌柜和伙计；《理想主义者》写的是被琐碎生活消耗尽精力的家庭妇女史英和耽于幻想且只会抱怨的五哥；《剩余价值论》的主人公是精神软弱、贪图安逸的余子固；《更下》写的则是毒品走私贩何天民，等等。《文集》中表现"小人物"主题最经典的一篇要数《人生赋》。该作主人公牙医涉足的时间,从抗日战争的退却阶段一直到相持阶段;涉足地域,有上海、重庆和西安等;人生也是几起几落,可谓曲折、坎坷。本应该有很多故事讲,但作者放弃能做大文章的时代、事件和人物一波三折的经历,将这些只在人物的叙述中一笔带过。读者通篇看到的,只是一列行驶在旷野上的火车,和车厢里拥挤的人群、堆积成山的行李;听到的也只是一间头等车厢里四个乘客慵懒的聊天声。其中牙医比较饶舌,时断时续地向同车人讲述着他可悲的身世。原来,这位牙医以前混迹于上海洋场,为支持抗日,他曾将自己的私人医院改成伤兵医院。上海沦陷后,他从上海逃难到重庆,又从重庆逃到西安,又因在西安得罪了一位医界前辈,目前处境甚是艰难。在历经人生的几次挫折后,他得出:"人生的具体内容,第一是钱,第二是钱,第三是钱,钱的朋友是女人,——女人,世界上最快乐的地方,是女人的肚皮上"。[1]所以,读者听得最多的,便是牙医反复念叨的他那被骗的七千块钱和家里那个"姑娘出身的"女人。牙医的沉沦让人惋惜,而更可悲的是,在那时这样的沦丧竟是普遍的、大量存在的。这让读者深思:到底是什么吞噬着人们的灵魂?至此,时代的复杂性和悲剧性就被作者戳穿,小人物的悲剧成了一个时代不幸的侧影。

第三,幽默的讽刺,即"含泪的笑"。所谓果戈理的"含泪的笑",就是把生活中喜剧性和悲剧性的因素巧妙地结合起来,使得喜剧唤起的已不是轻松愉快的笑,而是痛苦和悲哀的笑。讽刺对象也往往是地主官僚的腐朽丑恶,小人物的弱点和病态的生活等。作为影响的接受者,贾植芳借鉴了这种讽刺手法,如《人的悲哀》中对麻袋店老板的描写,就是"开始可笑,后来悲伤"的典型。作者先用幽默的笔法勾勒他的肖像,然后对人物麻木的精神、愚蠢的逻辑和他对革命者的冷漠等,借人物自己的语言倒了出来:"你们这些青年呀,爱国呀!救社会呀!不平等呀!革命呀!哇哩哇啦,炒的别人心烦耳聋!但人家也好办,简单得很!……往麻袋里一装,口一缝,哼!和一袋粮食一般,——可粮食值钱,粮食可以充饥呀!——搭上火车,运到海边一个个填下去,真是神不知鬼不觉;尸首喂了鱼,到鱼长大了,被打鱼的捞起挑进城,被送到公馆厨房,结果是搬上食桌,卖国的吃了,……你看,就这么一个变化,多简便!哈哈哈……"[2]这种描写略带夸张，但契合人物的性格特征。在这些话语中，将小市民的愚昧及革命不被民众理解的悲哀，一针见血地指出。作家笔法简洁，但讽刺效果强烈。再如《更下》中对人类精神蛀虫何天民的塑造，也极具讽刺性。何天民会因将他人拖入到自己贩毒的团伙而感到"一个征服者所有的愉快"。并且，还会联想到曾经因搞学生运动坐在牢狱中的精神愉悦，以及初到部队因不满长官三化作风被关禁闭的自豪。这种奇怪的联想，形象地刻画了何天民如何由"人"沦为"兽"的过程，以及比兽更残酷地吞掉同类的狰狞面目。而《理想主义者》中，作者则把最没有理想的人物冠以"理想主义者"的名称，在表现其丑角之时，让读者反思孕育出这类产物的时代。至此，喜剧描写中悲剧性因素增强。

综上所述，无论是大的创作还是具体文本的写作，贾植芳与果戈理之间表现出一种高度的契合。这绝非偶然，究其原因，主要有如下几个方面：

首先，个人趣味和职业特性的影响。据贾植芳在《危机与复兴——白银时代俄国文学论稿》一书序言中陈述，上个世纪五十年代初期，他在上海震旦大学和复旦大学任教时，曾讲授过俄国文学，后来虽然一直从事中国现代文学教学和研究工作，但对俄国文学的兴趣却有增无减。[3] 所以，个人浓厚的兴趣和对俄国文学系统的讲授，使得果戈理、契诃夫、托尔斯泰等一批俄国作家，既是贾植芳钟爱的大师也是他创作初期模仿的对象。他在开始创作时，总会有意或无意地受到自己喜欢作家的影响。贾植芳与果戈理在小说创作上的这种高度契合性，就是这种影响的直观体现。

其次，多舛的命运和强烈的使命感。贾植芳和果戈理是命运的弃儿，他们都遭受过种种不幸，可谓命运多舛、人生曲折。如贾植芳在 92 年的生命历程中，曾四次坐牢、受审，有二十多年的时间都是在不能写也不能读的监狱中度过，最后一次离开监狱时已经 63 岁。身逢乱世的他，在上个世纪的中国，感受最多的是底层小人物的艰辛和人生的坎坷。而果戈理青年时在彼得堡当小公务员的磨难，和因《钦差大臣》的发表而被俄国贵族社会逼迫流亡海外的漂泊经历，也让他尝够了社会底层人被蔑视的辛酸和苦楚。因此，他们底层人的经历、多舛的命运和身逢乱世的无奈等，促使两位作家形成了比较接近的艺术风格。另外，果戈理进行文学创作的内驱力是"救民于水火"、启迪民众觉醒的民族使命感，这也与贾植芳的民族使命意识相吻合。相似的使命感,让果戈理在贾植芳的眼中显得特别亲切,并给予了贾植芳强大的动力,促使不懂俄文的他,凭借手中资料的英文版或日文版,转译了许多俄国文学的研究资料,为我国学者研究俄国文学提供了极大的便利。

最后,民族文化心理的相似和时代精神的契合。中俄两国长时间内都是一个农业国,封建制度都延续了一个较长的时期。到了 20 世纪,两国的反封建任务都还没有完成。因此,人民反封建和争民主的意识是中俄人民共同的文化心理趋向。而俄国的觉醒又稍先于中国,所以 1917 年俄国十月革命的胜利,仿佛是一剂强心剂,让辛亥革命后日渐颓丧的中国人一下感到振奋。俄国文学中强烈的为社会、为人生的气息,更让主张文学革命的中国知识界找到了精神的契合,一时间国人翻译、介绍和学习俄国文学成风尚。果戈理就在这样的历史契合中走进了中国,影响了鲁迅,也影响了鲁迅的传人七月派作家贾植芳。

二、高度契合下的创作差异

毋庸置疑,贾植芳在创作初期,像许多"五四"时期的进步作家一样,曾有意识地接受了俄国文学的影响。但他对俄国作家的接受又非简单的、机械的。贾植芳在积极汲取外国文学的养分时,也遵从了本国的社会现状、民族精神,以及个人禀性等,形成了更具本土特色的艺术风格,具体如下:

第一,天堂相的小人物。作为影响的放送者,果戈理擅长写畸形人及畸形人生。在他的笔下,小人物不仅生活在地狱相的世界中,而且自身也都是一些地狱相的人,尽管他们自身都是一些被侮辱被损害的形象。如《外套》中的抄写员阿卡基·阿卡基耶维奇,自身就是一个思想僵化、举止呆板的人。作为一个老抄写员,多年来他却只会照搬照样地抄写。一旦稍有变动,即使是换一换上款,再把几处动词从第一人称改成第三人称,也让他紧张地大汗淋漓,最后还是说:"不行,还是让我抄写点什么吧。"[4]但贾植芳的笔下,地狱相的生活里,既有地狱相的人,也有一些人是天堂相的。如《嘉寄尘先生和他的周围》写的就是抗日英雄嘉寄尘,虽然作者有意避开写老先生传奇英雄的事迹,只把他当做一个坐在炕头的老庄稼汉写,但显然嘉寄尘不同与他周围的老百姓。他的一颦一笑都洋溢着智慧和慈祥,周身散发着一股掩盖不住的气魄和为人民战斗的气概。再如《我乡》中那个还乡探亲的抗日军人"我",以及家乡中朴实的父母和可爱的弟妹。他们生逢乱世,又生活于穷乡僻壤,但他们却懂得为祖国而战,在祖国的战火中他们过着圣洁的生活。还有《人的悲哀》中,那个被麻袋店伙计们称为"打闲者"的"我",也怀有把自己化做一只铁锹的梦想,期望有一天能翻出被历史的沙土掩埋掉的真理。

第二,第一人称"我"的叙述视角。综观果戈理的短篇小说集《狄康卡近乡夜话》、《密尔格拉得》和《彼得堡故事》,除《圣约翰节前夜》、《旧式地主》和《狂人日记》等少数短篇用了第一人称"我"的叙述视角外,果戈理的大部分作品都采用了传统的全知全能式叙述,即第三人称叙述。但贾植芳小说的叙述视角刚与之相反,他主要采用第一人称"我"的叙述视角。如《文集》"创作卷"所收的小说,除《更下》、《一幅古画》两篇外,多数作品都采用第一人称叙述。并且,在贾植芳的个别作品中,"我"不仅承担起作品的叙述任务,还是作品的主人公,如《人的悲哀》、《我乡》等。这就不仅是把"我"所看到的、所接触到的和所理解的各色人物和事件真实地呈现在读者面前,增强了作品的写实成分,还使读者在这个"我"的主人公身上仿佛又看到了作家的影子。身为芸芸众生中的一员,贾植芳先生的大半生也都是在承担时代的苦难中度过。因此,人物身处乱世中的无奈、求索和痛苦等,仿佛也是在向读者讲述作者所走过的一条曲折、艰辛而又丰富的道路,渗透着作者自己多年来在社会上跌打滚爬的人生阅历和心得。"通过这些人物和作者自己,显示了这苦难的时代的投影、历史的蹒跚的步子。"[5]

第三,性格化语言的讽刺手法。作为讽刺大师的果戈理,其讽刺手法多种多样,或明讽、或暗讽,或采用反语、夸大语等。用鲁迅的话说:"果戈理的讽刺是千锤百炼的。"[6]如《鼻子》采用了最为荒诞的手法,让鼻子变成了人,揭露俄国官场中追名逐利者的丑态和庸俗;《肖像》则借用离奇手段让古画中的人复活,展示金钱诱惑下人性的堕落;而《外套》则大量使用了对比和夸张的讽刺手法,尤其让死人的幽灵剥"大人物"的外套,这种怪诞的手段再现了俄国社会中,等级森严的专制制度和这种制度对小人物的戕害。总之,果戈理重视独特讽刺手法的使用,追求强烈的讽刺效果。但作为接受者的贾植芳,他的讽刺手法却明显地表现出不尚奇幻的倾向。贾植芳喜欢在平实质朴、近似写实的描写中,借人物自身的性格化语言揭示小市民的愚昧、贪婪,小公务员的道德蜕变,兵痞军官的沦落和知识分子的苦闷。如《人生赋》中对牙医精神麻木的揭示,作者从不插话,全是在人物带有自诩的讲述和寒人心脾的笑中表现。《更下》对毒贩何天民人性堕落的揭示,也是在人物丰富的内心独白中展开。《人的悲哀》、《理想主义者》和《剩余价值论》等篇也一样,作者虽然都是采用第一人称叙述,但也尽量不去干预人物的思想和行动,在近乎写实的状态下,借人物自身的语言或内心独白展示其人生的悲凉。

综上所述,贾植芳与果戈理的小说创作,既有相近初,但也存在差异。而造成他们创作上有差异的原因,首先应该是中俄国情的不同。上个世纪前半叶的中国,虽然社会动荡、战乱频发,甚至有一批人在战争的漩涡中沉沦。但那毕竟是走在中国人的民族解放战争的大道上,所以走的依然是一条庄严而又崇高的道路。所以,上个世纪的中国,和19世纪还实行农奴制和沙皇专制的俄国,并不完全相同。那时,中国的道路虽然泥泞但却充满希望,而俄国则完全处于令人窒息的年代,这让很多俄国知识分子看不到社会发展的希望。因此,果戈理笔下涌现出一个地狱相的世界和一大批地狱相的人,且讽刺手法犀利、荒诞,将作家对社会现实的绝望感表现得淋漓尽致。

其次,中俄民族精神存在差异。整体而言,中俄两国由于地域、政治和历史等原因,民族精神比较接近,如都强调爱国主义、集体主义和爱好和平等精神。但又由于俄国地处欧亚大陆的交汇处,这使它兼有东、西方双重属性。如俄罗斯民族的爱国主义历来又与皇权崇拜紧密联系,且东正教色彩比较浓重。受东正教的影响,俄罗斯人最不能接纳中庸之道。他们的宗教情怀也以受难意识为基础,追求终极,强调全人类的普遍获救。如在晚年,果戈理就因宗教的赎罪思想,使他总是带着忧郁的温情和弱化的愤怒去面对生活。在他看来,每个人身上都有不同程度的恶存在着,因此每个人都需要救赎。这就使他对俄国社会和贵族阶级的批判表现得不那么彻底。[7]于是,当含有反动思想的《与友人书简选》一出版,就招来了别林斯基等进步人士的尖锐批判，最终果戈理陷入了思想的危机。他的作品便呈现出一片黯淡，笔下人物都沦为被嘲讽的对象。而中华民族精神则以儒家文化为基础，宗教色彩也淡薄。儒家思想处处讲求的就是中庸，强调情感本体，看重现实世界，追求天人合一的自然观和人生理想。[8] 所以，中俄民族在人生观和宗教精神上的不同，使贾植芳将自己、人物和时代三者联系了起来。他笔下表现的已经不是哪个具体人的遭遇，乃是上个世纪初中华民族的集体灾难。灾难的厚重容不得他半点调侃，他只能用极尽写实的手法揭露那一时期中国的社会历史现状。因此，贾植芳喜用第一人称"我"来叙述，并且讽刺手法平和，作品写实效果强烈。

最后，贾植芳与果戈理的个人性格也不同。贾植芳的人生虽然充满艰辛和曲折，但当平反后，他即刻重返讲堂，继续教书育人，实际那时他已经 63 岁。贾先生的这种坚持，既需要以民族前景做支撑，但也离不开个人坚强的毅力和对苦难的隐忍。结合他曲折的一生，贾植芳先生应该是一位既能自我克制又有豁达胸襟的人。他的修养、学识，使他到达了不以物喜、不以己悲的淡然之境。这既是个人禀性的敦厚，也是中华民族传统精神的有力再现。而果戈理，他天性敏感且有些神经质，青年时彼得堡的小公务员经历本就让他一直难以释怀，后来又因创作被迫流亡海外数年之久。个人的种种不幸加之 19 世纪沙皇专制下的无望的俄国社会现状，都使果戈理忧心忡忡，长期处于身心交瘁的状态。无望中，他最后选择了绝食自尽。所以，果戈理 43 年的人生之路，还不到贾植芳 92 年生命历程的一半。

结语

综观中国新文学的成长，它的发展始终有着外国文学的影响，其中最为显著的无疑是十九世纪俄国现实主义文学的影响。在上世纪初的特殊时刻，俄国文学走进了中国，影响了包括鲁迅、茅盾和瞿秋白等在内的一大批中国现代知识分子。作为鲁迅传人的贾植芳，也从俄国作家果戈理的小说艺术中汲取了养分，使他的作品清晰地呈现出果戈理特色的渗透与滋养。但他在吸收中又做了选择，成功地创造了既适合本土也符合个人禀性的写作新技巧。研究贾植芳与果戈理的小说创作,可以以窥一斑而见全豹之效了解中国新文学的发展与外国文学的紧密关系。同时,也将提醒新一代作家应重视从异国文学中汲取养分,因为世界文学的时代已经到来!

参考文献:

［1］［2］贾植芳.贾植芳文集·创作卷［M］.上海:上海社会科学院出版社,2004 年:47, 15.

［3］贾植芳.贾植芳文集·理论卷［M］.上海:上海社会科学院出版社,2004 年:376.

［4］［俄］果戈理.外国中短篇小说藏本·果戈理［M］.北京:人民文学出版社,2013 年:466.

［5］陈思和.贾植芳先生纪念集［C］.上海:复旦大学出版社,2011 年:29.

［6］郑克鲁.外国文学史(上)［M］.北京:高等教育出版社,2006 年:334.

［7］智量.俄国文学在中国［M］.上海:华东师范大学出版社,1991 年:50.

［8］赵静.中俄民族精神比较分析［D］.哈尔滨:哈尔滨工程大学,2007.

激情涌动下的癫狂与沉郁

——论贾植芳小说的语言艺术

钱秀琴

　　二十世纪初,俄国形式主义以反传统的姿态出现,确立了新的文学语言观,使文学语言基本上摆脱了以往的附属地位,文学语言不再是刻画人物形象、叙述故事、表达主题思想的工具和手段,而是文学的第一要素,是文学的"文学性"本身,俄国形式主义者们认为研究文学就是研究文学语言。小说作为一种文学艺术样式,既是通过语言形态来呈现的,又是通过语言方式来实现的,它的一切意义与功能都要靠语言来转化和建构,在语言的能指与所指的滑动中营造意义的空间。用高尔基的话说就是:"文学的根本材料,是语言——是给我们一切印象、感情、思想等以形态的语言,文学是借语言来作雕型描写的艺术。"[1]因此,对文学的阐释,我们不能也不应该只是仅仅局限在形象、意蕴、主题、情感等源于主体和主体创造的对象上,而应该进入语言分析这个层面,通过语言的分析,反观其精神内涵。

　　贾植芳先生是"七月派"的代表作家之一,他是"五四"精神哺育成长起来的知识分子,同时从中学时代读书时,他就十分崇拜托尔斯泰、陀思妥耶夫斯基、普希金等俄苏文学巨匠,深受俄苏文学的影响,自然也会受俄国形式主义"语言学转向"的启发,以本体论语言观实践小说语言的创作,通过小说语言揭示其内在特质和包涵的内在意蕴。他的小说创作,数量虽然不多,但他却对语言有着敏锐的感受力,他通过不断变换自己的叙述方式,凸显语言的指称功能,强化语言的审美表现力,并将自己的主体情感和感受渗透在作品的整个内核,通过独特的语言形式,表达自己特殊的情感体验。初读贾植芳先生的小说,给人的感觉往往是凝重、冷峻、灰暗,在他的小说作品中(尤其是前期的小说),很难看到清新脱俗、明快峻朗的文字,也很难看到人与人之间的那份脉脉温情,更多的是颓废、世俗、冷漠、麻木的人群和阴暗、冰冷、丑恶的外部世界,但在这样一个处处弥散着死气沉沉,令人压迫窒息的表层结构之下,涌动的却是作家强烈的批判现实主义的精神,他用癫狂、沉郁的外部语言形式,传递出了其间蕴含的强烈的主观情感和激情。

癫狂

"在福柯的论述中,'癫狂'和'文明'已不再是相互对立的命题,癫狂所衍生出的幻境和想象往往属于精神上的憧憬和膜拜,其行为已经超越了带着人格面具的文明人,并对理性所架构出的文明社会采取'非理性'的态度。"[2]在这种意义上,贾植芳小说的癫狂叙事不仅是对理性、对传统文明的解构;更是个体生命的痛苦体验,同时具有普遍的社会学意义。

贾植芳生活在中国大动荡、大变迁的时代,一生多次身系牢狱之灾,颠沛流离于连续不断的贫穷、困顿、流亡和各种灾难中,面对这种高压、沉郁、残破、凝滞,他的小说注定无法享有鲜明的色彩和轻松的感觉,贾植芳前期的小说几乎没有什么生动曲折的故事情节,没有精致和谐的行文结构,没有经典的人物形象,更没有行云流水般的语言,更多的只是直叙人物命运的苦闷和悲叹,充斥其中的是大量的孤独狂躁、荒谬而又神经质的人物形象和疯子般的癫狂的语言表达。这既构成了贾植芳小说叙事语言的主要特征,但同时也给读者的阅读带来了晦涩与困惑。

贾植芳笔下的主人公,大多都是意志软弱,孤独躁狂,荒谬而又可悲的灰色人物,他们几乎没有一个是完整的,没有一个是安宁、和谐的,灵魂的撕裂或人生的变异是他们的常态,绝望、痛苦、疯狂而又神经质,他们以极度扭曲的形体,极度夸张的动作和极度痉挛、癫狂的语言表现人性的需要,揭示生存的困境,展现社会的病态。《理想主义者》中的"五哥",精神状态始终处于紧张、愤怒中,躁动不安,言语偏激;《人的悲哀》中有一只突出的假眼睛的管账先生"刘大","刻着密密的皱纹的眼皮下的眼睛在困顿里含着气愤,灰白的眼珠挤到眼角"的大伙计,虚伪冷酷的"掌柜";《人生赋》中屡遭打击而心灰意冷,乃至沉沦的牙科医生;《剩余价值论》中开始似乎还想有所作为,最后却被驯服在命运的安排下,当上了一个"少将参议"的精神弱者余子固等,无不以疯子的情绪行为和心理世界展现在读者面前,疯狂成为当时社会的常态特征。这一切对于一个敏锐而又富有良知的知识分子来说,他首先感知到的就是扑面而来的各种混乱、疯狂的信息,以及这种混乱疯狂对于人心灵所构成的巨大压力和冲击,在这样的情境之中,作家已无法用一个正常人的正常思维和语言去表达笔下神经质般的人物的普遍生存状态,而是不由自主地表现出对疯狂人物的极端热爱与同情,所以,在贾植芳的小说作品中,他摒弃了那种精致典雅、如流水般清清淙淙的抒情性语言,而热衷于使用带有若干神经质的不可理解的癫狂语言,去表现那种癫狂了的人生状态。

贾植芳癫狂的语言特质,主要表现在对形容词、副词的过于痴迷,相近相同意义的语词不断重复,通过超感、错觉、变形和反逻辑的语言技巧来丰富小说的主题,拓展语言的容量,这些技巧的使用,造成了小说语言内在的紧张和痉挛,显示出一种异乎寻常的情绪力量,给读者带来沉闷、悲哀和即将爆发的痛感。如《人的悲哀》中,通过超感,赋予阳光以人的感受,"连阳光也显得灰沉,像喝过砒霜后难看的面孔,死滞在这里。"写空气,则是"紧张得像皮球一样",把空气和皮球两种毫无关联的事物组合到一起,带给人一种无法喘气的紧张感;"一只假眼睛幸灾乐祸地突出来,随即很快地转做庄重,那一只真的却始终闭着般的迷惘着,只在开口的一刹那睁了一下,但又藏宝般地赶快闭了。"[3](p.009) "他不经意地转过头来的时候,映上眼帘的是那两尊大炮一样的两只威严的突出的眼睛:一白一黑,像两个磨光的棋子,都非常严重,全世界的力量此刻似乎全集于这里。"[3](p.010)本是人心灵窗户的眼睛,在贾植芳的笔下,用变形的笔法描绘出来,却是如此令人生畏;"圆而锐利的眼睛"、"大的红鼻头冷峻得一动不动,压着阵角八字的黑油胡翘在空中倔强的抖动,像两个威武非凡的门兵。""灰色的寂寞"、"枯燥干嘎的声音"、"又黄又黑破落般的牙齿"、"裂痕一样的阔嘴"、"镰刀样的睡眼瞅着灰浊的麻袋堆"、"紫黑干裂的嘴唇"、"单纯的发狂的声音"、"世故的圆但是滑皱纹"……"一切都逸出了常规,也偏离了语法,让读者感到奇突与生涩。这不仅没有封闭语言的本性,反而向我们敞开了语言深处的新的可能性。"[4]这些反逻辑、变形、癫狂的文字,恰如其分地表现了人格的沉沦、生存的艰难、生命的悲苦,大量的狂躁、癫狂的语言,都给作品抹上了极其抑郁、沉闷的底色,给读者一种沉甸甸的压抑感。

沉郁

当五十年代有人批评路翎爱写悲剧,似乎代表了一种不健康倾向时,路翎曾引用苏联作家爱伦堡的话为自己的美学追求辩护:"对于一个作家来说,描写幸福,比描写不幸愉快得多,但只要现实中存在着灾难,就不能简化人们的内心生活,从内心生活中抽出它的那些亲切的经验或悲哀。"[5]这段话同样适用于贾植芳的小说创作。

贾植芳的小说总体风格是沉郁的,尤其是前期的小说,这种沉郁风格十分明显地体现在他的小说语言的风格中。胡风曾说:"《人的悲哀》是一篇外稿,也许读起来略显沉闷吧,但这正是用沉闷的坚卓的笔触所表现的沉闷的人生。没有繁复的故事,但却充溢着画的色调和诗的情愫,给我们看到了动乱崩溃的社会的一图。"[6]贾植芳笔下的这"画的色调",并不是诗情画意,色彩斑斓的明亮色调,而是一种沉闷、忧郁的灰色调。在小说中,贾先生很少用简洁、明快、轻巧的语言,而是大量使用了没有底色的、重浊、深沉、拖沓的语词和句子,种种的附加成分,常常使句子显得拖泥带水,臃肿累赘,但正是这冗长、不透明的语句,勾勒出了一种沉郁的气氛。

"没有车,冷风在上面寂寞的呼唿,破纸随着飞扬,阴惨,丑恶,好像被遗弃的古旧废墟的旷荒街道";"一身褴褛,油滑不称身的黑色短裤袄,发霜的黑呢帽显得过小的遮着额前的一部分,乱发从它的下面贪婪地四向伸出蓬蓬松松的,包围着显得无知和乞怜的两只陷进去的眼睛,半嘴巴的乱髭上荡着一堆稀薄的白气。"[3](p.004)一连串的拖沓的,修饰语过多的语句,清晰地勾勒出了那个"病态社会"中的人的精神病态。全篇笼罩的都是一种沉闷与忧郁,以及被"历史的沙土埋得重重的,透不过气来的感觉"。"我似乎躺在荒原里或者闹市,许多可怕的东西,渐渐成形，猛兽般向我袭来，监房的血泪和铁镣，寒冷和阴森，咒骂和啜泣……"；"当他脚步踏上楼板的第一声，全楼响起一片空前的震动，像是弱小者的绝望的呐喊"，这些重浊的文字，以其新奇的表述，带给人一种"痛苦而神经质"的感受。"外面一片墨黑，看不见一点有轮廓的东西，黑暗放肆的吞噬一切，像我们把馒头往嘴里吃了一样自然；风凄厉的吼过平原，没有阻挡，追逐奔驰，自由得像一位皇朝的帝王，没有睿智的残暴，自私，过糊涂日子……"[7](p.048)"枯灰的旷野上，暗晦的阳光惊惧般的在逃遁，退缩，夹着低弱的风啸，发着一种单纯可悲的响声，像一个琴弦的呜咽，一个惨然的春日又将过去了。车内越发暗淡，空气向着严肃凝结。"[7](p.040)拥挤、沉闷的车厢、无止境的黑暗、疲惫、茫然、冷漠、愤怒，压人欲倒的感情，这一切，就如同陷入一个浑浊的泥淖，但下面却涌动着不可遏制的感情的激流。即使是贾植芳后期少有的流露出亮色的《嘉寄尘先生和他的周围》和《我乡》等小说，这样的语言使用也是比比皆是，读贾植芳的小说，我们总感到一种无以形容的压迫和窒息感，其语言充斥着一种产生于强烈的情绪流动的力度，气势逼人而又略显重浊。

由此可见，从语言的能指外在特点来看，贾植芳的小说语言特点是低沉、缓慢、凝重的，但小说用这样的语言所指向的却是那些在战争的虚无里失落了人的价值，悲哀、丑恶、堕落，走向颓废主义和市侩主义的一个个灰色麻木的人群和那个令人心禁的病态社会。至此，作者心中涌动着的那一股强烈的批判现实的精神和小说语言的能指之间的矛盾构成一种巨大的张力，使得贾植芳小说就像一座未曾爆发的火山：外表的灰暗与深处的涌动共同组成一个沉郁的世界。

激情

有人曾说："鲁迅的存在和巨大的文学成就，早就成为了胡风文学之路的精神导引。"[8]鲁迅那种博大精深的批判现实主义的创作方法毫无保留地被以胡风为首的七月派作家所继承，贾植芳师承胡风，自然受到胡风以及七月派的影响，也传承了鲁迅那种强调重视社会生活以及社会实践的写作经验。在贾植芳小说中，他始终坚持着鲁迅的文化启蒙姿态，延续着鲁迅的国民性改造的思想，把人的启蒙的主题贯穿始终，通过描绘生活中的凡人小事，从平淡的生活中揭示国民思想的守旧、麻木、沦落和沉睡。现实主义文学的一个重要特点就是作家怀着内心深处的一种强烈的信念投入到现实生活，把自己全部的思想感情融入到作品的客观描写中，因而，贾植芳先生的小说创作在沿袭鲁迅的现实主义创作方法的同时，同样注入了自己的主观体验和主观情感，他把激情体验作为现实主义的一个基本要素来书写，把客观的描绘和主观情感结合起来，文字含蓄凝练，感情强烈深沉，这种主观和客观的融合，既表现了主观战斗现实主义的主题，更重要的是在客观的叙述和描写中，表达出一种激情。

贾植芳的小说，除了《一幅古画》外，基本都用的是第一人称，小说通过第一人称"我"，将人物的爱、恨、情、仇等各种感情融合到小说的字里行间，通过人物的独白来解剖人物的内心世界，在冷静的叙述中蕴含强烈的激情，传递出强烈的主观情感，激发读者与作品中的人物一同欢喜、兴奋或伤心、痛苦。《人的悲哀》是贾植芳早期文学创作中的代表作，小说一开篇就引用了歌德《浮士德》中的诗句："你快隐藏吧！罪恶与羞耻是不能隐藏的。你要空气吗？可怜你呀！"短短的几句诗，就已经隐藏了作者火辣辣的激越之情。这是一篇带有自传性质的小说，作者刚从监狱中释放出来，是寄居在一家麻袋店里的一个"打闲者"，全篇没有什么离奇曲折的故事，叙事结构也很松散，呈现在读者面前的只是一幕幕旧社会生活场景：无所事事、萎靡不振的店员们、生活颓废、冷漠虚伪的"掌柜"、几乎每天在街心带领群羊走向屠宰厂的态度昂赳的头羊，还有古旧废墟的旷荒街道等，这一切都笼罩在灰色痛苦之中，"阴沉、寂寞、无聊和苦闷在每个人心上缓缓地爬着，纠缠着，生命的继续在这里像是多余和累赘……"[3](p.004)"店子像是被判决了死刑，空气里的活气完全没有了。存货在各处堆积着，冷冷的，和几块大石头一样；接起来想一座连绵的山脉，上面盖着一层浓厚的土液，发着灰黑色"[3](p.007)，"连阳光也显得灰沉，像喝过砒霜后难看的面孔，死滞在这里，等候没落的命运来临。"这样的环境是令人绝望和悲哀的，在他眼里，这些人"像没有声息的动物"，"显得渺小和可悲"，"无知的蠕动和静止"，但作者在此，并没有着力去渲染这种哀伤，而是通过"我"，将笔锋转入内心世界，表达自己对社会、对战争的感受和思考，"我觉得真理是被历史的沙土埋得重重的,透不过一口气……""我要把自己化作一只铁锹,在这种意义上,我又感到书本是友人般的可贵! ……啊,我是这样的矛盾,混乱,和不安!""晚上,我在给一个遥远的友人寄信,结末我痛苦地说:'……这世界正在发育、真理和生命一样的存在于我们的本体中啊! ……'"[3](p.013)一片激昂、激奋之情跃然纸上。这段渗透作家热情的战斗精神的文字里,传达出了一种清醒的历史意识和主体意识。虽然小说通篇都描写的是社会现实的黑暗,写的是人生存环境的苦闷和压抑,但作者并没有陷入彻底的悲观沮丧中,没有丧失一个战士的力量和勇气,那种充满激情的主观生活态度深深地嵌入到小说的字里行间,细腻而又独具匠心地丰富和完善了传统的中国现实主义的创作方法。当然,贾植芳在其小说中所蕴含的热情和激情,并不是那种直抒胸臆、大声呼喊式的感情的宣泄,而是把他那种爱憎和启蒙与救亡的主题,把对国民灵魂改造的热情和对人的价值的探寻,融合到癫狂而又沉郁、冷静的字里行间的叙述中,通过客观的叙述和描写,表达出一种激情。

贾植芳先生小说的这种癫狂、沉郁而又蕴含强烈激情的语言特质,既建构了小说文本,主题推进也始终与话语同步,既反映了中国二十世纪三四十年代笼罩在战争阴影下的时代特征,也影射了贾植芳先生对于民族生存文化状态和对"国民奴役创伤"的独特思考。他正是通过这样一种看似矛盾而又脱离了语法规范的变异的语言形式,以自己独具特色的语言实践,传达出了他那强烈的充满激情的现实主义的批判精神和忧国忧民的责任感。

参考文献:

[1][苏]高尔基.论散文[A].周扬.马克思主义与文艺[C].解放社,1949:118.

[2]邓姿.论七月派小说的癫狂叙事[J].吉首大学学报,2010(3).

[3]贾植芳.人的悲哀[A].陈思和.贾植芳文集(创作卷)[C].上海:上海社会科学院出版社,2004:009—010.

[4]邓姿.论丘东平抗战文本的文体特征[J].南华大学学报,2009(4).

[5]路翎.为什么会有这样的批评[N].文艺报,1995(2).

［6］胡风.工作与学习丛刊编校后记及其他［A］.胡风全集［C］.武汉：湖北人民出版社，1999：251.

［7］贾植芳.人生赋［A］.陈思和.贾植芳文集（创作卷）［C］.上海：上海社会科学院出版社，2004：048.

［8］李怡.七月派作家评传［M］.重庆：重庆出版社，2000：13.

新现实主义电影视角下的《一幅古画》

傅　彤

　　《一幅古画》[1]是贾植芳先生创作于一九四七年八月的一部短篇小说,它讲述了一个关于讹诈与欺骗的故事,用场景叙事的方式构建着一个充满了人性焦灼、愤懑、阴暗、失意与精神分裂的空间。在特定的时空下,几个因战争的失败如行尸走肉般的落魄军人的形象与心理清晰地被刻画出来。整部小说弥漫着一股令人无比压抑的悲剧化气息,现实主义的书写方式透彻地表达着一种源于体验的真实。经历过抗日战争的贾植芳先生曾就职于国民党军队多年,从个人的工作与生活经历的角度讲,他熟悉旧时代背景下的军队生活的种种现象与事实,尤其是发生在战争时期的军队内部的宗派林立,贪污腐败,军心涣散,自我算计,杀良冒功,大发国难财等丑恶行径,更是在其文学创作中被表现得淋漓尽致。贾植芳先生的小说用几近纪实的笔法与自我审视的方式树立着一种批判的现实主义精神。在《一幅古画》中,他利用行为刻画与心理剖析,生动的塑造了几个抗战结束因战争失利而失去权势,居安自保,各打小算盘的如惊弓之鸟,惶惶不可终日的可怜虫形象,表现着他们由掌权者盘剥者还原成普通人为了生计而白日做梦的卑琐心理和阴暗的精神世界。然而,尽管是一部小说,笔者发现它并非是按照一般小说的叙事手法来写作的,作品的表现力体现出一种明显的电影化风格,类似于一种镜头与场景的纪实组合,线索有着戏剧性的特征,比如突出空间与场所交替,人物定格,还原镜头形态,语言类似台词对白等。作为同样的现实性风格,小说与同时期崛起于同样是叙写战后生活背景的意大利新现实主义电影有着近似的表现形式,因此,笔者试图从新现实主义电影的主旨出发,对该小说做一简要的评价。

一

二十世纪四十年代中期在意大利出现的新现实主义电影运动承袭了电影史上的写实主义传统,凸显着纪实性电影美学观念。它突破了以好莱坞为代表的传统戏剧化电影美学观,完成了一次从内容到形式的彻底的美学革命。电影不再局限于仅仅是讲述故事,而是致力于按照生活的原貌再现生活的客观真实和存在者的心理困境。法国电影理论家安德烈·巴赞指出新现实主义的基本含义首先就在于不仅与传统的戏剧性体系相对立,并且通过对一定的现实的整体性的肯定而与一般现实主义的特点相对立。

意大利新现实主义电影运动的兴起不是一种偶然现象,它的出现与第二次世界大战的战争背景和战后人们面对战争破坏造成的心理创伤随之形成的生存以及精神需求相关。二战期间,意大利法西斯头子墨索里尼因为战争的宣传需要,仿照旧好莱坞体系建构意大利的电影工业体系,利用电影粉饰太平,宣扬法西斯思想,麻醉和欺骗人民。在这一时期,大量出现了以狂热颂扬法西斯侵略的"宣传片",以描写资产阶级豪奢生活的"白色电话片"(因当时的意大利富人权贵们多在家里使用白色电话机),以讲求技巧,远离现实,幻化生活为主的"书法派"影片。[2]对于当时意大利影坛的真实形态,在后来的许多影片中都有相关的再现,比如拍摄于二十一世纪初期的意大利影片《疯狂之血》就再度以深刻的人性思索的方式再现了当年的疯狂。墨索里尼时代影片的失真性和欺骗性被有良知和正义感的电影工作者深深厌弃,也遭到目睹战争破坏,生活在战争废墟之上流离失所的意大利人民的强烈反对。于是,一些有着革命性目的的电影人开始了新的电影探索。关注客观民生,表现真实的生存状态,关注人性苦难,展现新的革命意义的新现实主义风格应运而生,也出现了一批如罗西里尼《罗马,不设防的城市》(1945),德·西卡《偷自行车的人》(1948),德·桑蒂斯《艰辛的米》(1949),《罗马十一时》(1952)等优秀影片。因而,这种关注人与社会真实的精神态度也间接地反映着生活在生存本态中的人们对于自我价值的确认与寻找。

二

"把摄影机扛到大街上"作为新现实主义的响亮口号,反映出对当时影坛上崇尚虚假之风强烈不满和激烈反叛,渴望用摄影机来反映普通人的日常状态与社会问题,它以严格的纪实风格反映社会生存常态,捕捉真实细节,真正实现"还我普通人"的美学追求,呈现出一种人道主义的立场和视角。从宏观角度讲,"把摄影机扛到到大街上"就是要求电影从生活出发反对好莱坞电影工业式的戏剧性编造,真实自然的展示社会生活和人的存在的本来面目,以真实人物和生活原型来表现现实。尤其凸显一些尖锐的矛盾的甚至是阴暗的社会问题与社会性格。

作为新现实主义电影运动的倡导人与理论家之一,柴伐梯尼在《谈谈电影》这篇文章里比较系统的提出了新现实主义电影的美学思想和电影准则,他论述的电影问题相对广泛,概括起来大致有五个方面:[3]

1. 电影应当"直接地注意各种社会现象,而不要通过什么虚构的故事(不管它编的有多好)",就是说要直面生活,以此为基础展现生活的原貌,不要编造戏剧化情节。

2. 电影不排斥戏剧性,但是,"是我感兴趣的总是我们凑巧碰到的事情的戏剧性内容,而不是我们计划好的戏剧性内容",这里强调了对生活的认真观察和深入发掘。

3. 电影应当"通过活生生的,我能直接与之生活在一起的真实人物来表现现实",强调表现普通人,观众即为主角。

4. 电影应担负有重大的责任,应当关注尖锐的社会问题和人们能迫切感受到切身生命体验。

5. 启发观众自己去思考结局问题,使用开放式结尾。

此外,柴伐梯尼还强调新现实主义电影应当关注琐碎的细节表现,关注事情之间的产生过程等。以此我们可以注意到这样的一个事实,新现实主义电影的原则是把还原生活本来面貌,突出真实感与贴近感,突出行为意义,呈现细节与真实感受作为理念核心的,但同时它又不同于一般意义上的传统现实主义风格,不是从生活中提炼被规律化和被典型化了的现象,而是直接再现与还原生活中发现的偶然有关联的细节,以此来建构整个过程与事件的关系,让观众从中体验情感性的发生与意义的寻找,并且用开放式的意义拓展让观众自觉的去体验和揣测生命自身的无限可能性。

三

从新现实主义电影的基本原则为切入点,我们再回到小说《一幅古画》的文本呈现上。在这部篇幅不长的中篇小说里面,有着与电影镜头来组接情节的相似性。同时,它也有着与新现实主义电影某些原则相类似的表达。

小说《一幅古画》以电影的视角来结构故事,它以近似于镜头与场景交替的方式来构置了四个片段性组合。若以主题概括的方式可以被分别解释为对峙、密谋、泄愤、绝望。在这些主题之下,镜头的存在感始终伴随着读者的视觉游移过程。

首先,小说所呈现的人物生存实态和社会现象是尊重当时背景下的真实面貌的。贾植芳先生基于自我的观察与生活的真实经历,对于他所有过的内在的观察和体验是有着深刻的感触的。随着抗日战争的结束,存在着一批因战争后遗症而不得不重新选择生活的生命群体,军人也不例外。于是,小说中就出现了类似李尚功这样的因军事失利又有着汉奸嫌疑,最终军队溃散被吞并而不得不花钱消灾,避难上海的统治阶层的失势者;王兴文这种曾经在部队凭借与长官的关系浑水摸鱼,失意后流离失所妄图以无赖的形象继续想讹诈老同学的投机者;吕华民这种见风使舵,寄人篱下,心口不一的被奴役者;将军夫人这种生活奢靡,颐指气使,骄横跋扈,妄想东山再起的白日梦患者,以及古画鉴定专家这种坑蒙拐骗,为富不仁,欺名盗世的伪善之徒。人物不多,却已经构建出一个令人既可厌又可怜的社会生态群像,对于这些主人公的塑造,作者并没有按照文学描绘的方式作一个完整的交代,确实利用类似电影镜头定格特写的方式将他们在空间中一一展现,用动作,语言及肢体表情来还原各自的性格与暗含于其中的身份经历背景,表现出一种战后的现象性生存。尽管这些人物并不能代表新现实主义电影理论中所说的普通人形象,但当他们失去了在战争中曾经特有的身份之后,就被还原成以讨生活为第一要义的普通状态下的人——性格中有着畸形意义的人,无论是李尚功的惊恐,沉默,抑郁,王兴文的狡诈,无赖,落魄,吕华民的懦弱,奴性,阿Q式反复,还是将军夫人的尖刻,神经质,古画鉴定者的阴险,伪善,都在小说特定的时空背景下被真实的展现出来,从这个层面上说,小说对于人物刻画和社会背景的建构是与新现实主义电影的镜像真实性再现原则是相通的。

其次,小说的戏剧性设置并没有先期计划预设的痕迹,反而是出现在一场没有预期的过程当中,正是这生活中常见的巧合开始拉开故事的序幕,并随后像蝴蝶效应一般连缀了一系列的事件变动。小说没有一般现实主义小说的起承转合,只是将几个实景的片段有机的并置起来,唯一的线索只是时间顺序的推移。小说只写了从前一天午后到第二天午后发生在几个场景中对话与行为,凸显的只是几个主人公的对话,举止,动作,进而通过人物的行为表演透视各自的性格与精神状态,而心理性的被发掘也隐含于其中,这一点也类似于新现实主义电影更多的借助捕捉人物行为来传达意义的效果。仿佛也只是一台摄像机,在生活的小片段中去即时性的记录人物和事件自身一样,所有的事实均来自细节。小说中的王兴文作为不受欢迎的不速之客出现在了与李尚功对峙的场景之中,他对于未来生活的想象均建立在一场没有作用的威胁与讹诈前提之上,而他凭借以为是唯一条件的古画的判断尚是一个未知数,因此,他内心的愤懑与受屈又导致了后来对吕华民的煽动。而吕华民对于将军夫人的刻薄与欺压最终演化成了另一场威胁泄愤的荒唐的小儿游戏,当奴性回复后,对王兴文的前仇旧怨也油然而生。他们的立足点皆是出于对当下生活困境的想象。王兴文最终被告知画是赝品,心性也接近疯狂,小人形象的表现,绝望中的自我作践,又面临被扫地出门的尴尬,深度的心理爆发使其行为近乎分裂。所有事件过程,都在摄像机般精准的视角镜头下被一一呈现,小说的片段性表达,再现的是生活场景中偶然中的必然。这些都借助对人物,场景,动作,语言等多方面的细节刻画才得以完成,通过人物间的互相审视与猜度,让自己以及读者都进入到主角的身份当中作出判断。摆在读者面前的,不是小说文字的抒情与描绘,不是故事一厢情愿的表述,是生活本身的自然的戏剧性过程,而不是被戏剧化了的生活。

再次,小说的结尾类似于电影的开放式结局。德·西卡的名片《偷自行车的人》的结尾镜头是备受众人冤屈的父亲拉着目睹了这一切的儿子的小手,缓缓走向人流拥挤的大街的尽头,背影蹒跚而艰辛,生活在何方,是导演留给观众的无尽思考,这个结尾是沉重的,让人同情的,也加大了影片对于生存意义探寻的深度表达。《一幅古画》的结局也仿佛是借助一个长镜头,将精神几近崩溃的,如做了一场黄粱美梦的王兴文也定格在茫茫人海的长街之上。尽管这是一个让人可怜又可恨的小人物,并不值得像《偷自行车的人》中的那对父子让人感慨和同情,但是这个没有明确交代的结尾,同样令人加重着对于人性与人生的思考。王兴文的欺骗反被人骗的尴尬结局,巴结又威逼利诱旧日主子不成反受其辱的荒诞下场,最终导致的将是一种人格的裂变。小说在表现这样的复杂心态的时候,作者视角又演化成一个特写镜头,如同在新现实主义电影美学影响下延伸发展出来的纪实美学长镜头可以用来表现心理内质一样,镜头像一双可以深入到隐秘的心灵世界眼睛,将王兴文由愤怒,仇恨转而又狂笑,失控,仿佛解脱的自我臆想情绪呈现的一目了然,更让读者对于这个已经人格变异与分裂的可怜又阴险的小人物萌生出一种不寒而栗的感觉。从镜像的第一重文本上而言,人格分裂仿佛是王兴文落魄流离,倍受欺诈的结果,是对于另一种悲剧人生的写照,生活与命运的残酷性与真实性将它置于一种绝望而茫然的人生边缘,自取其辱的因果循环已经抹杀着个人的生存意义。但这终究只是能指层面的表象。从镜像的第二重文本上来看他的悲剧,更多彰显着"他人即地狱"的深度内涵,萨特在表达他这个著名的哲学观点时曾解释说,"并不是因为人与人的难以沟通才生成陌生的可怕的地狱感觉,而是当与他人的关系被扭曲了,被败坏了,形成难以摆脱的敌意感与毁灭感的时候,他人自然就成了地狱,陌生化才真正得以形成,并形成可怕的裂变。"[4] 在这样一部充斥着欺骗与被欺骗,算计与被算计,投机与被投机的世态炎凉的讽刺小说中,王兴文的最后的张狂与分裂,在人性的潜基因中被滋长的是自我的否定,对世界的仇恨,将会预示着一个流氓无产者的诞生,这个开放性的假设结果将更富有对社会真实自身的讽刺性与忧患性。

意大利新现实主义电影运动作为一种电影史上的具有革命性意义的美学思潮，后来被以安德烈·巴赞为代表的纪实性电影美学所取代和延展，镜像的深度也不断的被扩大，电影文本与文学文本之间的交互性也不断被增强，因此，运用电影视角来解读文学作品也越来越被理论界所重视，近年来不断有学者发现着文学作品中的电影化风格，比如对于张爱玲作品的电影化风格的研究。贾植芳先生的许多作品中也常常能见到电影或者戏剧式的手法呈现，或许贾植芳先生并不是真正意义上的社会革命者或文学革新者，但他的作品的某些特殊性和文学创作观念依旧值得关注。

参考文献：

［1］贾植芳.一幅古画.贾植芳文集（创作卷）［M］.上海：上海社会科学院出版社，2004：276—300.

［2］彭吉象.影视美学［M］.北京：北京大学出版社，2002：51.

［3］（意）柴伐梯尼.谈谈电影.转引自彭吉象.影视美学［M］.北京：北京大学出版社，2002：54.

［4］（法）萨特著，周煦良等译.他人就是地狱［M］.陕西：陕西师范大学出版社，2006（2版）：10.

学者为人
——也谈贾植芳先生
李惠芬

　　初识贾植芳先生,是 2014 年夏天在陈思和老师来河西学院的赠书活动上,初听名字,以为是位女性,再加上捐赠给河西学院那么多的书籍,便暗暗佩服起这位世纪老人了;后来听了陈思和老师的报告,知道他是生于山西,一生经历坎坷;著述颇多,也杂;其为人谦逊,是一位可爱、可亲、可敬的学者。每当回忆起陈老师讲到贾先生与夫人十年未曾谋面但一直坚守的感情的时候,每每泪流不能自已。于是,便去查阅他的传记,发现了他独立的人格魅力和精神品质;接着再读他的文,字里行间所渗透着对祖国前途命运的担忧,对社会人生的思考,对普通老百姓生活的关注,于是一个大写的、行走于中国现代文学中傲然挺立的知识分子形象便浮现在了大脑中。由此,我想起了上世纪九十年代在人文精神大讨论中,对于当代知识分子的使命和责任的思考,贾植芳先生用他的一生为我们做了一个完整的诠释。

一、追求独立的个性气质

　　所谓人文知识分子,是指知识分子中从事思想文化、价值观念探索的那部分人,他们承担着对社会道德规范、意义模式、生活方式等进行建构与阐释的使命。他们阐释着人生的意义与价值、社会理想以及人际交往的规则,并常对过去的或现存的价值观念、生活方式、道德规范等进行反思与批判,传播一种新的价值观念与人文理想[1](P2)人文精神,是人文知识分子应有的一种情怀,也是这一阶层的精神特征。[2](P339) 从这个意义上讲,真正的人文知识分子必然具有人文精神。

中国文学史是一部知识分子的建构史,然而世纪之交,各种观念争相从传统向现代转型,中国社会的方方面面都发生着急剧的变化。物质与精神、感性与理性、金钱与良知、个人欲望与社会责任的冲突日趋激烈。一个健全的人应该有的自信和对理想的追求被日渐消解,一个知识分子应持有的基本立场、为人操守,应葆有的正义和良知,应履行的社会责任也在不少人身上成了问题。回顾贾植芳先生的一生,他作为他们那一代的知识分子代表,比后起的几代人对民族的前途和人类的命运执著得多多,在历经惨淡之后,从未放逐过理想和责任。在他和胡守钧先生的对话中

……

胡:你觉得我们当代的知识分子应当从鲁迅身上学习什么东西?

贾:首先要学鲁迅做人!

胡:对,我对自己的研究生也讲,做学问先学做人!

贾:鲁迅先生身上没有丝毫的奴颜媚骨,这就是鲁迅精神,独立人格。……

……[3]P50

在与张宇洁的对话中

张:作为知识分子,您看重做人的气节,作为作家,您强调要敢爱敢恨。我印象最深的是您说过的这样一句话:"可以自我告慰的是,在上帝给我铺设的坑坑洼洼的生活道路上,我总算活得还像一个人。"能不能告诉我们,您所说的"活得还像一个人"的标准和原则是什么?您觉得经过了这么多年的磨难,您的做人的准则和性格有改变吗?

贾:我的性格也一辈子都没有变。你看我在上海住了五十九年,但还是一口山西话,上海人说听了像外国话。而且我的生活、饮食方面也还是保持北方人的习惯。这大概能说明我的"顽固",虽然坐了

很多年监狱,但我还是没有被"改造"好啊。我还说过要把"人"字写得更端正一些,这和"活得像一个人"是同样的意思。像尼采说的那样,"爱惜自己的人不是跌倒就是站起来的"憎恶虚伪的人,"越是在最郁闷的时候,愈是能力最丰沛的时候"那样讲创造的人。不妥协,不投降,做一个没有虚伪的"真人",坚持人的价值和尊严。人就应该这样,越是危险越是困难的时候,头脑越要清醒和坚强,我的磨难造就了我的"钢筋水泥"的精神。[4]

是的,很少有人会有这样坎坷的人生:前后遭受四次牢狱之灾——人生对他来说,真的是一场艰苦的考验和磨炼。然而弥漫在他不同时期的话语和行为中的并非肃杀与悲情,而是悲悯和思考,是对于自己走过的道路的,更是对于中国知识分子的,也是对于多灾多难的中国历史的前途命运的关注与思考。

在《人的悲哀》、《人生赋》等小说中,浸溶着知识分子细密善感的心境和感伤忧郁的抒情色调,体现了贾植芳作为一个"江湖派"作家对人的悲剧性命运的深刻体察和对社会黑暗的无情批判,《人的悲哀》是一篇别具一格、相当成熟的小说,反映出这位二十岁的作家对人生的观察、对社会的思考达到相当深刻的程度。小说描述一个有民主自由观念的青年学生刚刚出狱来到一家麻袋店闲居的感受,他置身于一群麻木了的灰色人群中,默默地观察着身边的人们,思索着人生的底蕴。小说显示出年轻的贾植芳已经具有一种独到的睿智和思想家素质,一种可贵的深思精神和荒诞意识开始进入他的文学创作中。贾植芳先生曾经说"所谓知识分子,尤其在动乱时代,萧士托夫层的知识分子的忧郁、变态,渴求,愤懑苦恼着我。"[5]小说的题名"人的悲哀"准确地概括了他对荒谬的社会现实和人的悲剧性困境所作的理性思考。

在《嘉寄尘先生和他的周围》、《亚尔培路2号》等另一部分以他在中条山战区和在监狱的生活体验为题材的纪实小说中,所表现的则是一个独立的战士、知识分子对自己人格尊严的维护,体现了生命的高贵和自由尊严,并焕发出英雄主义的色彩,带有历史乐观主义的精神。如果说前一部分小说体现的是他的忧愤和悲哀,那么后者则体现的是他的刚烈、爱和希望。这是他性格中的两个不可分割的部分,同时也体现在他的文学创作中。而后者,更是体现了作者的性格气质,或者可以这样说,在种种生存与精神的双重流亡中,经历了种种痛苦的心灵体验后,更加激发了贾植芳身上本身就有的那种独立、刚烈和乐观的精神。有人说"所谓'人文精神',一般指的是人对自身命运的理解和把握,……人文精神是对人类的存在的思考;是对人的价值、人的生存意义的关注;是对人类命运、人类痛苦与解脱的思考与探索。"[6]P101贾植芳先生是一个具有鲜明个性和独立人格的人文知识分子,他用一生的经历,锻造了作为知识分子的独立个性和批判精神,并坚守到最后。

二、心系祖国的责任担当

贾植芳先生反复申明:"我是五四文化精神哺育下长大的文学青年,是有意识的继承和发扬五四文化密切联系社会人生的传统,在鲁迅开创的文学为人生且改造人生的文学道路上前进……对于中国的历史、现状、性质、结构和组织机制等,我始终保持着不竭的探讨热望,并积极主动地介入社会现实生活。"[7]P32作为一个从封建体制和传统文化中反叛出来的现代知识分子,贾植芳积极投身中国现代社会和文化生活实践,以强烈的主体精神参与包括政治、军事、文化和文学在内的各种活动,将自由的人格追求和国家的独立、民族文化和文学复兴的使命紧密结合,从而使他的文化学术上的追求具有强烈的个体实践性和创造精神,这种精神,同时也体现了一代知识分子对中国士大夫"知行合一"传统的继承和发展。

纵观贾植芳坎坷的一生,尤其是在解放前,伯父每每解救他于困厄之中,并为他指点前程;然而他除却物质上的帮助,往往推开伯父精神上的指导,"在家训和良知之间,我总是服从后者的召唤"。按照贾植芳的回忆,如此这般的人生选择还有两次。一次是一九三七年,"七·七"卢沟桥事变爆发,中日正式开战。一边是日本警察的时刻监视,一边是国内如火如荼的抗战形势,不顾伯父的百般规劝,放弃了留在香港,或者远渡重洋前往欧洲的机会,贾植芳毅然回国,参加了国民党政府办的"中央政治学校留日学生特别训练班"。后贾植芳被派往前线,经历九死一生,终因不愿同流合污而离开。另一次是贾植芳在流浪西北数年后，于一九四五年辗转来到济南。伯父提出要把家产分给他，再次被他婉拒，不久就在徐州被日伪警察局以策反罪关押，身受一番磨难，直到日本投降才释放。伯父三次以家训之名为贾植芳规划了未来前途，贾植芳三次以良知之心选择了自己的人生道路，戴上荆棘之冠，与中国千万知识分子一起，共赴国难。而这千万知识分子之中，对他一生的生活和创作影响最大的，莫过于胡风了。胡风曾经说过"文艺的战斗性就不仅仅表现在为人民请命，而且表现在对于先进人民决心的斗争过程的反映里面。"[8]185贾植芳在晚年的一篇文章中写道："因为从这个时期起，我由原先朦胧地以文学为改造人生和社会的思想，渐次具体而清晰地发展起来的文学为人民革命事业服务的思想，日趋坚定地指引我以后的文学活动。"[9]

　　贾植芳青年时代的散文大都具有政治讽喻性和批判性，《一张照片》（原名为《暴徒万岁》）是一篇讨伐专制暴君屠杀无辜学生的战斗檄文，这篇文章刊登在复旦大学左派学生办的地下小报《文学窗》上，当时上海、南京等地学生掀起了反饥饿、反压迫、反内战的运动，国民党官方以武力镇压这些所谓的"暴徒"。像鲁迅一样，贾植芳对此极为愤怒，他以浩然正气为学生们做了历史性的辩护，并发出沉痛的呐喊："只有血的力量，才洗得出一个洁净的中国。"《给战斗者》是贾植芳为当时地下学生刊物《学生新报》的"五四特刊"撰写的一篇短文。他沉痛于"'五四'所倡导的科学与民主，现在还得流着血去争取"，并号召学生们："我们第一必须用战斗的血洗出'五四'的真实面目；第二，我们必须坚持对敌人的憎恨和战斗：记得'五四'到演变到今天的'五四'，我们还得用血去斗争，尤其在敌人近崩溃的时候……我们纪念'五四'，必须学习敌人的战斗方法：狠和彻底！"正是这些富于战斗力的短文，大大出动了国民党当局，并引发了接踵而来的一场文字狱。贾植芳先生早期的作品，是他对那个时代的个人体验的曲折表达、思考和沉痛的呼喊。从这些散文中我们可以看到贾植芳如何以他的庄严的人格力量和乐观主义，站在二十世纪三十年代的黑暗反动的中国现实中，坚信人类美好的明天，他的生活态度，和他的片言只语中闪烁着深刻的人生批评和社会批判力量。

　　小说《嘉寄尘先生和他的周围》写了爱国的青年们被卖国的军阀们残

忍的杀戮，并抛尸于大海喂鱼，而那些吃革命青年血肉长大的鱼又成了军阀们的盛宴佳肴，这是多么大的讽刺啊！作品的写作背景是"一二·九"抗日民主运动大批的学生遭到了当局军警的残酷镇压，贾植芳亲眼目睹了统治者的残暴和学生们的鲜血，小说中的"我"因此入狱，释放后无所事事，只能成为众人的笑柄，看到这里，我们会想到鲁迅的《药》的命运悲剧：革命者被疏远和抛弃，成为孤独者。从另一个角度说明这些孤独者只能从拯救庸众、甚至为他们牺牲中，才能获得生存的意义。1983 年作家何满子在为《贾植芳小说选》所写的"小引"里说："读着这篇小说，使人不禁要想到鲁迅的《在酒楼上》和《孤独者》给予作者的影响"。[10]这恐怕是所有的读者的共同感受：尤其写"灵魂的深"，写"病态社会"里人的精神病态，以"引起疗救的注意"，这样的文学"是对现代中国人的灵魂的伟大拷问，它逼着读者和它的人物，连同作家自己一起来正视人性的卑劣，承受精神的种种苦刑，在灵魂的搅动中发生精神变化，而最终指向的是绝望的反抗，是对于社会，对人自身，对自己的一个反抗，这个文学的'地狱'里有着血淋淋的真实"。[11]

贾植芳的创作表达出了一种清醒的历史意识和主体意识，显示了作者对真理的历史命运的深刻认识，也蕴涵着作者改革社会，为真理，为民主、自由而斗争的强烈愿望，其中透露出的呐喊式的反抗是个人的，更是社会的，国家的，也是指向未来的，它从另外的角度，敢于直击社会顽疾，体现了一代知识分子对国家前途命运的责任和担当。

三、追求本真的学术人格

所谓学术人格，是指能够立足于学术本位，敢于坚持真理，不为现实得失所扰，不为名利所羁绊，乃至不惜为之献身的殉道精神。先生的一生彰显了学术人格的意义，也给我们树立了榜样。古人将"立德、立功、立言"作为人生追求的三不朽，贾植芳先生在用一生实践着对真理的追求，在心系祖国、人民的同时，还以不同的形式，在文学理论、文学创作、文学批评等方面留下了不可多得的著作。

在《理论卷》，对现代文学史中的一些作家、作品的评价和重新阐释中，他始终坚持马克思主义的文学本体论思想，用历史的、美学的、发展的眼光对待作品。在文学作品的选编上，他说："作为艺术品的文学作品，在它的历史表现中，总是从各个侧面或角度用多种艺术手段和方法来反映和体现生活本身的丰富的复杂性的。因此，我们的选材在注意作品的主题题材等这些领域内的广泛性的同时，也要注意选取文体上或体裁上的多样性的作品。"[12]P021，研究作家和作品则"要放在一定的历史条件下"，"因为每个人都是历史的产儿，受到历史环境的限制，他（赵树理）是一个模范，而不是一个模式，他们的功业只能达到其所生活的时代的最高度，我们要尊重历史，不能用今天的历史所达到的高度来苛求前人，以今天的水平要求前人。"[12]P052等等。这一系列的论说，虽然只出现于为别人所做的序言、后记中，但体现了贾先生对于文学本体的纯粹和执著，他用自己的创作和批评实践，勾画了一个精神独立的知识分子对于文学的坚守。

在创作中，贾先生以《人的悲哀》、《热力》、《人的证据》、《集外》等篇目，将自己的一生联系了起来，从懦弱、激情到沉思，完成了知识分子形象的灵魂锻造，如果说，小说是以虚构的方式间接的反映生活，表达对人生的看法，贾先生的《书信日记卷》则以直接的方式让读者再次进入那个时代，去真切的体会一个知识分子的心路历程，字里行间透出的仍然是那样一份对于理想之光、对于正义和良知的执著追寻，对于友谊、爱情的怀恋和忠诚。让我们通过那些真实的记述，感受到了一个有血有肉、真实的知识分子形象。

不但如此，贾先生还通过翻译外来文学来诠释马克思主义的文学观，他说《神曲》《堂吉诃德》《鲁滨逊漂流记》、《浮士德》等5部作品，"实在有助于对我的人生境界的认识和评价，我少年时读它，老年时读它，越读越有味，真是百读不厌。"[13]P278他认为，对待外国文学的研究方法，认为要辩证的借鉴，取人所长补己之短。[14]P030，不但主张到外国文学中吸收营养，贾先生还身体力行，积极参与到国外作品的译介中来，他明确指出，"外国文学作品是由中国翻译家用汉语译出，以汉文字形式存在的，在创造和丰富中国现代文学史上，其贡献与创作具有同等重要的意义和价值。"[15]P130他还进一步分析了翻译活动的性质，认为翻译是一种在创造的文学活动，一方面表达了译者在具体文化语境中对历史和现实的见解，在《翻译卷》中，体现了他对俄罗斯批判现实主义文学的特别关注，其中渗透了马克思主义的正视现实、批判现实的文学观，他以这样的形式坚守着文学本真的理想之域。

知识分子始终是站在历史发展最前沿的战士，不但要时刻保持清醒的自我与社会批判意识，还应该有卓然超群的人格魅力。从人文精神的实践性说来，人文精神不光是一种态度，更是一种生命的承诺。贾先生一生淡泊名利，坚守自己的独立和自由，毫不依附。作为一个有着独立人格的知识分子，贾植芳先生的人生理想和价值追求，不因历史的震荡，政治的荣辱而左右。他既继承了传统儒家的"天下兴亡，匹夫有责"的历史使命感，同时也坚持了自己的独立人格和思想自由。他始终牢记鲁迅先生的提示："可悲的是，不是身在奴者，而是心的奴者。"他既没有在政治迫害中屈打成招，变得趋炎附势，也没有因一次次磨难而失掉自我。他还是他，苦难反而深化了他对中国历史和现实的认识与思考，净化了他的灵魂。他用一生告诉世人的是，什么才是知识分子的良知和正义。他一生的生活经历、著述都在用生命背负社会良知和人文精神的历史使命，在实践中葆有一代中国知识分子的独立人格与铮铮傲骨，这也许就是贾先生八十多年风雨飘摇和不懈努力给我们这个时代知识分子提供的最大启示和意义所在。

参考文献：

［1］陶东风：社会转型与当代知识分子［M］.上海：上海三联书店，1999.

［2］王小波、祝勇：知识分子应该干什么［M.］北京：时事出版社，1999.

［3］朱永安整理，跨世纪的对话——贾植芳、胡守钧谈鲁迅，世纪，1999 年第 5 期.

［4］张洁宇：俯仰无愧　风骨文章——贾植芳先生访谈录，文艺研究，2005 年第 4 期.

［5］贾植芳：嘉寄尘先生和他的周围，贾植芳小说选［M］.第 33 页，江苏人民出版社，1989 年 9 月第 1 版，

［6］王晓明,人文精神寻思录[M].文汇出版社,1996 年 2 月.

［7］贾植芳,狱内狱外[M],上海:上海远东出版社,1997 年.

［8］胡风,置身在为人民民主的斗争里,胡风全集第 3 卷[M].1999 年 5 月第 1 版.

［9］贾植芳,我的第一篇小说,暮年杂笔,第 98 页,汉语大词典出版社,1997 年 8 月第 1 版.

［10］转引自钱理群:"人类史前时期的风俗画"——读《贾植芳小说选》[J].复旦学报,2005 年第 3 期。

［11］钱理群.与鲁迅相遇[M].第四讲.为人生的文学[J].第 122 页,北京三联书店,2002 年.

［12］［14］［15］贾植芳,贾植芳文集·理论卷[M].上海:上海社会科学院出版社,2004 年.

［13］贾植芳:我的读书观,老人老事[M],郑州:大象出版社,2002 年.

灵魂警醒与文化思索
——贾植芳战争文学探析

孙玉玲

上世纪 30—40 年代,是中华民族风云变幻又多灾多难的时期,文学也在社会的变革中发生着分化与突变。随着抗日战争的爆发,民族的救亡与图存深深地叩击着每一位作家的心灵,也影响着他们对民族、社会、人生等反思与叙事。七月派正是奉民族战争之神而诞生,因此,七月派作家的作品充满着浓重的忧患意识和悲剧意识,尤其是他们的小说创作所描绘的人生图景"错综繁密地交织着时代的迫力、社会的苦难和灵魂的创伤,笼罩着荆棘丛生的人生诸相的原色原味和血肉横陈的人生搏斗场的沉痛而悲壮的气氛"[1]。贾植芳作为七月派作家,其小说创作并不多,但是也和其他七月派作家一样,秉承着"五四"精神,尤其是鲁迅的批判精神和内省意识,从个体生命的生存状态入手,对包括自己在内的国人灵魂的剖析,以及对灵魂堕落的警醒。这种剖析和警醒在他战争时期的作品中更加明显,具体可从两个方面体现:一是对战争中的个体灵魂日渐虚弱、堕落的鞭挞,二是从战时的乡间家园所表现出的坚韧、担当等品格中,寻求激发生命的力量、抵制灵魂堕落的资源。

苦难是人灵魂坚强与软弱、高贵与卑劣的试金石,虚弱的灵魂往往在寻常的苦难中一蹶不振,甚至走向堕落和卑劣,而战争无疑是一个国家或地区的灾难,也是一个民族面临的最大苦难,个体灵魂的高贵和卑劣,也常常在这个巨大灾难中暴露无遗。对于上个世纪 30—40 年代中国作家的创作而言,战争的苦难是绕不开的,因为它不仅影响了每一个中国人的生存状态,也将一个民族的生死存亡和未来命运推到了最前端。在这样的情形下,作家们的笔触从民众和民族的显在生存逐渐深入到灵魂和精神深处,不仅为个体的处境把脉,也为民族的命运来把脉。而七月派就是"在战争火焰的映照下最早揭露民族肌体的脓疮的流派,他们在这里传达了时代对民族生存的巨大迫力。"[2]他们的创作就是与战争紧密相关的,贾植芳便是其中一员。他的《人生赋》(1942)、《剩余价值论》(1942)、《理想主义者》(1946)等,便是揭露这种脓疮的作品。

《人生赋》里的牙科医生,在日本人大举进攻上海的"八·一三"事变之后,没有像别人一样搬家逃离,而是"发疯似的捐这个捐那个",不惜与家人闹翻,也对钱满不在乎,将自己的医院改成伤兵医院,"想在战争里尽点责任"。到后来逃到重庆,品尝里生活的艰辛,也目睹了官员们发战争财的丑恶后,思想和性格逐渐发生了变化。当他再次成为医生后,对于工作的本性,已经非常厌倦了,而且性情大变,甚至害怕着一切人。当他的医院再次毁灭在战火中,又不得不逃离到西安后,上海的激愤,和在重庆的忧郁,慢慢都忘掉了,甚至操纵着自己生活和感情的看书看报的习惯也丢掉了,而将对钱和女人作为了人生的具体内容。在对金钱的狂热追求中,他加入卖国的伪组织,落入汉奸的圈套,反而再次丢掉了自己的积蓄,与此同时,也丢掉了自己作为人的精气神,而变成了一个絮絮叨叨讲述自己发财梦想的市侩。在这里,战争并没有将他的灵魂浇铸得更加坚强,民族的危亡也没有激起他的民族意识,反而使他失却了人生理想,改变了生命追求,陷入金钱与美色中来虚度人生。这样的灵魂在灾难面前显得是多么的虚弱和荒诞,也是多么的令人悲哀!更为悲哀的是,听他故事的副官,与他一样只关心自己的甲种细呢皮大衣,而机关来的军人表现出的却是一种近乎麻木的冷漠。面对这一切,"我更深深地感到近乎麻醉的疲惫。"[3]在此,我们也看到了作者的一种灵魂与精神的警醒。贾植芳在另外一篇作品《剩余价值论》中描绘了和牙科医生一样的人物——余子固,作者从他眼神和笑声的变化来透视他在战争中灵魂的萎缩:记忆中的子固有着"发自坦然心坎里的健康而硬朗的笑声,温良坚决的眼神"是"希望的化身",后来变成"两只眼睛低垂着",带着"阴凄","藏着毒药,闪着奇异的光",再后来,他已经有了一双"可称为富人的眼睛",带着一位女子在海滨浴场享受人生,而此时,在久违的子固的粗朗的笑声中,"我"听到的"却是无节制和色情的"。最后,从别人的口中知道,战争已使他成了一个追求生活享受的平庸者和离群索居的忧郁者，曾经奋斗的岁月也已经唤不起他的激情，他陷入一种不可自拔的自我毁灭中。不过，作者似乎又不同于对牙科医生的判断，而对子固的改变还怀有一丝隐隐的期待，因为他至少还在战争洪流中。作者用杰克·伦敦《野性呼唤》中的狗巴克做比，期待着这种转变。尤其在结尾，当看到山旁暗绿的峡谷里，纵马驰骋的骑兵，作者写道："我的激越的感情又向战斗转过来。让我们向这真正的人间的勇士致以无涯的感激，为他们的健康祝福。"这种期待暗含着对战争中民族力量的自信，更是作者对灵魂向暗陬处坠落的反抗，和灵魂在苦难中强大、升华的赞美。

贾植芳创作于1946年的《理想主义者》再次写到了灵魂的虚弱与虚妄。主人公五哥的这种虚弱除了战争造成的贫困和颠沛流离的生活所致之外，更主要的来自对自己民族的不自信。受过现代教育的五哥，是典型的亲美派人物，他并没有在苦难中变得坚强，反而愈加浮躁和不平，批判着所从事的学校，不能忍受和没有知识的人在一起，也因中国城市的马路不平觉得不是一个城市，自己不能住下去，甚至痛苦地说："这三四年，我全力追求面包，虽然还往往失利，生活的机会越来越微小，但是我这个目的也愈来愈坚决；我不信世界再有什么比面包更伟大可爱了。不过，当我发见了在这样的社会中枉费力气地追求到面包，而不能愉快地啃你自己的面包，那真不如到美国去，那里好的多了。"除了对社会现实的批判之外，作者在五哥身上显然也表达着对国民灵魂深深的批判与和国民文化心理结构的思索。在这篇作品中，作者除了常用的冷静叙事和客观描写之外，有时又采用了诙谐、夸张的手法，来讽刺了五哥不切合实际的虚妄和幻想，也表现了那个时代里许多不能面对现实生活的国民，他们心理的病态和灵魂的虚弱，而其背后又无不包含着作者对具有西化小知识分子文化心理结构的担忧，以及对民族文化的思索。在这一点上，深受鲁迅影响的贾植芳在此时已有了自己独立的判断。

对高贵灵魂的固守是贾植芳一生的追求，晚年的他总结自己一生时写道："我只是个浪迹江湖，努力实现自我人生价值和尽到自己的社会责任，在'五四'精神培育下走上人生道路的知识分子……生命的历程，对我说来,也就是我努力塑造自己的生活性格和做人品格的过程。我生平最大的收获,就是把'人'这个字写得还比较端正。"[4]而与之相对,他对灵魂的堕落和卑劣加以鞭挞,也就成为一种对自己警醒。正因为此,他一生经历了更多的磨难,但这些磨难恰恰也显示出了生而为人的伟大和高贵,这应该是贾植芳和他的文学留给我们最宝贵的财富。

贾植芳虽然继承了鲁迅等"五四"作家强烈的批判意识,对国民的许多痼疾做出了冷静的批判,但在"救亡压倒启蒙"的时代背景下,尤其在他多年的抗战实践经历中,他发现和体验了潜藏在人民中间,特别是广大乡村里不可磨灭的民族力量,从而也发现这种力量正是拯救灵魂、激发生命奋斗不息的源泉。他没有像鲁迅那样对国民灵魂和民族品性表现出失望甚至绝望,反而表现出了一种乐观和信任,也体现了七月派作家的历史乐观主义。这在他的报告文学《嘉寄尘先生和他的周围》(1939)、小说《我乡》(1942)中表现得更加明显。

"就七月派内部的文艺样式的嬗变行程而言,报告文学是短篇小说的源头。"[5]《嘉寄尘先生和他的周围》便是以作者的战时经历为题材的一篇报告文学,我们甚至也可以把它看作是一篇带有纪实性质的小说。作品写了在中条山中进行抗日的游击队长嘉寄尘先生和他周围从事抗日的人们。作为乡村大地主兼商人的富户人家的子弟,嘉寄尘抛弃富贵,带领着饱受侵略者烧杀掠夺之苦的乡间农人奋起反抗。他虽已五十开外,但"反抗,这革命者的第二生命,是一直在嘉老先生的胸中停着,荡着,变成血液,力量。"而正是他正义、坚韧的力量影响着孙宾这样的乡村青年,唤起了他们强烈的民族意识,在家园被毁的愤怒中,他大声地说:"妈的日本鬼子不要做梦,其毋村人不是这些蚂蚁,整天只顾自己过日子,受不了人家踏一脚,不是糊涂的。×娘的,你只顾烧,终竟有一天,其毋村的人全干了游击队,教你回不得东洋。"同时,嘉寄尘强烈的民族反抗力量,也影响着乡间老农,懂得了民族的意义,他们放下了个人的恩怨与利益,将子辈送上了战场。作为游击队长的嘉寄尘,之所以取得多次胜利,恰恰就是因为"他也是一个百姓",也借助山间百姓的力量,一次次绝处逢生,从而赢得了人们对他更高的敬仰和信任。在作者的描绘中,我们看到了民族精神的力量，作者以遭人践踏的蚂蚁做比来描绘这种力量：它们的数目虽然锐减了，但剩余的一些，背负着阳光，仍然吃力地运行着。正是这种力量涤荡着人的灵魂，使之抛却虚弱，走向强大。所以，"我"也在孙宾的"后面有全国的老百姓"的歌唱中抬起了头。作为继承鲁迅批判意识的七月派作家，贾植芳在生活的实践中看到了民族解放的力量，也表达着对民族精神的一种自信。在这一点上，他与鲁迅是有别的，同时也表明："五四"时代的启蒙走向随着中国社会历史情形的突变而发生了变化。

贾植芳的《我乡》也是带有纪实色彩的一篇作品。作者以一次回乡的经历，来描绘外敌入侵给家乡和亲人带来的灾难，而同时，也发现了这种灾难带给人灵魂的觉醒与变化：出生于大户人家的"我"的两个妹妹，已经加入到抗日工作中；在战争中逃亡的父母在对子女的爱的驱使下，更加明白了侵略的残酷和保留年轻力量的重要性。虽然在乡间，也有将命运交给神来定夺的"我"的干过洋行经理的长辈，在面对战争时产生来恐惧和绝望，但更多的是像房主老农这样的普通百姓，战争的残酷和侵略者的残忍，不但将他们的麻木、自私等统统赶走，而且浇铸出了他们的坚韧和不屈，他们反而成了"我"这样的知识者的启蒙者。作品最后，当"我"看到房主老农那挺立在山巅上的高大的身躯和手里闪光的镰刀，"我"被深深地感动了：

> "我在这万山丛中的崎岖路上转进着，重穿了我的军衣，想到我们东方人所悲观的梦的人生，和并不是梦的残酷的现实人生之绘，我的眼睛湿润了。但是，我们正如牧者站在四顾茫茫的苍野，对于生命的设想，是不应该茫然和忧郁的。应该挺身高歌，呼喊生命的愉快和伟大；更不是纯然动物式的生活，而应该努力增润生命，发扬生命的真价。
>
> 生命吗？就是生命。斗争，创造，征服。
>
> 故乡，战乱的故乡是赋予我们人生和战斗之勇气的。它是这样的一个新的人生之港湾。"

在这里，乡间的力量不再是麻木的闰土，这些平凡百姓在民族和家园灾难中的觉醒和坚韧，反而成为弥补和警醒知识者虚弱的巨大力量。启蒙，已在另一种方向上进行。

作为"五四"启蒙精神承继者的贾植芳，对民族灵魂的探索依然是他在文学领域中思考的主题之一，不过已经不同于鲁迅等知识者的启蒙立场。民族危机将所有中华儿女卷入生死存亡的漩涡中时，人的存在价值和灵魂高下也就有了新的考量坐标，因此，小知识分子的个人主义追求在民族大义面前不仅不合时宜，反而显得虚弱甚至卑下，反倒是曾经被他们所批判的广大乡间民众，在实实在在的乡间家园被侵略得遍体鳞伤后，涌起了巨大的反抗力量，而这种力量也警醒着那些虚弱者、梦想者、蜕变者。当然，在作者这样的描写背后，也隐藏着贾植芳对民族灵魂和民族的文化根性的思考。作为有着几千年农耕历史的中国，广大的乡间民众是民族文化根性的承载者，广袤的乡间大地也是人们实实在在的生活家园和引领心灵欲求的精神家园，因此，在民族生死存亡之际，乡村就成为了民族力量的沉潜和汇聚之地，乡间的民众也就成为激发和敲打民族灵魂的重要力量。在这一点上，贾植芳的思考已异于前辈，表达着对自己民族文化的自信和信心。

贾植芳是一位有着强烈独立意识的知识分子，这在他的创作中也表现得非常明显。他战争时期的文学都带有自叙传色彩和纪实性质，他的作品也是作者"在场"的一种叙述，他不避恶，也不媚俗，更真实地表达了战争中人们的生存图景。他的这种冷静、客观，显示出了自己独立的观察与思索，也与当时流行的革命文学拉开了距离，虽缺乏所谓的"史诗性"的感染力，但依然能激起人们对灵魂堕落的抵抗，和对引领人走向美好的民族文化的信心等更深层的思考与探索。

参考文献：

［1］杨义.杨义文存（第二卷）·中国现代小说史（下）［M］.北京：人民文学出版社，1998：151.

［2］杨义.杨义文存（第二卷）·中国现代小说史（下）［M］.北京：人民文学出版社，1998：153.

［3］贾植芳.贾植芳文集（创作卷）［M］.上海：上海社会科学院出版社,2004:51.以下出现的作品引文均出自本书.

［4］贾植芳.且说说我自己［C］.陈思和.贾植芳先生纪念集,上海：复旦大学出版社,2011:26.

［5］杨义.杨义文存（第二卷）·中国现代小说史（下）［M］.北京：人民文学出版社,1998:151.

贾植芳戏曲观漫谈

刘梅兰

　　著名作家、翻译家和学者贾植芳先生，自小就接受了家乡的地方戏剧——蒲剧的熏陶。他喜欢看武戏，喜欢蒲剧中信义的英雄豪杰，爱国为民的历史人物，在他幼小的心灵中，开始把他们作为了自己人生的楷模。

　　贾植芳先生12岁离开家乡，受到"五四"新文化思潮的影响，积极参加爱国政治运动，形成了强烈的社会责任感。对于他接触到的更多中国的传统戏剧剧种，他的评判标准依然与他对社会、人生问题的探究、思考相一致，以其能否真实地反映历史和社会为评价准则。因此，他喜欢秦腔、豫剧、河北梆子、海派京戏、上海的独角戏和滑稽戏，不喜欢京戏和越剧。

　　究其原因，这与他从小生活的山村环境、民风民情相关，也与他后来的成长历程、几经磨难的人生历程有关，还与他的人生追求和性格特征相关，与每个剧种的音乐唱腔、表演风格等也有关联。这几个方面相互影响，相互作用，密切关联，不可分割。

一、少年时期的戏曲观

　　贾植芳先生少年时期就崇尚正义，喜欢武戏、武旦的戏剧观，与他的出生地的生活环境和民情风俗以及流行于晋南地区的蒲剧音乐唱腔和表演风格有密切的关系。

　　贾植芳先生1916年出生于山西襄汾，他的少年时期，戏曲依然是都市和农村最受民众欢迎的艺术与娱乐形式，尤其像他的家乡这样一个荒漠、贫穷和闭塞的偏远山村，生活是比较寂寞的，要想找点娱乐的话，就是去看戏。每逢迎神赛会,村里和邻村都会上演蒲剧。贾植芳先生还是个小孩子的时候,就经常去看。

贾植芳的家乡民风民情质朴醇厚,却又强悍、粗犷尚武,这深深镌刻在年幼的贾植芳身上,影响着他的情感、生活性格,也深刻地影响着他的戏剧审美观念,他"喜欢看武戏,不喜欢看文戏"[1]。贾植芳的戏剧价值观念和道德取向,集中体现了家乡民俗、民性的对他的影响。同时,流行于晋南地区的蒲剧的唱腔、音乐等方面,又集中而典型的体现了晋南地区民众的价值观念和伦理道德取向,成为了他们的一种意识形态,对贾植芳的戏剧观形成了一种积极正面的影响,他喜欢观看的是探究人生、社会问题的蒲剧剧目,喜欢富有正义感和社会责任感的舞台人物形象。

蒲剧,俗称乱弹,又称蒲州梆子,形成于明代,因其兴盛于古蒲州(今山西永济)地区而得名,流行地区很广,主要山西地区,以及陕西、河南三角地带,甚至远到甘肃、青海、新疆、内蒙古、河北等省的部分地区。蒲剧的唱腔以梆子腔为主,属于板腔体,腔高板急,行腔高亢奔放,起伏跌宕,富于激情,擅长于抒发慷慨激越的情绪。蒲剧的音乐旋律跳跃幅度比较大,显得慷慨激昂,粗犷豪放,同样擅长于表现慷慨激昂之情。蒲剧的表演风格则奔放刚健,大方明快,生、净表演宽大有力,粗犷豪放,旦角表演明快利落,朴实大方,如此等等,使得蒲剧适合演出历朝历代的社会悲剧。

蒲剧的传统剧目如《比干挖心》、《文王访贤》、《卧薪尝胆》、《渑池会》、《荆轲刺秦》、《霸王别姬》、《苏武牧羊》、《窦娥冤》、《赵氏孤儿》,以及三国戏等等。比干的忠君爱国为民,访姜子牙于渭水,任用贤才的文王,卧薪尝胆,励精图治,最终复国飞越王勾践,大义凛然,不畏强权的蔺相如,讲信用、重然诺,知恩图报的豫让和荆轲,坚守民族气节的苏武,顽强抗争的窦娥,重情重义的虞姬和项羽,有忠有义,忍辱负重,舍己救人、矢志不渝的程婴,以及三国时期的英雄豪杰的忠信情义、爱国为民的精神和气节,都让贾植芳深深折服,赞叹不已。他喜欢这些讲道义,重信用的英雄豪杰,喜欢爱国为民,有骨气,有气节的历史人物,并把他们视为自己的人生榜样。贾植芳先生"一辈子的挣扎和坚守,坐而不寐守望良知的那种精神和节操"[2]以及被许多人歌之颂之的骨气,和少年时期观看的蒲剧,他所喜欢的剧种的上述历史人物不无关系。

从戏剧角色上来看,贾植芳先生喜欢蒲剧中的武生、武旦和武丑,不喜欢文丑。当然,他喜欢的是蒲剧中行侠仗义,视死如归,讲信义、重然诺的绿林好汉,对于那些接受官府诏安,反过来又为虎作伥,捉拿他们原来的同类的绿林强盗,以及他们卖友求荣的行径,却是极为愤慨和不齿的。蒲剧中的青衣和须生,贾植芳先生赞赏的是重气节、明大义、轻生死、为国捐躯,为民请命的历史人物,对那些表面上看起来道貌岸然,时时以忠孝节义为立身行事的准则,实际上假仁假义的角色,却是十分厌恶和反感的。蒲剧中那些献媚诌笑、自轻自贱,甚至充当帮凶的阴险奸诈的文丑,他当然也是不喜欢的。至于那些男仆、丫环等等富贵人家的仆役,贾植芳先生既同情他们的处境,又瞧不上他们的奴才相。

二、离乡后的戏曲观

贾植芳先生离开乡村,进入社会,接触到的剧种开始多了起来。相比较之下,他喜欢的是富有民族风格和地方色彩,表现和反映真正的生活(人生和社会),具有真实的艺术生命的地方戏。

1928年,贾植芳先生离开乡村到太原读初中,毕业后到北京读高中,受到新文化思潮的影响,开始观察和思考人生、社会问题,积极参加社会活动和政治运动。1936年东渡扶桑求学,学习社会学专业,进一步研究人生、社会问题。高度的社会责任感,使他在抗战爆发后立即回国参战。1941年,贾植芳在西安时,还是像以前那样"极端顶真,极端严肃,在思考着人生,批判着社会众生相和种种精神上的弊端。"[3] 1948年,他隐居在沪西一农户之家,以一种清醒的历史意识,潜心写作和翻译,以期能够给现实提供借鉴。可以说,对人生和社会问题的思考,一直就贯穿在贾植芳先生的生活、创作和翻译当中。

正是基于对人生和社会问题的关注、思考,贾植芳先生在离开山西农村老家,进入城市读书,多年在动荡的社会中生活中,喜欢的中国传统戏剧还是反映和表现生活的戏剧。贾植芳先生喜欢陕西的秦腔,河南的豫剧,河北的梆子等与他少年时期就很熟悉的蒲剧,同属一个艺术系列的北方、中原的地方戏。这些地方戏具有浓厚的民族风味,有各自的独特的地方色彩和艺术个性,能够真实地反映现实生活和历史生活。

秦腔,形成于秦,精进于汉,昌明于唐,完整于元,成熟于明,广播于清,流行于陕西和甘肃一带,是古老的剧种之一。秦腔唱腔高昂激越、强烈急促,有欢音和苦音之分。苦音腔深沉哀婉、慷慨激昂,适合表现悲愤、怀念、凄哀的感情;欢音腔欢乐明快、刚健有力,适宜表现喜悦、欢快、爽朗的感情。秦腔的剧目,有很多取材于"列国"、"三国"、"杨家将"、"说岳"等英雄传奇或悲剧故事,也有很多历史题材的剧目,表现反侵略战争、忠奸斗争、反压迫斗争,还有很多富有生活情趣剧目。

秦腔和蒲剧本来就是一家的不同分支,唱腔接近,戏路相通,都是以当地广为流传的民间小曲为主要音乐语言。贾植芳先生认为,秦腔和蒲剧都能突出表现普通老百姓的日常生活情趣,所以很受群众的欢迎。

豫剧,是在河南梆子的基础上发展起来的,主要分布在黄河、淮河流域。豫剧的唱腔铿锵有力,富有热情奔放的阳刚之气,具有强大的情感力度。而且,豫剧的质朴通俗,唱腔流畅,吐字清晰,易被观众听清,内容也更贴近老百姓的生活,因而河南、湖北、安徽、江苏、山东、河北、北京、山西、陕西、四川、甘肃、青海、新疆、台湾等省区市都有专业豫剧团的分布,是我国最大的地方剧种。

贾植芳先生不喜欢看京戏,认为京戏过于富丽堂皇,精雕细琢,和真实的生活有一定的距离,缺乏艺术生命力。相对来说,贾植芳先生比较喜欢的是经过改造的海派京戏。海派京戏诞生于商业化的现代化都市上海,具有开放的艺术心胸。它与贾植芳先生的戏剧价值取向相一致的是,它的表演,是从生活的真实出发的,虽然有点粗放,却具有真实的艺术生命。

1950年,贾植芳先生到上海任教,之后一直工作生活在上海。对于流行于上海的越剧,他是颇为看不惯的。

越剧是从曲艺"落地唱书"(浙江嵊县以马塘村为主一带流行的说唱形式)发展而成,唱腔俏丽多变,曲调婉转柔美,多演以"才子佳人"之戏。最初为男班,生旦丑角都是男性扮演。不久,进入混演阶段,出现女旦。1917年,越剧进入上海。1923年,创办女班。后来,以施银花为代表的"三花一娟"名角出现,成为典型的女子越剧时期,男角均退出舞台。

越剧的经典剧目,有《龙凤锁》、《赖婚记》、《珍珠塔》、《双金花》、《懒惰嫂》、《沉香扇》、《范蠡与西施》、《梁山伯与祝英台》、《碧玉簪》、《李翠英》、《情探》、《打金枝》、《祥林嫂》、《西厢记》、《红楼梦》、《孔雀东南飞》和《则天皇帝》等等,剧情不外乎爱情婚姻、家庭纠纷。越剧的唱腔清悠婉丽,跌宕优美,长于抒情。加之二十世纪二十年代之后,表演者均为女子,表演真切动人,细腻有神,极具江南灵秀之气。在个性粗犷,历经人生坎坷的贾植芳先生看来,越剧的感情太过细腻,"哭哭啼啼,婆婆妈妈"[1](26)是他个人的性格所不能接受的,所以看不惯,也不喜欢去看。

至于上海的独角(脚)戏和滑稽戏,贾植芳先生喜欢看。独角戏,亦名独脚戏、滑稽,以滑稽娱人为主要审美功能。表演时,一个演员说笑话、讲故事、唱京戏、学方言,扮演多种角色,自称独脚戏。抗日战争期间,独脚戏演员纷纷投入抗战宣传活动中,编演抗战剧目,鼓舞士气。1942年,江笑笑成立专门表演滑稽戏的"笑笑剧团",独脚戏演员开始兼演滑稽戏。建国初期,姚慕双、周柏春的"新潮滑稽",在继承发展前人曲目的同时,大量编演新段子,如《人民真开心》。建国后,独脚戏演员大多参加剧团,以演滑稽戏为主。

上海的独角(脚)戏和滑稽戏,能够突出反映现实人生和社会百态,与贾植芳先生一贯认同的戏剧观念相一致,引起了他的共鸣。首先,它们具有浓郁的上海地方特色;其次,它们的题材来自上海,上海复杂的市民世界,可以说是无所不包;最后,它们能够及时地反映上海市民的现实生活和情感世界,表现上海的社会习俗和市民心态。

贾植芳先生少年时期形成的戏曲观,与他离乡后的戏曲观是一脉相承的,贯穿其中的是对社会正义、英雄豪杰的喜爱和由衷的折服。少年时期的戏剧观,不仅仅是影响了贾植芳先生九十二岁的人生之旅,而且还对他的人生追求、理想和人生道路的选择也有一定的影响。

三、戏曲改编

关于利用小说的材料来改编剧本的问题,在贾植芳先生看来是必要的。因为小说是作者从现实生活中摄取真人真事概括为典型形象的作品,改编为戏剧,"艺术感动力更深"[4]改编的过程,是一个艺术再创造的过程,需要在吃透原著精神、主旨、灵魂的基础上有所创造和提升。改编中要有新的发现,要给人以启示。当然也不能单纯、机械地照搬抄袭,更不可肆意歪曲原作的精神、灵魂和主旨。

贾植芳先生认为,在改编名著的时候,更要慎重对待解决,有一对很突出的矛盾问题,是必须要解决的。一方面要忠于原著,"不能放开原著本身所具有的并得到几代读者承认的艺术韵味,"[5]另一方面,要大胆运用改编后文学样式的新的艺术手段和功能,使其获得新的生命力,获得观众的认同。因此,改编者就必须"细心体会并掌握原作者在创作中所表现出来的艺术创作手法,加以利用和发挥,在艺术上进行新的发掘和探索,进一步提高和完成原作。"[6]

2002年,贾平凹的小说《土炕》,被改编为现代蒲剧《土炕上的女人》,在山西临汾蒲剧院上演,大获成功,很受观众欢迎。同年,第四届上海国际艺术节上,山西省来沪演出的正是此剧。贾植芳先生在报纸上看到消息后,立即请学生帮忙订票。山西省临汾蒲剧团得知情况后,特地邀请他作嘉宾,到逸夫舞台观看演出。

《土炕上的女人》的故事很简单,但是质朴感人,催人泪下:主人公杨三妞是陕北山沟里的一位普通农妇,她结婚的时候正是在战争年代。新婚之夜,她与丈夫木墩被即将临产的女红军战龚娟的敲门声惊动。杨三妞在土炕上为她接生,木墩牺牲(后来才知道为掩护龚娟的团长丈夫而死),三妞与猫猫相依为命。解放后,三妞将猫猫送回龚娟身边,无怨无悔。"那年代",她又在自己的土炕上,护养了猫猫的女儿秀秀。新时期,三妞送秀秀回城参加高考,难分难舍。在这个土炕上,她护养了红军三代人,经历了三次生离死别之痛。杨三妞她养育了红军三代人,却从未离开过小山沟,离开过土炕。也是在这盘土炕上,她安详地走到生命的尽头。

普通的土炕,蕴含了丰富的内涵,承载了质朴、坚韧和善良、宽容、舍己为人的民族精神。贾植芳先生谈到了他对"土炕"的象征意义的看法,他认为"土炕"象征着深厚的文化底蕴,"没有炕就没有基础,告诫我们不可忘本"[6](5)。贾植芳先生对杨三妞褒赞有加,赞扬她没有目的,不图好处地帮助别人，保持了农民朴素的道德观，在她的身上有传统道义的自觉，她护养三代人的出发点在于人情道义。

贾植芳先生在谈到看戏的问题的时候，认为"还是旧戏好，反映历史，表现社会生活题材的好。现代戏为政治服务较多，教条较多，没意思，看戏像听课一样，受教育。"[6](5) 现在传统戏剧的这种状况，可以说是新时期以来"戏改"的一个主要倾向，把表现历史和现实社会题材，贴近老百姓生活的戏剧，变成了教育的传声筒，不能吸引观众的眼球。现代蒲剧《土炕上的女人》的改编却是非常成功的，不但是小说改编的成功，也同时也是古老的蒲剧改为现代蒲剧的一次成功的尝试，是近年来的现代戏中，最为出色的剧目之一。

现代蒲剧《土炕上的女人》的表演也相当成功，饰演杨三妞的任跟心，表演的重心放在人物的心灵的塑造上，以剧情和人物取胜。这样的表演，既有生活的内涵，又有戏曲的程式感，体现出古典戏曲艺术的现代诗意。唱腔随着戏剧人物年龄的变化而变化，如青年时期，采用花旦的唱法，显得清脆活泼；中年时期，采用青衣唱法，稳重大方；老年时期，改用老旦唱法，苍劲宏实。舞台设置也极为简洁质朴，台左是可以转动的窑洞窗户和土炕，台右是的石碾，具有浓郁的黄土高原乡村风格，大受当地观众的喜爱。

对于中国的传统戏剧，贾植芳先生喜欢能够真实地反映历史和社会，具有浓郁地方特色的剧种，不管它是地方戏，还是京戏，也不管它是小戏还是大戏。他喜欢他自小就爱看的蒲剧，也喜欢秦腔、豫剧、河北梆子，海派京戏，上海的独角戏和滑稽戏，但是却不喜欢京戏和越剧。他曾经反复提到自己的这一看法，他说"戏剧还是要客观反映生活，反映时代，反映历史，不要光说教。"[6](6) 不管是他家乡的蒲剧，还是其他的地方戏剧，抑或是其他的剧种，只要是反映时代和历史，表达人民群众意愿的，都是他所喜爱的。

贾植芳先生的戏曲观，与他自小生活的山村环境、民风民情相关，也与他后来的成长历程、几经磨难的人生历程有关，还与他的人生追求和性格特征相关，与剧种的音乐唱腔、表演风格等也有关联。

243

参考文献：

〔1〕贾植芳.我的戏剧观〔J〕.上海戏剧.1990(5)：25.

〔2〕孙正荃.贾植芳的自由人格〔J〕.文史天地.2006(10)：21.

〔3〕孙乃修.贾植芳传略上〔J〕.新文学史料.1996(2)：195.

〔4〕贾植芳.谈利用小说作材料来改编剧本——以《钢铁是怎样炼成的》第六场为例〔A〕.陈思和.贾植芳文集·理论卷〔C〕.上海社会科学院出版社.2004：307.

〔5〕贾植芳.我看电视剧《春蚕》《秋收》《残冬》——兼谈名著改编的若干问题〔A〕.陈思和.贾植芳文集·理论卷〔C〕.上海社会科学院出版社.2004：349.

〔6〕贾植芳、丁西.我喜欢反映时代和历史的戏曲——与贾植芳谈戏剧〔J〕.名人谈戏.2003(1)：5.

贾植芳思想中的人文关怀探析

马丽娜

当这个世界充斥着虚伪、争斗、黑暗、浮躁时，我们最初的灵魂何处安放，如何抗争？是不是熟视无睹就能解决问题，是不是麻木不仁就能逃避伤害，是不是隔岸观火就能相安无事。每当黑夜降临，总会有一些散落的星辰闪烁着不灭的光芒，给人一种希望和憧憬，给人一种慰藉和指引，也总有一些像群星一样、旭日一般点燃希望，照亮前路。贾植芳先生就是这样的一个人，在那个动乱不安的年代，透过他那冷峻的笔调，人们看到的正是一个具有高度社会责任感的作家炽热的人文关怀。

1999 年 12 月当经历了近一个世纪的历史颠簸的贾植芳先生被问及胡风对鲁迅精神的继承这一问题时，他坚定地认为胡风坚持了鲁迅的独立人格、坚持了鲁迅对现实清醒的批判态度。他指出，在封建社会里，知识分子只有个人功利意识，没有社会功利意识，没有独立的人格意识。表现在文学创作方面，胡风提出作家是个人，他通过自己对生活的感触，表现对社会的批判的认识、思考和态度，不是按政治、政策需要写作，不是按教条写作，作家要关心社会，同时要用自己的观念、眼光来观察一切，因此作家的写作不应有统一的标准。对于胡风的这一观念，贾植芳先生给予了充分的肯定。同年，当被胡守钧问及胡风的哪些观点还有深刻价值时，贾植芳先生明确指出："就是作家要有主体意识、民间立场、独立人格，以及对现实的批判态度和清醒意识。现在年轻一代提出人文精神，民间立场，就是体现了这一点。知识分子要有社会功利主义，要有独立人格。不能仅仅追求个人的名与利，这是个人功利主义。"[1]纵观贾植芳先生的学术研究与生活实践，他用自己的一生践行着这种学术独立、思想自由、敢说真话的高贵品格。

一、对普通人生存及命运的关怀

人文关怀是"善"的终极价值体现，是一种崇尚和尊重人的生命、尊严、价值、情感的精神，它与关注人类的全面发展、生存状态及其命运理想相联系。诚然，人的一切精神创造都是从人的需要出发的价值活动，体现着人的尺度和目的，因而"以人为本"的价值理念就成为人类一切创造活动的出发点和归宿。然而，由于文学作品所把握和反映的对象，都是具体的社会事件，都是活生生的人的生活境遇和遭际，都是人的欲念、情感、意志、行为和理想，因而人文关怀在文学领域，不仅在表现的具体性与生动性上，而且在内涵的丰富性与渗透力上，都是以诚挚的感情与艺术的呈现方式给人带来的强烈感染力、巨大的震撼力与冲击力，则更属文学与艺术所独具的优长。作家对社会生活的把握和反映的方式尽管异彩纷呈，有的是写实的，有的是虚幻的或象征的，而其共同点则是，在对生活的富有历史精神的肯定与否定、赞美与贬斥、同情与厌恶乃至困惑、无奈的情感态度中，寄寓着他们特有的悲天悯人情怀。列夫·托尔斯泰在谈到作家的责任时说，他是经常地、永远地处于不安和激动之中，因为他能够解决与说明的一切，应该是给人们带来幸福，使人们脱离困难，给予人们以安慰的东西。贾植芳的文学创作及文艺思想，处处体现着这种人文关怀的烛照，体现了他们那一代知识分子在残酷战争中对抗人的丑陋与堕落，以及对人的价值、责任与存在的意义的不懈追求。

1956 年苏联的《真理报》头版头条发表了作家肖洛霍夫卫国战争题材的中篇小说《一个人的遭遇》，这篇小说很快就在全世界引起了巨大的影响。连当时还健在的美国海明威等一批世界大作家也写信祝贺，祝贺肖洛霍夫的小说获得成功。关于卫国战争题材的作品，在《一个人的遭遇》发表之前已经发表和出版了很多，最有代表性的就是法捷耶夫的长篇《青年近卫军》、西蒙洛夫的《日日夜夜》和波列伏依的《真正的人》，它们都是以歌颂苏联人民在卫国战争中英勇、坚强、无畏和牺牲精神为主调的。然而，《一个人的遭遇》改变以往单一的歌颂的过分昂扬的基调，展现了战争原有的复杂的真实面貌，因此，肖洛霍夫的《一个人的遭遇》认为战争文学除了历史维度之外，还有一个维度，那就是人文关怀的维度，即战争是破坏性、毁灭性的，它给人带来的是杀戮，是劫难，是蹂躏，是凄惨，是创伤，而且是永远也不能抚平的精神创伤，因此它又具有悲剧性的一面，我们需要以人文关怀来烛照它来正视它，把真相展现出来，让后来人知道战争意味着什么。然而在中国，早在上个世纪三四十年代，贾植芳先生的小说创作及文艺思想，就处处体现着这种人文关怀的烛照，揭露了战争改变人的命运，戕害人的心灵，摧毁人的价值的悲剧，体现了他们那一代知识分子在残酷战争中对抗人的丑陋与堕落，以及对人的价值、责任与存在的意义的不懈追求。

贾植芳先生的小说创作从开篇的《人的悲哀》到四十年代中期创作更为成熟的《剩余价值论》、《理想主义者》，直至四十年代末的《人的证据》，他关注、描写的中心始终是正在痛苦的中国之命运中的普通人的悲哀以及人的价值的失落、人的丑恶与堕落。因此贾植芳先生在 1983 年他编《贾植芳小说选》时将这些小说正式命名为"人类史前时期的风俗画"、"谑画"。

在小说《剩余价值论》中，作者将留存于记忆中的子固与现实中两度遭际的子固形象而真实地展现与读者面前，真实再现了普通人对于战争的真实感觉。记忆中的子固"无论在什么境地里永远浮在苍白的面颊上的坚定的微笑，发自坦然心坎里的健康而硬朗的笑声，温良坚决的眼神……那一切仿佛便是希望的化身。"然而当现实中已经经历了战争的洗礼的子固却俨然变成了一个被衰老征服了的年轻人，他"声调暗哑，两只被皱纹围着的陷下去的眼睛里，闪着一种湿湿的哀凄的光，两耳以下的面部长满刺一样发黑的短髭，使人有一种被刺着的感觉，不由得去摸自己的下颌。"这样的子固使我茫然，是"我"想要摆脱的。再次相遇的子固有了粗朗的笑声，但却是无节制和色情的，这一次的子固那种可称富人的眼睛更使我想逃开去。小说的结尾，"我"辗转听说的子固是一个内心充满着伤痛与矛盾的人，"我早忘了想起就使我痛苦的那些年。但这结果呢？是更多的痛苦添在我的心上，我没有法子。我疲倦了。自己把自己毁了。……这回战事真是一种了不得的力量！"这是子固最后的心声。战争的残酷不仅在于残酷地毁灭人赖以生存的物质生活，更戕害了人的精神，有的甚至达到了毁灭的程度。

小说《人生赋》又是一个战争改变人的命运，戕害人的心灵，摧毁人的价值的悲剧。《人生赋》中那个没有名字的青年牙医原本是个家境殷实、生活独立、富有理想和爱国热忱的有为青年，他唯一的嗜好就是读书看报，碰到什么公益事他也会慷慨解囊。"八·一三"以后，他发疯似的捐这个捐那个，甚至把自己的医院改成伤兵医院，连候诊室都躺满了伤兵。"我因为不替自己打算就和家里闹了一点风波，家里人就丢下我回乡下老家去了。我反觉得痛快。我想在战争里尽点责任。钱是个什么东西呀！"这就是他最初对战争及人生价值的体认。就是这样一个城市青年，在为了生存而所苦心布置的医室一次次为战争无情地摧毁后，在饱尝了战后人生的离乱与苦楚后，他的生活成了另一幅景色"在上海的激愤和在重庆的忧郁，被称为孩子气的玩意儿，慢慢地也都忘掉了，就连那一点看书看报的习惯，这时也丢掉了。我开始健全地生活着。我想，人生的具体内容，第一是钱，第二是钱，第三是钱……。"战争改变了人的生存本身，改变了人性本身，这种触目惊心的改变，不能不让人感到惊异与震撼！

上个世纪三四十年代以来占据主流地位的文学思潮，如胡风所说，是只准许歌颂胜利，只准许歌颂中国人民又自由又幸福，只准许对于敌人的弱点和没有出路加以嗤笑，揭示中国人的精神病态，揭示战争的杀戮与创伤是不合时宜的。由此胡风在四十年代提出的"精神奴役的创伤"的命题，以及他所坚持的对现实生活与文学中的市侩主义的批判，都被视为异端而遭到围剿。在这样的背景下，贾植芳先生所写的《人生赋》、《剩余价值论》、《理想主义者》这样的揭露战争中的精神创伤，揭露战争背景下的市侩主义的文学作品，其价值及意义是何等的可贵。

二、内在心性良知的自我发现

贾植芳先生在《狱里狱外》的引言中曾说："我只是个浪迹江湖，努力体现自我人生价值和尽到自己的社会责任，在'五四'精神的培育下走上人生道路的知识分子。在上帝给我铺设的坑坑洼洼的生活道路上，我总算活得还像一个人。生命的历程，对我来说，也就是我努力塑造自己的生活性格和做人品格的过程。我生平最大的收获，就是把'人'这个字写得比较端正。"[2]这段话可以说是对贾植芳先生作为一位独具自我内在心性良知的学者一生的真实写照。作为一名中国普通的知识分子，当北京发生了震动全国的"一二·九"运动时，曾为这个正在走向沉沦的民族而感到深深的悲哀的贾植芳理所当然地投身于这场伟大的学生爱国运动洪流中，他散发传单、高呼爱国口号，并和大家一起冲破了军警的一道道防线，这些都使他第一次感到了生命的价值，感到了生的快乐，感觉到讲出真话、喊出内心要求的人的伟大和痛快。1937年7月7日震惊中外的"七七事变"发生了，面临着国破家亡的残局，贾植芳忧心如焚，随后他毅然决定结束在日本的留学生活，立即回国，投笔从戎，参加全国民众的抗日战争。归国途中他的叔父曾写信叮嘱他暂住香港，不要回国，再由香港去英国读书。当时贾植芳面临两种选择，即去喝洋墨水、吃洋面包，成为一名学者，或者吃小米、喝白水、拿步枪，在炮火硝烟中成为一名抗日救国的战士。强烈的社会责任感以及知识分子的自我内在心性良知使他很快做出自己的选择，他最终成为一名救国战场上的战士。也正是因为这个原因，追求自由和独立且生性耿直的贾植芳先生一生中先后四次入狱，时间最长的一次是1955年，被打成"胡风分子"而失去自由达23年之久。因此，贾植芳先生在中国现代文化进程中的角色，远不是一个作家所能概括的，在作家之外，他更是一个具有鲜明的个性和独立的人格的知识分子战士。

不仅贾先生自己是个对祖国怀有无限热爱和忠诚，充满历史责任感，而又重视个人节操的中国现代知识分子，就是对于其他作家及知识分子的评价与要求，贾植芳先生也是本着对抗人的丑陋与堕落，探寻人的价值、责任与存在的意义的人文关怀的原则的。

早在上个世纪五十年代贾植芳先生对法国作家拉伯雷的高度赞扬也体现了贾植芳先生对人的尊严、价值、生存状态及未来命运的深情关注。在《伟大的人文主义者拉伯雷》一文中，贾植芳先生指出"伟大的历史人物的生活应该是人民历史的一部分。通过拉伯雷艰苦而光荣、颠沛而战斗的一生的事迹，使我们理解到他的光辉的著作之所以不朽，正是由于他的著作植根于人民生活的土壤中，为人民利益而战斗的结果。""'卡刚都亚与庞大固埃'的主题思想,应该是作者对于人的价值和作用的理解和信任。"[3]

更为重要地,贾植芳先生对胡风文艺思想的评价也是本着建立在人文关怀基础之上的知识分子鲜明的个性和独立的人格这一基本原则的。贾植芳先生1990年10月赴日访学时的讲稿《关于胡风的文艺思想》中提及现实主义在中国现代文论史上存在的两种倾向,一种是在20年代"革命文学"中形成的,又被30年代左翼文学所继承了的现实主义,即周扬提出的文学的人物就是文学者应当描写民族解放斗争的事件和人物,努力创造民族英雄和卖国者的正负典型。另一种倾向的现实主义则是胡风所主张的,虽然他并不反对文学要反映现实的斗争,但他考虑的更多的是人的因素,即怎样在现实主义创作中进一步发挥人的主体性的能动作用。对于这两种现实主义倾向,贾植芳先生提出"两条现实主义的道路,一条出发点是政治,另一条出发点是人学。胡风把人的强烈因素注入了文学,注入了现实主义,这恐怕就是他的理论至今仍有生命力的原因所在。"也正是本着这样一种认识,贾植芳先生对胡风的重要的理论命题"主观战斗精神"与"精神奴役创伤"予以了人文关怀的阐释,提出"胡风的'主观战斗精神'是什么呢? 通俗些讲,就是作家的一种战斗的人生观,一种战士的'人格力量'",还有"什么是'精神奴役创伤'呢? 其实就是'缺点错误'",文学要写出生活中活生生的人,当然要写人的缺点。广大生活在底层的;劳动人民,特别是农民,受着上千年封建主义的物质压迫和精神压迫,受着小生产私有观念的影响,在他们精神上造成了极其深重的被奴役的痕迹。[4]诚然,人的一切精神创造都是从人的需要出发的价值活动,体现着人的尺度和目的,因而崇尚和关注人的生命、价值、情感与自由的"以人为本"的价值理念即贾植芳先生提出的"人学的出发点"理应成为文学创造的出发点和归宿。

另外,在1986年举行的赵树理诞辰80周年纪念大会上,贾植芳先生也是从赵树理作为一个有良知的作家和知识分子的角度予以评述的。贾先生指出,赵树理具有高尚的道德和人格,他敢于揭发我们生活中一切消极的阴暗的东西,敢于讲真话,而不说违心话。在建国后的历次运动中,赵树理从来不落井下石,宁可搁笔,也决不违背自己的良心,替左倾路线歌功颂德。因此,对于赵树理的创作,贾先生指出,作为一个革命现实主义作家,赵树理继承和发展了鲁迅所开创的直面人生、直面现实生活的文学战斗传统。贾先生对郁达夫的评价也可以显示出他在学术自由上的追求以及作为一个知识分子对自我内在心性良知的发现。对于现代文学史上一些对于郁达夫作品的指责,贾先生也是本着一种人文关怀的原则肯定了郁达夫的人格精神,认为他是一个具有独立性格、自主意识和坚持自身价值的人。作家的使命毕竟不同于历史学家、政治学家和社会学家,作家是人的命运的关注者和社会文明进步的促进者,因此文学表达的是人的喜怒哀乐、是非善恶,表达的是人类的自我观照与对人的肯定,因此作为一个直率而真实的作家,一个不尚于虚饰敢于裸露自己的人,敢于挖掘真实人性的作家,我们又怎能以非人文非审美视点的政治性的偏执来苛求他呢? 在这里贾植芳先生对郁达夫的评价是深刻而富有深意的。

参考文献:

[1] 贾植芳,胡守钧.贾植芳胡守钧谈胡风[J].世纪,2000,1.

[2] 贾植芳.狱里狱外[M].上海:上海远东出版社,1995.

[3] 贾植芳.贾植芳文集[C].上海:上海社会科学院出版社,2014:328.

[4] 贾植芳.贾植芳文集[C].上海:上海社会科学院出版社,2014:88.

贾植芳和汉奸问题

罗　孚

阿垅、贾植芳和胡风同是没有被"免予起诉"的"胡风分子"。阿垅甚至还不如胡风幸运，胡风还有过短暂的监外服刑的回家，也有过和梅志一起居住在大墙内的日子。而这一切阿垅是享受不到的。

他被捕前妻子张瑞就早已死了。留下的孩子陈沛只有几岁大，由公安局照料生活，父子不能见面，只是每年照一张陈沛的像给他。在狱中的第八年，他忍不住了，写过一封信给儿子。陈沛拿给公安局的人看，上边不置可否。好心人劝他不要把信留下，而惹是非。陈沛就把原信寄回了。可以想象，这对狱中的为人父者的打击有多大。但这能怪孩子么？

孩子的母亲张瑞是一九四六年自杀死的。她有个妹妹苏予，"文革"后担任过北京《十月》文艺双月刊的主编。一九四八年她是燕京大学新闻系的毕业生，一九四九年随解放军进北京，在市委、市府工作，负责机要事务，担任保密秘书，替报纸写过社论。阿垅一出问题，上边对她就立刻换了一副面孔，停职反省，隔离审查，最后是控制使用，下放劳动后改去学校教书。"文革"中，又审查，又下放，又回校，直到"文革"过去，胡案完全平反，宣告"阿垅无罪"。

事实上，阿垅只当过她两年姐夫，她只是在阿垅到北京开文化会时去看过他一次，通过信。

阿垅岂止无罪，他不明明是有功的么？而这位功臣却是一九六七年三月死在狱中的。他一九六六年二月在天津被判徒刑十二年，只差几个月就刑满，他已等不及了。十三年后的一九八〇年，他才得到了宣告"无罪"的平反昭雪。

在胡风、阿垅以外，还有一位不被"免予起诉"而受到正式判刑的贾植芳,是在一九六六年三月里和阿垅一样,也被判徒刑十二年的。他这时刑期只剩下大约一年,也得了监外服刑的待遇。他原来是复旦大学的教授,就被押回复旦监督劳动,但马上就受到了"文革"的折磨。直到一九八〇年,才正式平反,宣告"无罪"。

但就在平反的时候,他还是戴着一顶"汉奸"的帽子没有取下来的。如"胡风反革命集团"平反文件中说:"贾植芳,原被定为汉奸,经查,贾确曾于一九四四年,投靠汉奸郝鹏举,任汪伪淮海省参政,曾向郝献'兴淮十策'万言书。"最后说:"综合上述,除贾植芳当过汉奸外,其他人都不是'特务、反动党团骨干、恶霸地主、反动军官、革命叛徒和变节分子。'也没有发现胡风把这些人组织了以他为首的反革命集团的事实。"

绿原不是特务,阿垅不是反动军官,只有贾植芳这时还是"汉奸",尽管他获得平反。而这最后一点的平反又拖了一两年才算完全解决。

抗战时期贾植芳在山西做过新闻检查处的工作,那时候他介绍过几个人到延安,包括李大钊的女儿。后来到西安,在杨虎城部工作,由于送情报给八路军办事处,被人告发,才逃到徐州,在郝鹏举保荐下做了伪江苏省副议长。他劝郝不要帮日本人打共产党或国民党,被日本人认为是策反,把他关了几个月,日本投降,他才获释。他牵涉到"汉奸问题",就是指的这一段。到后来由上海公安局承担责任,说是他们"受了极左思潮影响",原来结论不当,表示要在文化教育界发函更正。这是大陆上常有的做法,定罪时全国周知,平反却只在地方进行。像批判《武训传》这样的大事,就没有在全国范围内正式平反,而只是山东一省之内纠正错误。

贾植芳还补充说:"一九五五年为了打倒我,报上还说我当过土匪、少将、人口贩子、鸦片贩子等,天晓得这是怎么回事,这种为目的不择手段的实用主义做法,经过反右和'文革',才彻底使百姓们,一切有良知的中国人看穿了,认识了。"

贾植芳的妻子任敏也没有好日子过。一九五五年贾植芳被捕后的第三天,她也被捕了。一九五六年出狱。一九五八年被放逐到青海,不到半年,又因在上海时曾在王戎家"攻击毛泽东,为胡风集团鸣冤"再入狱。一位牧民女犯饿得实在不行,她偷了一碗牛奶给她喝,被关禁闭,从此罚她搬死尸。直到一九六二年,才出狱到山西贾植芳的老家。

胡风、阿垅和贾植芳这三人，是分别在北京、天津和上海三个地方被判刑的，宣布是在只能容纳几百个听众的法庭公开，而这几百人又是挑选前去的各机关的党政人事干部，不是一般听众。"为了维护党的威信，（胡风）不但不上诉，甚至都不愿辩解"。据梅志说，不上诉是梅志事先受到动员，说服了胡风，这才没有上诉的。交换条件是胡风其余的四年刑期可以在监外执行——回家和妻儿团聚。一切都是戏！

阿垅没有福气，听不到宣判就去世了。他妻子早死，儿子太小，判决书是寄到北京他的妻妹苏予那里的。也算通知了亲属。

贾植芳呢？他根本就没有听说要判他多少年。由于胡风判刑在先，上海中级人民法庭宣布对他的判决时，先提到了胡风已经"认罪服法"，他听成了"伏法"，以为已死，当时头脑一炸，人就迷迷糊糊了。

（原载罗孚：《北京十年》，中央编译出版社 2011）

记贾植芳先生：一个同乡的回忆

符杰祥

　　熟悉贾植芳先生的人都知道，先生喜交朋友的豪兴晚年未减，位于复旦大学公寓楼中的"府上"大门一直向人敞开着。但我去先生那里的次数并不多。这倒没有什么殊奇的原因，一则是我个人的不喜交游，一则是担心搅扰先生的清养，尤其是在先生由"罪人"成为"名人"而产生明星效应的时候，这份不忍与自尊之心就更加浓烈了。所以，每次拜访时，我都要打电话探问一下，挑一个贾先生清净的时候。也因为我的"挑挑拣拣"，在最初认识的那一段时期里，常常隔得时间久了，害得前一阵还叫我"小符"、"小老乡"的先生不得不瞪大眼睛，让我重新再自报一番家门。然而，这一切并不妨碍我内心深处对先生的尊敬和理解。将人生最宝贵的青春岁月几乎全部"奉献"在牢狱中的贾先生，在人类历史上那个最耻辱的灾难的年代，以自己做人的良知承担了耻辱与灾难；也因为这种与时代一同受难的选择与良知，他屡屡自豪地说："我把'人'字还算写得端正。"

　　我与先生是同乡，都是晋南人。晋南与陕西于风陵渡口相隔一道黄河，地处东岸，所以古称河东。顾炎武在《日知录》第31卷有云："河东、山西，一地也，唐之京师在关中，而其东则河，故谓之河东；元之京师在蓟门，而其西则山，故谓之山西，各自其畿甸之所近而言之也。"大概因为过去相对富庶，文化发达，这块土地承载着史书所记的"尧都平阳，舜都蒲坂，禹都安邑"，同时也出了不少名臣良将、文人墨客，文如荀子、柳宗元、王维、王之涣、王勃、司马光，武如卫青、霍去病、霍光、关云长、薛仁贵、狄青，近如民国史上的李健吾、傅作义，很让少年时读地方史的我没来由地"自豪"过几次。像鲁迅当年苦心搜辑《会稽郡故书杂集》一样，对乡贤的敬仰与故土的热爱融于血液中，也许是很难分开的。因此，当我第一次拜访先生时，听到先生用浓浓的乡音开着玩笑说，"山西人在上海的不多，见个山西人，比见洋鬼子还难"，满怀的敬仰与肃穆顿时化成了一种如入乡里的亲切，感情上也一下子与先生贴近了起来。

贾先生如今已是望九高龄，但除了听力下降，身体与精神都出奇得好。我曾开玩笑地向他请教长寿秘诀，先生放高声音说："没有功利心！"语气颇为自豪。因为每天坚持读书阅报，先生的信息极为灵通，思想也甚为开放。再加上生性幽默，爱开玩笑，所以常常说出一些让人意想不到的话来。一次，正与先生谈话，中文系的一位老师来访，先生忽然伸出一根手指训道："看看你教出来的好学生！"当我们相对愕然时，先生却得意地大笑起来。原来，先生开玩笑的"好学生"是指从复旦校园出来的"美女作家"卫慧，这位号称用"身体写作"的"新新人类"，其时正因一部《上海宝贝》走红。谁也没想到，这样前卫的东西也会惊动先生。

是的，先生总是给人一种乐观、愉快的印象。你很难想像，就是这样一位善良、豪爽的老人，在各个时代的牢狱中，度过了他人生中的大半个岁月，蒙受了你尽可能想像到的各种凌辱与磨难。1935年，因为参加"一二·九"学生运动，时年不过十八岁的贾先生第一次尝到了铁窗的滋味。他大概不会想到，当他随后被伯父用一千块大洋和五十两鸦片保释，并送往日本避祸与留学时，他多灾多难的人生才刚刚开了个头。为了思想的自由、精神的独立和知识分子的良知，他付出了惨重的代价。抗战爆发后，先生旋即回国，在故乡中条山一带参加了抗日前线部队，写出了大量的战地通讯与报道，并由此结识了胡风先生，其间因为思想左倾，险被活埋（记得先生对我说过，李大钊的女儿李星华在此期间秘密去延安时，他买来骡马一路护送。在后来以局级干部规格举行的等级秩序森严的李星华丧礼上，没人提及到场的他，更没人提及这段不在场的历史）。在抗战胜利前夕，流亡于徐州的先生又被日伪徐州警察局特高科逮捕。日军投降后，他辗转来到上海，主编《时事新报》副刊，谁知因文贾祸，再遭囚禁。也许让他更想不到的是，当他这位被"解放"的"进步人士"在满怀喜悦拥抱理想的春天时，却遭遇自己人生中最为寒冷、也最为漫长的冬季：从1955年的胡风事件，到1980年反复奔走、四处鸣冤才换得一纸没有任何情感与人性色彩的薄薄的政治平反公文，整整煎熬了二十五年。

　　我从未问过先生在那些黑暗日子里的事情。让一位老人回头舔舐内心无法愈合的伤痕,是一件残酷的事情。虽然我知道,这些伤痕像霍桑小说中那个红色的 A 字一样,已经从耻辱的象征,成为良心的见证与光荣的徽记。

　　有一次,先生告诉我一个昨夜的梦,一个新做的"被抄家"的悲凉旧梦。我这才感觉到,先生谈笑风生的后面,其实积压着深切的忧愤。先生乐观,并不达观。他可以书写"脱胎未换骨"的铮铮豪气,却无法轻易忘记那些鬼魂一样的噩梦。

2002 年 10 月
于复旦北区

　　(原载符杰祥:《知识与道德的纠葛》,上海市:东方出版中心 2009)

怀念贾植芳先生

李　浩

　　知道贾植芳先生是到上海鲁迅纪念馆之后的事。20世纪90年代末，因为要征集有关30年代日本留学生关于鲁迅逝世纪念活动的一些资料，随王锡荣副馆长到复旦贾先生的家中拜访了他。初与贾先生见面有些拘束，但他是绝没有大学者架子的人，交谈中顺手递烟给我，先生的这一举动，一下子就打破了我的拘束感。这是第一次见面。

　　以后因为工作关系，时常拜访贾先生，聆听贾先生的教诲。其间，也会谈些杂事。贾先生说话山西口音比较重，开始不是很习惯，去的次数久了也能听懂个七八分，但还是比较累。虽然如此，那时候也还是常去拜访贾先生，因为为贾先生广博的知识、丰富的人生经历和风趣的言谈所吸引。所谈的事因为时间久远有些淡忘了，搜寻记忆中，当时他谈得比较多的是他的文学经历，以及胡风和高长虹。他对胡风很敬重，对于因为成为胡风分子而遭受的艰难，他以一种风趣的话语谈到此事，没有丝毫的怨恨和遗憾。曾记得《胡风全集》出版后不久，我到贾先生的家拜访，第一眼就看见放满书的书架上原先某人的文集被堆在地上，而将《胡风全集》整齐地放在书架上。刚坐定他就特意告诉我《胡风全集》出版了，眉宇间洋溢着喜悦的神情。谈高长虹比较多是因为高长虹也是山西人，他告诉我，高长虹的家乡为研究他做了很多研究性的资料整理工作，建议我有时间去读读。言谈间我也会关注贾先生的书房中书架上的那些书，终于有一次忍不住冒昧地向贾先生提出借一本书看的要求。那是一本我曾搜寻很久的书。原以为贾先生会拒绝我的请求，因为我读书虽然不多，家里也有些书，却比较敏感于别人问我借书。谁知道贾先生很爽快地答应了我的请求，但只有一个要求，就是要我一定归还，因为他得到那本书也颇不容易。

得到贾先生的允许我很高兴地将书带回家,不久以后,我再次拜访贾先生,将所借的书归还给了贾先生,他很高兴,并围绕这本书又和我聊了许久。那次拜访正值《解冻时节》刚刚出版,在我临走前,贾先生取出一本赠送给我,使我喜出望外。

之后,因为各种原因,渐渐地不常去贾先生家拜访。只是将上海鲁迅纪念馆所编《上海鲁迅研究》按时寄赠先生,并偶尔会打贾先生电话,询问一些史料方面的问题。如此,过了数年。

2004年,上海鲁迅纪念馆计划将所编的《上海鲁迅研究》从无固定期限出版,改为一年出版四辑,同时拟定请贾先生为《上海鲁迅研究》的顾问之一。为此,我随王锡荣副馆长再次拜访了贾先生,虽然几年没有见,贾先生依然健谈如故。使我惊讶的是贾先生居然还记得我的名字,使我感动之余也颇觉愧疚。对于做《上海鲁迅研究》顾问的事,我们一提起,先生就爽快地答应了。

此后,我们依旧忙碌着,按时寄《上海鲁迅研究》给贾先生……

4月25日上班不久,王锡荣副馆长告诉我们贾先生已经去世了。闻知此讯,我竟木然了许久。贾先生欢快爽朗的话语在耳边回响起来,难以相信这位乐观豁达的老人竟然突然离我们而去。当天下午,研究室三人随王锡荣前往贾先生家祭奠。家属告诉我们,贾先生去世的时候很安详……

贾植芳先生生前曾经这样写道:"我觉得既然生而为人,又是个知书达理的知识分子,毕生的责任和追求,就是努力把'人'这个字写得端正些,尤其是到了和火葬场日近之年,更应该用尽吃奶的最后一点力气,把'人'的最后一捺画到应该画的地方去。"从贾先生的一生来看,贾先生承继"五四"先进知识分子的优良秉性,虽历尽磨难"然东山之志始末不渝,每形于言色"(《晋书·谢安传》)。

世纪之交,曾为拍摄大型文献片《民族魂》事登门采访贾先生,当问及他得知鲁迅先生逝世的消息事的感受时,贾先生说:

> 鲁迅先生去世以后,我看日本的广播台,日本报社,当时新闻很多。我那几天精神上好象是,心里非常失落。成天在马路上跑来

跑去。

就是失落感，失落感，鲁迅是我们的精神导师，鲁迅是方向啊，鲁迅活着，他写文章对我们年轻人是个启发，是个教育，他过去了，思想界领袖已没有，我们好像是失去了依靠一样。

当年，贾先生并没有因精神导师的去世而颓唐，而是继承了鲁迅的精神，以他的生命，坚定而顽强地实现了作为一个现代中国知识分子应有的责任。诚如追悼会主挽联所评价的那样："从鲁迅到胡风，冷眉横世热肠扶颠，聚悲智良心傲骨侠胆为一腔正气；由社会进书斋，大写做人中道敷文，融创作翻译学术育人开八面来风。"

晚年，贾植芳在《且说说我自己》一文中，对自己的评价道："我只是个浪迹江湖，努力实现自我人生价值和尽到自己的社会责任，在'五四'精神培育下走上人生道路的知识分子。我在这个世界上活了八十多年了，眼看就要进火葬场了，可以自我告慰的是，在上帝给我铺设的坑坑洼洼的生活道路上，我总算活得还像一个人。"读此，不禁想起鲁迅《过客》中的那位过客来……

（原载上海鲁迅纪念馆编：《上海鲁迅研究 2008 夏》，上海社会科学院出版社 2008）

贾植芳：晚年笔墨中的精神慧光

沈　扬

　　都知道贾植芳先生是一位具有传奇色彩的世纪老人。所谓的"传奇"中，有绝对的悲情底色。他的好多宝贵年华都是在不同时代的牢狱中度过的。悲情"传奇"的成员，也包括他至爱的妻子任敏女士。纵然这对患难之交终于有了安好的晚境生活，但漫长岁月中不堪回首的事情太多，不堪回首的时间太长。他们爱得太沉重。笔者的这篇短文，当然无意述说贾先生的"传奇"人生，我只是因为在他晚年的一段时间里，与其有过直接的文稿交往，所以记下一些相关的情形，以表达对这位前辈文人的尊敬之情。

"社会中人"的"学问中"文章

　　贾植芳先生一再说自己"不是学问中人，而是社会中人"，也说过文学写作不是他的主业等话语，但在事实上，这位"社会中人"写了许多"学问中"的文章，也出版了不少这方面的书籍。除了那些被剥夺了作文权利的年月，他在人生的各个阶段大抵都留有自己的文字。由于不用述说的原因，直到开始步入老境的时候，我们的贾教授方才进入了文字生涯的黄金时期，这当然不只是他个人的悲剧，也是时代的悲剧。迟到的黄金岁月来之不易。文学不再是"悲哀的玩具"，作家也不再是"悲哀的玩具"（贾植芳语），他们都回到了自己原来的位置，这些都是让贾植芳最为高兴的，也是让他觉得应当倍加珍惜的。

　　我经手编发的若干篇贾先生的文章，就是在如此的背景、如此的心态下写出来的。记得最早收到贾先生来稿，是为《中国近代文学大系》丛书写的介绍文字。从此每当作品刊登之后，过些时候一般便会有新作寄来，其中有两篇文章留下的印象较深，一篇是《比较文学序》，一篇是为《鸳鸯蝴蝶派散文大系》写的感言。

复旦大学是我国首批有比较文学硕士学位授予权的单位，贾植芳作为这一学科的领头人，除了日常的教学，也屡有这方面的著述。《比较文学序》便是其中的一篇。寄此稿时的附信是这样写的：

沈扬同志：

您好！先向您拜个晚年，祝您身体健好，鸿运高照，万事大吉大利。

现寄上近作一篇，请你们审阅。这是为国家教委委托编写"比较文学"专业教材中青年朋友集体撰写的序文，借以谈了我对这些中青年学人的治学精神人文精神的认识，也借此介绍了这个综合性学科——比较文学教材的体例及内容，等于写了一个"安民告示"。如果《朝花》能发一下，也是借此扩大些学术影响，为当前的学术文化建设事业出些力气。

总之，请你们审阅定夺。如认为不符贵刊体例，就请退我，俟有新作，再行投稿。

尚此顺颂健好并祝

编安！

贾植芳

97.3.10

贾老生性快乐直率，这从信的新年祝辞里也可看得出。正如先生所说，他的这篇序言，除了概述这套教材的几个贡献以及比较文学这门综合性学科的学术意义，他把着重点放在了对中青年编撰者的治学精神和人文精神的肯定和鼓励上。在当前市场商潮的冲击下，有这么一批学人在一个寂寞的领地进行着默默的耕耘，这样的"知识人"是他最看重的，认为这正是学术建设最为宝贵的精神基础。他也热情地称赞若干学人同心协力编教材的做法，认为与中西文化交流密切相关的比较文学学科，如此的合作精神尤其需要。作为办报者，我们当然很愿意也应该为这门学科的传播和发展"出点力气"，《朝花》于 6 月 5 日发表了这篇作品。

曾看到贾教授的学生的分析，认为贾老的"知识人"精神，其最核心的内容是老老实实地做人，踏踏实实地做学问。我以为这个归结是切合实际的。自称"不是学问中人"的贾先生，即便从其笔下文字中，也可看到他对学问的投入态度。文学现象中有些东西是较为复杂的，需要认真的分析，分析之后形成的观点是否正确，也还需要通过实验甚或争鸣使认识得到进一步的明确和完善。贾植芳重视治学的这些过程。上面说到那篇关于"鸳鸯蝴蝶派散文大系"感言，就反映了他对这一课题的思考和探索。文章的主标题是《找回另一只翅膀》。在 20 世纪某些年代曾经红过一时的"鸳鸯蝴蝶派"作家，在新文学运动中被冠以"文娼"、"文丐"的恶谥，到了极左年代，其命运更是可想而知。在《找回另一只翅膀》一文里，贾植芳客观地分析了"鸳蝴派"作家的成因、特点和作品传播的社会效应，从社会、历史和文化的多重角度，对这一文学派别进行总体分析，认为过去对它的社会"宣判"是不公平的。文章说，尽管这些作家的笔下"不乏市侩气的庸俗，但谁又能说其中没有几分难得的清醒"。对于这派作家的积极面，贾先生主要归结了两点：一是摆脱了在封建性农业经济社会里知识分子对官府的由人身依附到人格依附的附庸地位，成为具有独立人格的自食其力的社会个体。二是这派作家的描写对象主体大多是普通人，平凡生活，"在使文学由庙堂走向民间、从知识分子精英走向普通大众方面也具有积极意义"。

就笔者的印象而言，"鸳蝴派"的作品同武侠小说等不同，它贴近现实市民生活，尤其是贴近底层民众生活，它的出现有市民社会环境孕育的客观因素，所以比较赞成贾教授的相关观点，即否定其庸俗低劣的东西，看到它积极的一面，承认其一定的文学地位。当然也不能否认文化现象的复杂性，对于通俗文学的批评，自五四以来实际上一直没有停止过。在文学功能、文学的社会学价值、文学市场化等问题上，精英文学家和通俗文学家之间，以及各类评论家之间，认识和评判尺度存在着较大的差异，所以纵然到了今日，在这些问题上存在不同论见也是很正常的。我们编发贾先生的感言，多少有一点对这一派文学给一点理论支持的潜在意识，当然也是有通过积极探索争鸣寻求相对正确认识的意图在内的。

真诚关爱——后来者的福分

贾老晚年的作品中，序文占了不小的比重，仅《老人老事》一书中，就收入了 22 篇序言，这位文坛老人因此戏称自己是"写序专业户"。其实，这正是他鼓励、扶持中青年学人的一种很实在的方式。他在《朝花》发表的此类文字，除了上面说到的，记得还有为公开出版的博士生学位论文写的序言等。在一封信里，他说写这些序文，也是"我与新生代学人之间学术交往的一个文字记录"。他对后学的关心和扶持，自然不限于校园之内。在这方面，我还真想多说几句呢！作家、左翼文化文学史研究者秋石曾经告诉我，贾先生不仅为他两本有关研究萧军、萧红的专著写序，还具体指导他这方面的专题研究，其间曾见面长谈多次，序言只是他整个关注过程的一个归结。我看过其中一本——《两个倔强的灵魂》的序文，内中对传主一些关节性的事情，有作序者独到的了解和论析，同时认为，与已有的关于"两萧"的多少个传记版本相比，秋石的文本比较客观地记叙了萧军和萧红的真挚情感，以及由鲁迅一手扶持的《八月的乡村》和《生死场》对我国革命文学乃至世界反法西斯战争文学的重要建树。对于写传者本人，贾老似乎有一种一见如故的亲切感。——秋石的人生之路多坎坷，有另一种的传奇色彩。在惺惺相惜之中，贾老欣赏其耿直硬气的"战士"性格。他在序文里写了这样的话语："秋石好斗，好斗的秉性丝毫也不亚于他的文学领路人萧军。"他特别看好秋石求知务实不知疲倦的治学作风，认为文坛需要这种坚定的以追求正义为宗旨的"呐喊者"。写到这里，不禁想起不久前发生的一件"小事"：奉贤一家排污工程工厂的青年职工金峰，酷爱读书藏书，尤其是积十年之努力，收集了一大批名家签名本，在上海人民出版社出版了一本名为《草堂书影》的书。金峰给我寄书后，在电话里欣喜地告诉我，出书之前曾得到贾植芳教授的热情帮助，不但为他写了序言，还帮他选定了书名。在序文里，贾老亲切地称金峰为"青年书友，也是我的学友"。一天，小金来到地处上海东北角的一座宿舍楼看望老人，谈话间流露了想请王元化先生题写书名的意愿，谁料贾老听完后当即拿起电话，直接与元化老友联系，得到了对方的允应。于是在上海西南角的一座楼宇里出现了这样一幕：另一位文化老人笑迎小书友，然后展纸提笔，边写边说，年轻人多读书是好事，我愿意为你写书名。凡人金峰的经历，令他感动，我听了也感动。

笔者除了在有关会议上见过贾先生，也曾到复旦宿舍区拜访过他。记得当时在坐的还有邓云乡以及他的学生陈思和等。其间有另一些学生进出。坐在木椅里的贾先生身材瘦小，说话带有浓重的山西口音，就像看他写的字一样，要仔细地听，才能都明白。室内人一多，话题就有些散，学生也有暂时离开的。只记得谈到为报纸写稿的时候，贾教授说早在20世纪50年代他就向解放日报投稿，纪念契诃夫逝世多少周年的文章，就是登在解放日报上的，可以说是这张报纸的老作者。后来不写文章，那是没权利写了。现在可以自由写文章，可是却老了……室内有香烟的轻雾弥漫，这样的氛围贾先生应当是最适应的，因为他是有名的"老烟枪"。

望着坐在木椅里的瘦弱老人，我在心底里对自己说，就是这么一个小小的身躯，承受过多少压力和磨难，而又蕴藏着多少智慧、勇气和力量！保重啊，可敬可爱的"传奇"老人，文化老人！

（原载沈扬：《朝花怀叙录》，上海远东出版社 2007）

贾植芳：大学图书馆是大学面向世界的窗口

孙琴安

几乎在每一位文化名人的成才过程和生活道路中，差不多都与图书馆打过交道，有过这方面的经历。贾植芳也不例外。

三出监狱，三入图书馆

1915 年，贾植芳出生于山西襄汾地方的一个小山村里。在中学里即爱读文学作品，并写小说和诗歌自发投稿。1932 年到北平一个美国人办的老牌教会学校上高中，苦学英语，能看原版的英语报纸和书刊，可是，不久他因参加进步学生运动而被学校开除。

远离家乡而又年仅十七岁的贾植芳，一时没了去处。好在他喜欢看书，无奈之下，他便一头扎进了图书馆。只要有空，便往图书馆跑，在那里打发时光。看书生活是单调的，但书中大有天地。他在阅读了许多外国文学和社科类的书。

1935 年，他又因参加"一二·九"学生爱国运动而被捕入狱。出狱以后，图书馆又成了他栖息和经常出入的地方。

1936 年，贾植芳赴日本留学，专攻社会学，但他私下仍喜欢文学，在日本的图书馆里经常阅读俄、法和日本等国的文学作品。卢沟桥的炮声响起后，他毅然结束了平静的图书馆和求学生活，回国参加抗战。

没想到的是，就在日寇即将投降的前夕，他被汪伪军警投入监狱。出狱后到上海，却又被国民党中统局抓走，再次投入监狱，一年多才被放出。八十多岁的贾植芳深有感慨地对笔者说："我三次入狱，几乎都是以文惹祸。但我三次出狱以后，几乎都是跑图书馆，这对我的成长很有用处。"

在《关于读书》一文中，他回忆往事时也说："书开始对我具有吸引力，因此把读书变成一种生活的需要。"又说："而书籍又像是一把火，它不仅点燃了我的生命，也照亮了我周围的生活世界，使我看到了人生的价值和意义，生而为人应具有的责任和品格。"

八十年代复旦大学图书馆馆长

建国以后，贾植芳先在上海震旦大学任教授兼中文系主任，1952 年院系调整后，又归复旦大学任教授。1955 年，"胡风冤案"便把他牵扯了进去，成了大名鼎鼎的"胡风分子"，被逮捕入狱，后又在"文革"中被批斗，直到 1980 年，才被宣告无罪，得以平反，恢复了教授职务。数年以后，他又被任命为复旦大学图书馆馆长。

这个职务本是由郭绍虞兼任的，相当于副校长和教务长。郭绍虞去世以后，曾由物理系的教授兼职过渡一下，现在却落到了贾植芳的身上。

贾植芳是个干实事的人，由于过去经常出没图书馆，深知图书馆的坐标价值，因此，他在中文系任教同时，对图书馆工作进行了一些必要的改革。

在贾植芳看来，不论是学生、教师，许多重要知识的来源，都要靠图书馆。他在《一个老读者的祝贺》曾说："我多年来，总是对周围的朋友和学生们说，图书馆是我们做人治学的良师益友，是我们读书人在建设自己的学术专业过程中的衣食父母，我们在学业上的每一步前进，都离不开她的哺育功劳。"遗憾的是，建国以来，每次政治运动，不仅对图书馆造成了一次又一次的清洗和破坏，而且又制定了一套又一套清规戒律，对学生的限制尤多。因此，贾植芳一上任，便取消了一些不必要的清规戒律，让学生尽量方便地看书，他认为图书无禁区，大学生对图书有识别和认识的能力。他的这些认识和措施很受学生欢迎。

复旦大学是一所国内外驰名的综合性重点大学，经常有外宾来参观访问。他们大多提出参观图书馆。贾植芳陪同参观时，见外宾对图书馆的藏书、设备等都问得相当仔细认真，看得也挺入眼。从这些反复出现的现象中，他终于认识到：一个国家，或一个城市，或一所大学的图书馆，藏书、品种、设备、服务态度等,实际上就是这个国家或城市,或这所大学的窗口,外人可以从中窥见到这个国家、城市或大学的学术水平、文明程度,乃至学生的专业水平和文化素质。与此同时,图书馆又是一个传播和了解现代科学技术最新信息、动态和观点的重要场所,是与世界交流,让复旦师生走向世界的一个重要驿站。

当他对图书馆有了这一重要认识以后,针对过去对图书馆建设不太重视的弱处和复旦的教学和研究的实际情况,他向校方申请了 800 万元人民币,建立了复旦大学文科图书馆。

为创立中国比较文学跑上海图书馆

贾植芳少年时在教会学校读书,英语很好;后来赴日留学,又学得日语,加上青年时曾读过许多外国文学作品,精通外国文学;又由于中国近世以来积弱积贫的现状,使他读了许多有关中国的文史旧籍、诸子百家、野史笔乘,在大学里所教的又是中外文学课程,这样造就了他这样一位学贯古今中外文字和中外文学的作家型教授,致使他一直想对中外文学串连,作比较性的研究。

自第一次世界大战以后,西方便已有了比较文学。但苏联斯大林却是反对并禁止比较文学研究的。建国初期,学苏联很起劲。既然斯大林禁止,中国谁敢提倡? 但从 70 年代开始,苏联也有了比较文学。贾植芳从他被平反恢复工作的第二年起,就提倡中外比较文学的研究,提醒人们应注意中外文学关系史。他所写下的《中国比较文学的现在、过去和未来》、《中国传统文学与新文学》等比较文学的论文,在比较文学界颇具影响。

为了研究外来思潮,理论、流派与中国现代文学的关系和影响,从1987 年起,贾植芳和几位中青年学者,有一段时间,几乎是每天从复旦大学赶到市中心的上海图书馆,查阅资料。

贾植芳的努力和图书馆工作人员积极支持和配合下,最后才高质量地完成了这一工程浩大的有关中外文学比较的书籍,并得以顺利出版。

由于贾植芳的呼吁和提倡,他在复旦大学终于创立了中外比较文学博士点,由贾植芳出任博士生导师,这在复旦大学是最早设立的,在全国也是最早的。自 80 年代以来,他先后担任过上海比较文学会会长、中国比较文学学会名誉会长等职。

（原载陈燮君、盛巽昌主编:《二十世纪图书馆与文化名人》,上海社会科学院出版社 2004）

贾植芳《狱里狱外》

刘炳善

近年来，因年龄关系，爱看老年人写的散文，开始是孙犁、后来是张中行的作品，多半为回忆性质或读书杂感一类。渐渐碰到贾植芳的书。他译的《契诃夫手记》早就买过，"文革"中消失了；"文革"后再版，又买，现在书架。胡风一案，现已尘埃落定：李辉写了纪实专著，湖北出了胡风全集。想起个人因写豫剧《李闯王》被原省文化局长陈某妄称"歪曲农民领袖形象"，不容分辩，到 1955 年"反胡风"时我说了"上高中时读过《七月》《希望》"，立即被作为"肃反"对象审查批斗；1956 年解除审查，在贯彻"双百方针"时，我写了一篇申诉文章，不能发表但被扣下，到 1957 年此文被当做"右派"言论批判，把我划为"右派"，直到 1979 年改正，度过 25 个年头的苦难生涯。此书作者为当年所谓"胡风集团骨干分子"，实际上为一进步作家学者，因"胡风案"遭冤。"胡风案"平反后，他回忆一生，以《狱里狱外》为书名，可谓贴切。书到手时，已破烂不堪，书脊散裂，书页发霉，经国蕾重新粘补，才能掀看。今日一边看一边逐页擦去霉斑，将书看完。

表弟李桦（原河南省话剧团演员，后为北京剧作家）曾告我：1955 年省话剧团领导传达中央"反胡风"文件时（当时省话演员在北道门路东院内），团内唯一大学生出身的女演员朱光向其他听讲的演员笑笑说了一句："来了！"大有"一叶落而知秋"之意。——不知她后来命运如何？表弟已逝，无从再问了。

此书为初版，还有 1999 年花城增订新版。——又记。

（原载刘炳善：《随感录》，开封：河南大学出版社 2009）

贾植芳：新中国比较文学的前驱

李 勇 闫 巍

　　20 世纪 50 年代,发生了"胡风反革命集团"事件,牵涉了 2 100 人,正式逮捕了 92 人,隔离审查了 62 人。其中被正式定名为"胡风分子"的有 78 人,"骨干分子"23 人。而正式被起诉的只有胡风、阿垅(陈守梅)、贾植芳 3 人,其中贾植芳被判有期徒刑 12 年,这是贾植芳第 4 次入狱,第 1 次是 1936 年因参加"一二·九"运动,被北平警察局逮捕入狱,后被伯父保释出狱;第 2 次是 1944 年因从事抗日策反活动,被日伪郝鹏举部拘捕,日本投降后获释;第 3 次是 1947 年因在地下学联的《学生新报》发表进步文章而被国民党逮捕入狱,一年后被同学保释出狱。贾植芳第 4 次入狱时间最长,直到 1980 年被宣布无罪,获平反昭雪,可谓命运多舛、一生坎坷。然而,贾植芳在回忆他最长的一段牢狱生活时却说:我是胡风的朋友,我觉得非常光荣。中国知识分子的坦诚、正直、善良和为理想而生、为知己者死的气节凛然再现。

　　贾植芳首先是位作家、学者,后来成为比较文学的奠基人之一。图 1 是他写给中山大学中文系主任吴宏聪教授的手札:

宏聪兄:

　　信和书及稿酬都收到了,想不到你为这本书的出版,专为责任编辑玩忽职守毫无责任感的行为,花了这么大的力气、费了这许多心思,真使人感慨万端! 其实,这种现象看惯了,也就不生气了,这是我们出版体制不健全的几种惯常的表现,包括旧的经济体制,我国出版社一概由国家垄断,这些工作人员既不是出版商,又不是出版家,而是些"出版官"! 他们不学无术、高高在上,既不懂行,又干这一行,即所谓"外行能领导内行"，高踞在作者头上，当官做老爷，作者权益毫无保障；现在走向市场，他们又唯利是图，剥削勒索作者，这大约就是我们文化出版市场陷入混乱无序的历史和社会原因。你千万不要与他们为这类事生气了，你生气了，他们并不动心，我行我素。好在封面上已用贴面形式改过来了，也就算了，只是今后和这类人打交道你得提高警惕！虽然作为本书作者之一。我深深为你这种斗争精神感动，也谢谢你为本书的出版，花了这么多的力气，操了这么多的心，又费了这许多周折！

稿酬也早收到了，寄来的五本书，除留一册留念外，其余四册分赠有关年青朋友为念。

前此，我曾托人转送你一本我的生活回忆录《狱内与狱外》，不知收阅否？这本书本来还没写完，只写很少一历史段落，但有机会出书，就发行一下再说，发在《新文学史料》杂志的题目是《在这个复杂的世界里》，出书时改了个题目，改得比较实际些，你就留个纪念吧。

上海虽已进入夏季，但气温极不正常，忽冷忽热、忽阴忽晴，其中反差很大，弄不好很容易感冒，为此我们两个还算好，生活得还正常。我们也有好几年不见面了，多么盼望你再光临上海，到寒舍再喝上几杯，并漫谈人生，因为我们都是上了年纪的人了，能见一次就是一次了！先写到这里，

祝

　　健康长寿

贾植芳　95.7.2上海

贾植芳的这通手札写在 4 页"复旦大学"信笺上，黑色圆珠笔，书写流利自如。尽管个别字难以一下辨认，但语句通顺，使得全信并不难读。贾植芳写此手札的日期是 1995 年 7 月 2 日，时年 79 岁，综观 4 页信札，是一气呵成的，似奋笔疾书，愤懑中充满感激：感激"本书"的出版，感激吴宏聪教授为"本书"出版所花的力气，所费的心，所做的一切；愤懑中直言不讳地批评了出版体制，批评了不负责的出版人。信中还畅谈了自己的新作《狱内与狱外》，表达了对友人的思念，并发出盛情的邀请："多么盼

望你再光临上海,到寒舍再喝上几杯,并漫谈人生……"情真意切、感人至深。

贾植芳出生在山西一户闲居乡间的土地主家庭,伯父是洋买办,做过亚细亚火油公司的总经理。他幼年先在家乡私塾读书,后考上太原成成中学,开始读《水浒传》、《西游记》等中国古典小说,并受进步老师的影响接触了鲁迅、胡适、陈独秀、郭沫若等的著作。1931 年,以笔名"冷魂"在《太原日报》上发表了第一篇小说《一个兵的日记》。初中毕业后,贾植芳随哥哥考入北京崇实中学读高中,后因参加"一二·九"运动而被校方开除,又因发表进步文章而被捕入狱,经伯父保释出狱后于 1936 年赴日本留学,先考入日本大学经济系,后又转入社会系。在日期间,创作了短篇小说《人的悲哀》,寄给由胡风、茅盾、冯雪峰合编的文艺刊物《工作与学习丛刊》,并在该刊第 4 期《黎明》上发表,随后贾植芳收到了 30 多日元的稿费和胡风的热情回信,并由此结识了胡风。抗战爆发后,贾植芳回到祖国参加了留日学生训练班,后被派到晋南一个部队担任师政治部上尉日文干事,10 个月后离开部队回家乡吊唁因病去世的妻子。1930 年,贾植芳到重庆《扫荡报》工作,并在重庆见到了《七月》杂志的主编胡风,从此结下了友谊。在《扫荡报》干了三个月后辞职来到西安,因经商失败而闭门读书、写作,创作了三部长篇小说《人生赋》、《剩余价值论》、《我乡》,并在那里与第二位妻子任敏相识结合。1945 年,贾植芳流浪到徐州,想以朋友身份策反汪伪头目郝鹏举,被日本特务发现而逮捕入狱,三个月后,日本投降,贾植芳被释放。不久,贾植芳到上海,住在胡风家里,一边为报刊写小说、政论杂文,一边支持学生运动。这期间他创作了小说《一幅古画》等,1947 年,贾植芳夫妇被国民党特务逮捕,直到第二年被留日同学保释出狱。出狱后撰写了《近代中国经济社会》一书,贾植芳的这本书写出了腐败的国民党政权必然灭亡的原因和对新政权诞生的企盼,该书在一年间出了三版。

新中国成立后,贾植芳到上海震旦大学中文系任教授,后任中文系主任,全国高校院系调整后,贾植芳到复旦大学中文系任教授兼现代文学教研室主任。1955 年,贾植芳被打成"胡风反革命集团"骨干分子,当审讯者问他与胡风是什么关系时,贾植芳大义凛然地回答:"我和胡风是写文章的朋友，还有什么关系，我们在旧社会共过患难，他在最困难的时候帮助我，就是这么个关系。"贾植芳没有出卖胡风，更没有出卖朋友，他因此被关入监狱，劳改 23 年。1978 年重返复旦大学史文系资料室，1980 年获平反昭雪，重归教授岗位。

贾植芳为了理想，为了正义，也为了朋友，受尽了精神和肉体折磨，耗尽了青春，但他却没有怨愤和消沉，而是重新站立起来，奋力前行。1981 年，贾植芳在全国首次招收比较文学硕士研究生。1984 年，贾植芳在《复旦学报》发表《中国比较文学研究的过去、现在与将来》一文，被定位为"已经规划了中国比较文学的发展方向和前景"，贾植芳被尊称为新中国比较文学的前驱。20 世纪 80 年代后，贾植芳声望日隆，他的作品也被汇集出版。图 2 是《贾植芳小说选》的签名本，在书的扉页下方贾植芳钢笔手书：

耿庸兄存念

贾植芳

1983 年 10 月 16 日上海

耿庸是 20 世纪 40 年代在上海与贾植芳共同创办《诗与杂文丛刊》的朋友，也曾担任震旦大学教授，并于 1955 年被打成"胡风反革命集团骨干分子"，与贾植芳可谓是患难之交。

贾植芳是位十分重感情的人，从他对胡风的情感，对吴宏聪、耿庸等友人的情感表达上，我们不难看出贾植芳的中国知识分子的人文情怀。正如他自己所说："生而为人，又是个知书识礼的知识分子，毕生的责任和追求，就是把'人'这中国字写得端正些。尤其是到了火葬场日近之年，更应该用尽吃奶的最后一点力气，把'人'这个字的最后一画，画到应该画的地方去！"贾植芳是这么说的，也是这么做的，1997 年，与他相伴 50 多年的老伴任敏因脑血栓住院，这使原来经济就不宽裕的贾植芳捉襟见肘，但年近 80 岁的他没有向任何人吐露一句经济困难的话，而是默默地整理自己的旧稿、写各类长短文章，出版了散文集《雕虫杂技》、自选集《历史的背面——贾植芳自选集》等多部著作，每有稿费、版税送来，他立即交给学生说：赶快送到医院师母那里。他以这种方式来减轻老伴的病痛，直到老伴撒手人寰。

贾植芳（1915—2008），山西临汾人，先后在太原成成中学、北京崇实中学读书，后留学日本大学。回国后先后在晋南部队担任师政治部上尉日文干事、《扫荡报》编辑、上海震旦大学和复旦大学中文系教授。1955年被打成"胡风反革命集团"骨干分子。1980年获平反昭雪，重归复旦大学教授岗位。贾植芳1931年开始发表小说，是"七月派"重要作家。曾任复旦大学图书馆馆长，中国比较文学学会第一届副会长，上海比较文学研究会第一届会长。

（李勇、闫魏：《流淌的人文情怀——近现代名人墨记 3》，上海：东方出版中心 2014）

黑白人生

——致贾植芳先生

李 勇

漫长。九十三年的路
坑坑洼洼黑黑白白
黑黝岁月漆黑了苦难
傲骨砥砺着牢狱铁窗
磨砺坚硬的足迹
思想穿行黑夜
暗无天日的痛结痂

一九三五年的"一二·九"
澎湃的心呐喊
冲破囚禁
燃烧光明的火
一九四五，一九四七
前行的步履又一次
受阻，又一次入狱出狱
刚毅的黎明千锤百炼
沉碎星空
因为胡风
一九五五年再次入狱
周旋于人人鬼鬼
漂泊于动荡

坚定的心无所畏惧

把责任和追求
扛在肩上
一步一步
走向生命的天际
在变幻的风云时空
一撇一捺
端端正正
撰刻
一个"大写"的人!

2008 年 4 月 29 日于贵阳

小记：2006 年 12 月 3 日，在上海，我去上海市第一人民医院看望贾植芳伯伯，虽在病榻但他老而弥坚，在"两个社会时代"几次入狱出狱，仍是坚持真理，一直都"为了理想而活"。谨以此诗怀念敬爱的贾老。他那刚毅的眼神、豪情的话音至今历历在目。

（据原稿付印）

登门（小说）

范若恩

西服！他看了自身穿的这套高级毛料制的西服，对照宾馆浴室的镜子，仔细看了又看，整了又整。不错，北京萧瑟的秋天已是很冷，晚间出去，更要保暖。

他站在宾馆门口，犹豫了一会，叫出租？毕竟，他没去理会争什么离休的事，甩甩手，干净利索的办了退休，但钱确实有点……

他张望了一会，灯火璀璨的大街，空荡荡的。这个以灰色为基调的城市，在这北国高远辽阔的秋光中，有着无限的静肃。拍拍脑袋，得意的笑了。毕竟他今年已74，忘了，虽然夏天已慢慢淡出视线但人们是不愿在傍晚出行。

果然，公交车空荡荡的，他一生很少和空荡打交道。车行驶在这个空荡荡的城市，从这个他读高中的城市开始，只要他坐下，周围就会拥挤不堪。那时，他是一个高中生，平生第一次坐小轿车，还有保镖，热热闹闹进了班房，里面关满了犯人，那时他悲愤。后面，进挤满犯人的日本人的牢房，那时他自豪。进挤满犯人的国民党的牢房，那时他打心底蔑视。再后面他开始走进教室，里面毫无例外，挤满了听他课的学生。

再后面，突然间他想起在这个城市另外一处空荡荡的地方那个人，每日每夜微笑看着过往的人流的人。咧嘴笑了，50岁后的劳动，使他还活着。

车像一叶小舟，滑过平静的大海，他没去看窗外那人，他突然想起他和他妻子的逃难。他们在黑暗的黄河边艰难的搀扶着，走着，他每爬过一块巨石，就大声呼唤着："敏，敏"。在他们身后，是茫茫的黑暗，但在黄河日夜奔腾的怒吼中，他看见了广袤天宇中那几颗闪着微光的星。他知道，他和他妻子永远不会被他身后的东西所吞噬。他们要永远搀扶着走，就象这条咆哮的大河边无数的人，走着，走向田野，走向集市，走向屋舍，在这永远不羁的大河边一代又一代的人走着。对，要把一切死亡扔在身后。那微笑的人从他身边滑过，和那万盏华灯，和那空荡荡的地方几个站立的人，和那曾有过的一切拥挤与喧嚣，滑入他的身后，滑入这北国的城市无限的静肃中……

车门开了，司机有点奇怪地看着他。也许这身笔挺的西服，确实不适合他。他更适合的，他突然想起，就像他老家山西一样，是夏天光着膀子，摇蒲扇，或者，是像他开始劳动时那个五月，他光着膀子，拉着平板车，酷热提早到了昔日十里洋场。他走过工会的礼堂，门开了，一群衣着光鲜的熟人，谈笑着走出。他扬着头，挺直身板，拉着板车走过……在那铺天盖地的广播声中还高谈阔论的人们，突然鸦雀无声。

他穿过那熟悉的院落，空荡荡的，陌生的寂静。门口溜达着两个人，似乎溜达了一整天。山西人似乎都喜欢在年轻时颠沛流离的生活，老王的女儿跑了，老王还在。

他大声拍着门，就像山西老家串门那样，在溜达的人的目光中，无拘无束，大声拍着门，回荡在这空荡荡的夜色中："老王，老甄看你来啦！开门！"

（写于西元 2008 年，贾植芳先生追思会后）

（据原稿付印）

感激和骄傲
——"庆祝贾植芳先生九十华诞学术交流会"侧记
张业松　周立民　金　理

　　2004 年 10 月 15 日,复旦大学中文系会同复旦大学中国古代文学研究中心、苏州大学中文系、上海比较文学研究会、上海通俗文学研究会等单位联合举办了"庆祝贾植芳先生九十华诞学术交流会",复旦大学党委副书记彭裕文,上海作协党组成员、副主席赵长天,著名学者何满子、章培恒、范伯群、陈思和等贾植芳先生的故交、学生以及相关人士 200 余人出席了此次会议,上海作协主席王安忆、著名学者钱谷融、著名诗人绿原、彭燕郊、朱健、中国比较文学学会、北京大学比较文学与比较文化研究所、清华大学中文系、苏州大学文学院、福建师范大学文学院等个人和单位向贾先生本人或会议发来贺信贺电,共襄盛举。
　　会议分上、下午两场。上午 9 时 30 分,会议在天益宾馆隆重开幕。精神健朗的贾植芳先生在亲友的搀扶下到主席台就座,引起全场热烈的掌声和欢呼。复旦大学中文系主任陈思和教授主持会议,首先向与会来宾介绍了会议的筹备情况。他说,贾植芳教授九十寿庆的活动,复旦中文系在半年以前就开始筹备,原打算按系里为老先生祝寿这样一个惯例来开会,但因贾先生德高望重,消息传出去以后,很多兄弟单位都提出要和我们联合举办,所以最后通过大家联合办成今天这样一个盛会。他介绍说,从今年上半年开始,为庆祝贾植芳先生九十华诞,中文系做了系列筹划。首先是多方努力促成了一系列与贾先生相关的著作出版。这些出版物包括复旦大学出版社为了配合会议赶印出来作为会议礼物分赠给来宾的《贾植芳画传》,和另外两套正在运输或印刷过程中著作。一套是由广西师范大学出版社出版的贾植芳教授在 20 年以前主持的国家"六五"科研项目《中外文学关系史资料汇编（1898—1937）》。这套 100 万字的科研成果于 1985 年完成，后经 1997 年重新修订，凝聚了几代人的心血，由于种种原因始终未能出版，这次终于能在广西师大出版社的大力支持下面世，足以告慰贾先生作为学者的辛勤劳作。另一套是由上海社会科学院出版社出版的《贾植芳文集》，分创作、理论、翻译和书信日记四卷，120 多万字，主收贾先生作品中具有文献价值的绝版、珍版著译和首发及散佚文稿，近年新出或重版著译因出版条件所限暂不收录。这套文集作为在先生身边工作和学习的门人弟子献给先生的礼物，主要由先生的"再传弟子"负责编辑和筹划，花了很大的力气。其次是由中文系团学联出面在复旦大学举行了三场以庆祝贾植芳先生九十华诞为主题的系列讲座，第一讲由陈思和主讲《贾植芳先生的人格与创作》，第三讲由范伯群主讲《贾植芳先生的人格境界对我们的启示》，中间一场是请贾先生自己带着中文系的一批中青年老师一起去跟学生见面，那个真的是盛况空前，学生都沸腾了。

接着，复旦大学党委副书记彭裕文教授代表学校党委和行政发表了热情洋溢的讲话，高度肯定了贾植芳先生在个人创作、翻译和研究方面所取得的成就，以及作为教授在学科建设和教书育人方面对学校的突出贡献。他说，贾植芳先生 1952 年到复旦，执教以来，历任中文系现代文学研究室主任，复旦大学图书馆馆长等职，是复旦大学中国现当代文学和比较文学学科的创建人。近半个世纪以来，特别是 1980 年恢复工作以来，贾植芳先生为复旦大学的学科建设、人才培养和学风传承等方面，做出了具有开拓性的贡献。他是中国现当代文学学科的奠基人之一，由他参与和主持的《中国现代文学研究资料丛书》至今仍然是这个学科最重要的参考图书。贾植芳先生是中国比较文学学科的开创者，是全国第一批比较文学专业的研究生导师之一，他至今还担任着中国比较文学学会名誉会长之职。与许多学者不同，贾植芳先生贡献给复旦大学乃至中国学术界的不仅是他自己的著作和研究成果，还有桃李满天下几代人薪火相传的学术盛景。他的许多学生现在已经成为我国学术界的中坚力量，他的一代代学生都已成为我国学术界中最活跃的人物。他和他的弟子们所培育和建立起来的学术梯队已成为中国教育界令人赞叹的奇观。他还说，贾植芳先生学高德更高，他面对苦难的乐观的精神，豁达的性格和坚持正义的勇气，典型地体现了中国优秀知识分子的高风亮节。他高洁的品行是复旦大学宝贵的精神财富，并将融入这所百年学府更久远的精神传承之中，影响一代又一代的复旦学子。明年，2005年，将是复旦大学的百年校庆，一所大学，能够有今日的辉煌，是和有像贾植芳教授这样一批又一批德才兼备的教授分不开的。他们为复旦这所百年学府，增加了分量，增添了色彩，增大了魅力，为此，复旦大学为能够拥有像贾植芳教授这样的教授而倍感骄傲。

此前，复旦大学党委书记秦绍德教授曾于10月13日专程到贾先生家里做了拜访，代表学校向贾先生九十华诞表示热烈祝贺，并祝他健康长寿，体现了学校对贾先生九十华诞的重视。

随后，上海作协党组成员、副主席赵长天先生代表上海作协和上海文学发展基金会向贾先生致贺，并以自己在20世纪70年代初期因偶然的机缘阅读贾先生译作《契诃夫手记》的切身体验，说明了贾先生的学术工作嘉惠于中国作家和文学创作界的情形。他说，这样一本由一位伟大的作家告诉我们生活是怎么奇妙地变成小说和戏剧的著作，再没有比它更好的教给人懂得什么是创作的了，他相信很多很多的中国作家是从这本书里面学到什么是创作什么是文学的，因此他有时就想，如果贾先生这一辈子什么事情都不做就只是翻译了这么一本书，贾先生对中国文学的贡献就已经是功德无量的事情了。

赵长天先生深情的言论得到了上海作协主席王安忆女士向贾先生发来的贺信的印证。王安忆在贺信中说："贾先生：我祝您健康，长寿，永远和我们在一起。有了您在，许多品质和学识就有了传统，更重要的，有一种性格就可以生动地影响我们。这种性格是真正的纯真，它澄清了世俗的晦暗，让人生明朗。"

复旦大学中国古代文学研究中心主任章培恒教授的发言，非常准确地概括了全体与会来宾的共同心声，那就是置身于贾植芳先生身边的一种深切的"感激和骄傲"之情。章先生说，感激的心情是因为就他个人来说，贾先生教给了他很多。既教给了他做人，也教给了他做学问。他说，尽管他现在所从事的是中国古代文学研究，但是他在中国古代文学研究方面如果说能够有一点成绩的话,那么跟他的古代文学的两位老师蒋天枢先生和朱东润先生的教导固然是分不开的,跟贾先生的教导同样是分不开的。贾先生所教导给他的当然不是具体的研究中国古代文学的方法跟路径,但是贾先生教导给他研究中国文学的方法和路径。而这个研究中国文学的方法和路径,是体现在中国现代文学的研究里面,同时也是研究中国古代文学非常需要的。如果没有两者的指导,他当然还会做中国古代文学的研究,但是跟现在的情况,可能会很不一样,而这一种很不一样在他来看并不是他所希望的。他非常风趣地说道:"我在中国古代文学研究里面,有人说我的功夫都是邪派武功,换句话说在古代文学研究里面并不是正宗的,但是我觉得这个不正宗实在是我很喜欢的,而这个不正宗也就是从贾先生的方法和路径里面所学到的。"这一说法引起了全场的欢笑。而骄傲的心情,是因为作为学生有贾先生这样一个老师,是很值得骄傲的。他说,刚才彭书记讲到贾先生在复旦大学的贡献,也确实是这样。贾先生是 1952 年到复旦的,到 1955 年就被弄到监狱里面去了,所以执教的时间非常短,但是在那个短短的时间里,贾先生就培养出来了一大批的学生,包括今天在座的范伯群先生还有现在在华东师大的张德林先生等等一大批,也不过是短短的两年多时间。但到贾先生复出以后,一下子又培养出来了一大批学生。在复出以后的学生里面,陈思和先生、李辉先生当然是最早的,像谢天振先生不算是真正的学生,但也是从贾先生那儿学到很多东西。下面还有一大批,这个一大批简直就数不清了,大概这里面最年轻就是张新颖先生他们了。50 年代的学生数得清,80 年代以后的学生就不去数他了。那么诸位学生能够有这样的一位老师在做人上、在做学问上、在培养学生上,还有培养广大的青年上都有口皆碑,年届九十还有那么大的青春的活力,能够和青年打成一片,吸引到像今天在座的我们中国古代文学研究中心副主任陈广宏教授这样的年轻人都很自觉地拥在他的周围,从他那儿吸取营养,在今天是非常不容易的,所以,有这样的一个老师是一个很大的骄傲。

章培恒先生的发言在与会来宾中引起了很大的共鸣,成为下午在复旦大学工会会议室举行的以来会中青年学者为主的讨论会上的一个主题。在下午的会议上,贾植芳先生"广义上的难友"张强华、同事邓逸群、苏兴良、"再传弟子"栾梅健、王光东、张新颖、宋炳辉、张业松、孙宜学、刘志荣等围绕贾先生的为人、创作、学术活动及从他身上所体现出的"活着的文学史和五四传统"等主题展开了热烈的讨论,大家认为,今天我们面对贾先生,不是面对一个衰朽的老人,有时候话都说不清楚的、听你的话也听不清楚的这样的一个好像已经远离我们今天生活的老人,而是面对着一部活着的中国现代的历史和文学史,我们今天有机会坐在这儿在贾先生在场的情况下去谈论他和他所亲历的这么一部文学史及文学现象,这是我们的幸运。现在放眼全国,像贾先生这样的人物,作为现代文学的亲历者,可以来给我们讲课,可以让我们去请教他,这样的人物还有几个呢? 所以我们应该倍加珍惜这样的机会。

苏州大学中文系教授范伯群先生、上海比较文学研究会会长谢天振教授、上海通俗文艺研究会会长刘松林先生、复旦大学中文系总支书记周斌教授、何满子先生、上海文广局副局长毛时安先生、扬州大学的徐德明教授、山东师范大学的吴义勤教授、南京大学的王彬彬教授、苏州大学的朱志荣教授、徐州师范大学的方忠教授等也先后在会议上发言,带着激动的心情讲述了各自在为人、治学和行事方面从贾植芳先生那儿汲取的滋养,并以个人名义或各自所属的单位的名义向贾先生敬献了诚挚的祝福,祝福贾先生健康长寿,永葆青春。

2004-10-26

(原载《复旦学报(社会科学版)》2004 年第 6 期)

精神寓典籍 大爱传河西
——贾植芳先生藏书捐赠河西学院记

薛 栋

贾植芳(1916—2008)先生是复旦大学著名教授、原图书馆长；是"七月派"重要作家，同时也是著名翻译家、我国现当代文学研究权威专家和比较文学学科奠基人之一。他是在五四新文化运动的熏陶下成长起来，并以自身的文学创作、翻译、研究和教育活动参与了 20 世纪中国文学发展历程的一位具有高尚人格和独立精神的知识分子。2008 年 4 月贾植芳先生去世后，其藏书于 2014 年 4 月捐赠甘肃河西学院图书馆，成就了一段影响广泛而持久的学界佳话。

一

贾植芳先生一生以"人"字"书"写自己的人生。他历经坎坷，进过四次监狱，一次是日本人的，两次是国民党的，最后也是最长的一次是因"胡风案"被打成"反革命"遭受 25 年的关押劳教。但无论境遇多么恶劣，他始终秉持"良知"和"侠义"精神，保持着自信和达观心态，体现了一个知识分子应有的人生气节和传统精神内涵。

贾先生自谓：我是读书人！"他爱读书，爱买书，爱谈论书，爱友人赠书，也爱赠友人书。用他自己的话说，那是叫'玩书'"。由于贾先生几经牢狱之苦，颠沛流离中其藏书几经劫失；特别是 1955 年他书房里的所有藏书，包括许多珍藏的古籍、稀有版本和私人相册书信，全部因抄家而失落。贾先生位于复旦大学第九宿舍家中的书斋藏书，是他在 1978 年平反恢复工作后陆续积累起来的。其来源一是先生 20 多年来节衣缩食不断光顾书店所购买；二是多年的老友、同仁、学生和出版编辑机构赠书，而赠书中签名本数量很多，每本书都有着生动的故事和特殊的纪念意义。贾先生大量的藏书以现代文学作品集和研究类图书为主，其次为中国古典文学和外国文学类图书，也有部分哲学社会和研究"文革"的图书，而最具特色的当属"胡风集团"的图书和比较文学研究类图书。伴随着购买、受赠和著述，贾先生狭小的书房藏书充盈丰厚，数千册图书塞满七个书橱，乃至于小书桌、写字台、窗台和地上到处都堆放着书籍。

贾先生的书房，是他平反复出后焕发学术青春的领地，一支烟，一杯茶，伏在书桌上的先生笔耕不辍，在这里产生了许多现代文学和比较文学研究成果。这里是思想解放的沙龙，贾先生天性豪侠好客，书房里常常高朋满座，高谈阔论，或探究学理，或解读世情，每每妙语连珠，令座者茅塞顿开，柳暗花明。这里是学生的专业图书阅览室，书房里的书完全开放，遇到自己喜爱的书可借回家细读；先生还将好书介绍与人，如听者真喜欢即可"拿去"；遇到他自己出版的新书，更是逢到者必送。这里是学生向往的人生课堂，先生提携后进，在讲解学问中传递着为文为人的原则；先生把挚爱献给学生，这里成为众多弟子的食酒乐园，是陈思和、李辉、颜海平、孙乃修、何清、张新颖、张业松、陈晓兰等一批学人的难以忘怀的人生驿站和精神家园。

贾植芳先生的藏书，是他的精神财富。据陈思和教授回忆，贾植芳先生特别钟爱他的藏书，曾说："读书、写书、教书、译书、编书，知识分子的财产就是一些书"，"一个读书人，如果沦落到要卖自己的书了，就好像卖自己的老婆一样痛苦"。也曾当着夫人任敏的面对陈思和说："我们无子无女，也没有任何家产，所有的财产就这几本书"。2008 年 4 月 24 日，贾植芳先生走完了他 92 年的风雨人生历程，在其后的几年里，如何处置贾先生宝贵的藏书，成为陈思和教授和贾先生后辈贾英、桂芙女士多次商讨的问题。

二

权衡再三，陈思和教授与贾门弟子商定，在征得先生家属同意授权的前提下,将贾植芳先生藏书捐赠河西学院图书馆。将处在东海之滨,黄浦江畔,国内外名校的名家藏书,捐赠于数千公里之外地处遥远西北的甘肃河西学院,出乎人们的意料,但却是一种冥冥之中的缘分,由此演绎出了一段段动人的故事。

地处丝绸之路黄金段河西走廊的河西学院是我国兰州以西乌鲁木齐以东 2 000 公里范围内唯一的综合性本科院校,拥有 20 000 多名师生。从 2012 年的意向性协议到 2013 年的教育部正式批复,复旦大学对口支援河西学院工作全面开展,双方每年往来上百人次,形成了非常友好而紧密的全方位协作关系。贾植芳先生藏书捐赠河西学院,是历史和社会现实提供的一种良好机遇,成为两校合作的一种文化记忆和历史见证。

我国著名"长江学者",博士生导师陈思和教授是多年陪伴贾植芳先生的学生,他因父亲在西北工作而与大西北有缘,对西北充满着故乡情愫。1992 年,陈教授招收的第一个硕士研究生何清(现苏州科技学院教授、图书馆馆长)恰好来自位于张掖市的河西学院(2000 年以前称张掖师专),通过何清的故乡情结,他对河西走廊和河西学院有了许多感性的认识。贾植芳先生是非常接地气的作家和学者,陈思和教授也非常关注民间文化,他认为把贾先生藏书安放在遥远的西部,符合贾先生的这一精神。基于这些缘由,促使他主张将贾植芳先生藏书捐赠到河西学院。河西走廊有中国第二大内陆河黑河,发源于祁连山脉,是张掖的母亲河,黑河边有古代黑水国遗址,无意中暗合了陈思和先生"黑水斋"的室名。陈思和先生因此有感而赋诗:

　　黑水藏书本我愿,斋名伴读十余年,
　　今知古国合天意,复旦河西喜结缘。

陈思和教授 2000 年招收的比较文学博士生陈晓兰女士,现上海大学中文系教授,是河西学院 85 届的校友。她对母校的感情十分深厚,对贾先生非常敬爱,她极力向桂芙女士和陈思和教授建议将贾先生藏书捐赠与河西学院,促成了这桩文苑佳话。陈思和教授为此赋诗赞之:

西北芝兰海上传，幽香暗渡黑河川，

贾门三代情诚系，一纸史诗比石坚。

贾植芳先生个人藏书共 3 300 多册，其中有签名赠书 1 111 册。当得知贾先生藏书将捐赠河西学院后，茅盾文学奖和鲁迅文学奖获得者，现代著名作家、上海作协主席、复旦大学教授王安忆挑选自己的著作和藏书120 册襄助。复旦中文系教师和贾门弟子（包括陈门弟子）陈思和、张新颖、宋炳辉、张业松、孙晶、陈晓兰、张涛甫、段怀清、孙宜学、王光东、王宏图、文贵良、戴从容、朱晓江、白杨、鲍良兵、陈树萍、葛涛、胡荣、金理、李洪华、刘群、蒲度戎、王小平、徐改平、许丽青、尹奇岭、张堂会、赵卫东、周乐诗、周引莉、石坚、陈嘉梦共 30 多人以贾植芳先生名义捐赠部分图书予河西学院，共襄盛事，使赠书达到了 7 000 多册。贾先生去了，他钟爱的书还在，这些书要走向遥远的地方，敬爱他的弟子和朋友，让自己的藏书融入先生的书远行，就像他们永远陪在先生身边一样，这是多么让人感动的师生和朋友之情！

自 2014 年 3 月筹划捐书活动开始，复旦大学中文系研究生办公室主任刘存玲女士，带领陈思和教授的学生刘小源、花艳红、张梦妮、刘悠翔、黄相宜、李辉、张贝思、左轶凡等十多位研究生，志愿工作，加班加点，完成了接受来书、整理盖章、清点造册和打包装箱工作，并编辑出了 10 多万字的《贾植芳教授捐赠书目》，付出了大量的心血和繁重体力，为捐赠活动奉献了爱心。

做为对前任馆长遗爱的支持和落实两校对口援建的行动，复旦大学图书馆馆领导和同仁商定，从复旦图书馆挑选了 26 000 册图书同时捐赠河西学院图书馆，并精心组织了捐赠仪式，更是彰显了复旦学人和复旦大学对西部高校的关爱之情。

复旦大学出版社董事长王德耀先生和总编辑孙晶得知贾植芳先生藏书捐赠之事后，代表复旦出版社捐赠 500 多册图书襄助义举。出版社顾轩副总经理又安排出版社仓储和物流部门，将贾植芳先生和图书馆、出版社 33 000 多册赠书进行再次打包，安全顺利发送到了遥远的河西学院。

许榕先生乃陈思和教授的朋友，得知贾先生藏书捐献善举后，联系朋友沪上书法家蔡仲渝先生题写了"贾植芳藏书陈列馆"匾额。

河西学院校领导高度重视贾植芳先生藏书和复旦图书馆与出版社赠书事宜,校长刘仁义教授带领顾长兆和赵柱处长,于 2014 年 4 月 18 日抵沪,拜访陈思和馆长、王德耀董事长等复旦相关部门的领导,就图书捐赠事宜进行进一步的沟通和协商,确定了捐赠方案和具体时间。

河西学院图书馆前任馆长薛栋书记,于 1984 年 5 月来复旦图书馆实习,有幸成为时任馆长贾植芳先生属下;2014 年 4 月他又来复旦大学图书馆挂职 3 个月,成为复旦新任陈思和馆长的属下,由此与贾门师生结下了难得的情缘。他与桂芙女士、陈晓兰教授、复旦图书馆王乐副馆长、中文系刘存玲老师、出版社顾轩副总和河西学院领导沟通协调,共同策划组织了在复旦馆举办的图书捐赠仪式,在河西学院举行的"贾植芳藏书陈列馆"揭牌仪式,并亲率在复旦馆学习的两名同志完成的剩余图书的打包和几百箱赠书的搬运装车和发运手续。

原本是贾植芳先生个人藏书的捐赠,却演绎成贾门师生的爱心聚力和接力行动,演绎成复旦大学学者、图书馆和出版社等部门的大规模善举。各方人士因缘而聚,见善而为,一股爱的暖流,如滚滚的黄浦江水,流向了遥远的丝绸之路,流向了远古的河西走廊,滋润着陇原学子的心田。

三

2014 年 4 月 28 日下午,复旦大学图书馆、复旦大学出版社及复旦大学前任图书馆长贾植芳先生藏书捐赠河西学院仪式在复旦大学文科图书馆 208 室举行。复旦大学图书馆、中文系、出版社、外联处领导、贾植芳先生亲属和学生代表、多家媒体记者、河西学院领导和在复旦学习的 40 多名教师出席了捐赠仪式。

复旦大学图书馆严峰书记主持捐赠仪式,复旦大学图书馆馆长陈思和教授、中文系主任陈引驰教授、复旦大学出版社董事长王德耀先生、贾植芳先生学生代表宋炳辉教授分别发言。他们深情回顾了贾植芳先生生前对于图书的热爱与珍惜,回忆了先生用自己微薄的收入购买和积累图书的过程。陈引驰教授将捐赠的贾先生藏书称为"精神遗产的有形载体"，"当你打开一本书，阅读书页上的批语、感悟时，其实就是在用一种清晰可见的方式与前辈进行思想的沟通，这种沟通需要每一个人用心才能代代相传，其间所获得的感动难以言喻"。

河西学院刘仁义校长发言表示，"书籍是人类进步的阶梯，也是友谊的见证和桥梁。这批珍贵的赠书，凝聚了复旦师生对河西学子的真诚关爱，也代表了贾植芳先生亲属，和以陈思和教授为代表的贾先生优秀门生，对河西学院的信任和重托。这一批图书落户我校，无疑会让宽宏博大的复旦精神在大西北生根发芽，也会使贾植芳先生的精神品德和学术生命得到延伸和彰显。""复旦学人无私馈赠的这批图书，将成为我校的精神瑰宝，在教学科研中发挥不可替代的作用"。

捐赠仪式上，刘仁义校长向贾植芳先生眷属颁赠了荣誉证书。

2014 年 5 月 20 日，这批赠书运达河西学院图书馆，图书馆设立了"贾植芳藏书陈列馆"专室。图书馆迅即组织人员，对贾植芳先生赠书进行了盖章登记和分类编目，在短短一个月内实现了网络书目查询和开放阅览服务。

2014 年 7 月 7 日上午，贾植芳先生藏书陈列馆和复旦学者文库揭牌仪式在河西学院图书馆举行。复旦大学图书馆馆长陈思和，复旦大学图书馆分党委书记严峰，上海大学中文系主任陈晓兰，甘肃省社科院文化研究所所长马步升、甘肃省文学院副院长张存学、兰州大学教授程金城、兰州交通大学教授王为群、张掖市文联副主席兼作协主席岳西平和河西学院校党委书记黎志强、校长刘仁义等校领导和师生代表 100 多人参加仪式。

校长刘仁义发表了热情洋溢的致辞，深情回顾了复旦大学对口支援河西学院的重大事件以及陈思和教授同甘肃省文化教育事业的深厚渊源；向参与捐赠的贾门弟子和为之付出辛勤劳动工作者表示了诚挚感谢。指出，贾植芳先生藏书陈列馆及复旦学者文库的建立，是复旦大学对口支援河西学院中一件具有深远影响和重大历史意义的大事；贾植芳先生及其弟子捐赠图书所蕴含的意义远远超出了书籍实际的价值，贾先生及其弟子的优秀精神及崇高人格将在古老的丝绸之路上绽放异彩。

陈思和馆长在致辞中述说了与河西走廊的情缘，表达了对河西学院收藏贾先生藏书的感谢,深情抒发了对贾植芳先生深切的怀念之情。他说,"贾植芳先生是我的老师,也可以说是我的父亲";"看到赠书《目录》很感动,每一本书后面的故事我都知道";"书在人就在,生命就在。贾先生的书在河西学院,他的精神和灵魂就在河西学院,河西学院就是我的家,我一定会再来。只要河西学院需要我召唤我,要我上课、讲学、做任何事情,如果你们愿意,我都会抽时间来,因为这里就是我的家"。他特为此而赋诗表达了自己的心怀:

感念恩师灵在天,藏书护送到祁连,
植芳万里丝绸玉,浩瀚精神大漠烟。

在随后的仪式上,复旦大学图书馆分党委书记严峰、河西学院党委书记黎志强为复旦学者文库进行了揭牌,复旦大学图书馆馆长陈思和与校长刘仁义为贾植芳先生藏书陈列室进行了揭牌。

仪式结束后,陈思和教授为河西学院师生做了题为《人学与文学:从贾植芳先生的人生与著作谈起》的报告,参加揭牌仪式的领导来宾和300多名师生聆听了报告。陈思和先生用非常平实的语言,阐述了贾植芳先生端正为"人","对祖国忠"、"对朋友义"和"对周围人爱"的高贵品格;满含深情地表达了他对恩师的爱戴与感激、对文学的热爱与追求、对年轻学子的教导与期望。

四

接受贾植芳藏书捐赠后,河西学院设置了"贾植芳藏书陈列馆",成立了国内首个"贾植芳研究中心",设立了"贾植芳讲堂",形成了以贾植芳为主题三位一体的特色文化建设;并从以下几个方面入手,着力打造国内贾植芳研究中心、贾植芳研究文献信息中心和贾植芳品格育人阵地。

一是继续汇集文献资源,形成特色馆藏。

"贾植芳藏书陈列馆"确定了今后四个方面的文献收藏方向:贾植芳

著作、手稿、日记、书信和贾植芳研究资料，胡风问题研究资料，"七月派"及现代文学流派研究资料，贾门弟子与复旦学者个人著述。通过不断的专题特色文献汇集，建设国内特有的贾植芳研究文献信息中心，固化贾植芳藏书捐赠和复旦大学对口援建河西学院的成果，传承薪火，嘉惠当今和后世学人。

二是聚集人脉，吸引更多内地学者到河西学院。

2014 年 10 月 11 日，贾植芳先生学生、《人民日报》高级记者、著名作家和文化人、鲁迅文学奖获得者李辉先生，亲赴河西学院拜瞻贾先生藏书。他噙着热泪，饱含深情地说："贾先生就是我的父亲，没有贾先生就没有我的今天。"他在留言簿中写道："历史有缘，与贾先生相遇复旦，一生从此改变。感恩唯有回报，愿为河西尽心尽力。文化传承，先生永在！"并表示愿动员更多的知名文化人和贾门弟子给河西学院捐书、来河西学院贾植芳讲堂讲学。

在李辉先生和陈晓兰教授协调下，桂芙女士将贾植芳先生书房的六个书柜、一组沙发、一张圆桌、一张写字台和部分贾先生生前用品捐赠于河西学院。2014 年 12 月 2 日，河西学院图书馆薛栋书记带人在赴复旦大学第九宿舍贾植芳先生故居，接受了这批家具用品。贾植芳先生的藏书和书房，是贾门弟子的精神寄托。"贾植芳藏书陈列馆"犹如梧桐树，将召唤众多的贾门弟子会来此拜谒，吸引许多的复旦学者、文化贤达和研究者会来此观瞻，来河西学院讲学和交流，将加深遥远西部高校与内地学者的联系与合作。

三是助力学科建设，促进教学科研发展。

2016 年 8、9 月间，由复旦大学和河西学院主办的"贾植芳与中国新文学传承国际学术研讨会"将在河西学院举办，众多国内外有关学者将汇集河西走廊。河西学院文学院和"贾植芳研究中心"将以此为契机，密切和与会者的联系与合作，利用特色馆藏，力争在贾植芳研究、胡风研究、比较文学研究、非虚构文学研究等方面取得系列成果，形成学科研究特色，打造国内贾植芳研究中心。

四是立德树人，弘扬贾先生精神。

贾先生是一位富有人格魅力的知识分子，他总结自己的一生"就是把

'人'这个字写得比较端正"。他忠于祖国,追求真理,追求光明,追求自由独立的精神;他忠诚朋友,豪侠仗义,刚正不阿,凛然正气的品格;他注重实证,注重理论,贯注独立思考的治学态度;他忠贞爱情,爱生如子,提携后进的大爱情怀;他历经磨难,不畏苦难,乐观豁达,幽默开朗的生活态度;这一切都将通过"贾植芳藏书陈列馆"及其藏书,成为河西学院师生思想品格和人生理念教育的殿堂和鲜活教材,将影响一代代陇原学子。

贾植芳先生的藏书,虽然没有明清的珍贵版本,但却弥补了河西学院1978年恢复建校以来30年间因经费短缺而造成的图书缺藏缺憾,其价值和效应将不断扩大和延伸。更重要的是,通过这批图书的捐赠,涌现出的是浓浓的师生情、朋友情、两校情、上海情和西部情;流淌着的是爱心、真诚、奉献和帮助的暖流;构成了一片片难忘的影像,一段段传说的佳话,一个个动人的故事;成为了一种美好记忆的实物见证,成为了启迪未来的智慧空间。

贾植芳先生一生漂泊不定,历经坎坷艰难,而今他虽然去了,但他和他的藏书,远离了大都市的喧嚣,抛却了历史恩恩怨怨,来到了广漠的西北,来到了一处桃园世界,一切归于宁静,一切归于永恒。他的藏书智慧,济世思想,大爱情怀,高贵品格,将书香河院,植芳河西,树惠陇原,成为永存的鲜活的生命和精神。

(据原稿付印)

参考文献:

[1] 王友贵.贾植芳先生玩书与赠书.文汇读书周报,2003年6月27日.

[2] 钱亦蕉.贾植芳先生的书房.时代文学[J],1999年(3):97—100.

[3] 陈思和.贾植芳先生纪念文集[M].上海:复旦大学出版社,2001年4月.

我校举办"纪念贾植芳先生百年诞辰学术研讨会"

4月25日,由我校文学院主办的"纪念贾植芳先生百年诞辰学术研讨会"举行。我校校长刘仁义教授,西北师范大学文学院副院长、博士生导师郭国昌教授,兰州大学文学院副教授、硕士生导师权绘锦博士应邀出席研讨会,贾植芳研究中心的所有研究人员和文学院部分教师参加了研讨会。

本次研讨会,共收到论文12篇,主要涉及贾植芳研究的四个维度、贾植芳与俄国文学家的关系、贾植芳小说创作研究、贾植芳的精神人格建构、贾植芳的戏曲观等方面。来自贾植芳研究中心的10位教师交流了论文,部分论文视角新颖、观点独到、材料翔实。整场研讨会气氛热烈,参会教师与特邀专家进行了真诚而深刻的交流,为今后贾植芳研究中心工作的顺利开展起到了推动作用。

刘仁义校长作了"用心做好贾植芳文章,开创我校文学研究和创作的新局面"的讲话。在讲话中,他深情回顾了复旦大学与河西学院结缘的诸多感人故事,并指出要以贾植芳研究中心的成立和这次研讨会为新起点,用心做好贾植芳研究这篇大文章,凝练学科特色,提升现当代文学研究水平。

最后,特邀专家郭国昌教授和权绘锦副教授就如何开展贾植芳与现代文学研究提出了富有启发性和建设性的意见和建议。

(河西学院新闻稿)

2015 年 04 月 28 日 09 时 40 分

甘肃河西学院纪念贾植芳先生百年诞辰学术研讨会日程安排

时间:2015 年 4 月 25 日(星期六)

地点:河西学院文学院会议室

第一时段:8:30—10:00

研讨会及嘉宾介绍:赵建国

主持兼评议人:郭国昌

会议发言:

1. 赵建国:贾植芳为什么翻译契诃夫?

2. 王　锐:艺术直面"人的问题"——贾植芳小说简论

3. 李春霞:谈贾植芳与果戈理的小说创作

4. 傅　彤:新现实主义电影视角下的《一幅古画》

5. 李惠芬:学者为人——也谈贾植芳先生

6. 孙玉玲:灵魂警醒与文化思索——贾植芳战争文学探析

茶歇:休息 10 分钟

第二时段:10:10—12:00

主持兼评议人:权绘锦

会议发言:

1. 权绘锦:贾植芳研究的四个维度

2. 杨万寿:贾植芳与现代文学

3. 王明博:一个现代知识分子的精神回望

4. 钱秀琴:激情涌动下的癫狂与沉郁——论贾植芳小说的语言艺术

5. 刘梅兰:贾植芳戏曲观漫谈

6. 马丽娜:贾植芳思想中的人文关怀探析

会议总结：郭国昌

注:每人发言 15 分钟

贾植芳先生著译目录

张业松　编

一、创作：

《人生赋》，小说集，署名杨力，七月文丛，海燕书店 1947

《热力》，散文集，署名杨力，上海文化工作社 1949

《当心，匪特造谣!》，活报剧，署名杨力著，上海文化工作社 1951

《贾植芳小说选》，小说集，江苏人民出版社 1983

《悲哀的玩具》，小说散文合集，北岳文艺出版社 1991

《狱里狱外》，回忆录，上海远东出版社 1995，香港天地图书公司 2001

《暮年杂笔》，散文集，汉语大词典出版社 1997

《雕虫杂技》，散文集，山西教育出版社 1998

《花与鸟》，散文集，吉林摄影出版社 1999

《解冻时节》，书信日记集，与任敏合著，长江文艺出版社 2000

《写给学生》，书信集，大象出版社 2000

《不能忘却的纪念》，散文集，上海文化出版社 2001

《老人老事》，随笔集，大象出版社 2002

《世纪老人的话——贾植芳卷》，口述自传，沈建中采访，辽宁教育出版社 2003

《早春三年日记（1982—1984）》，日记，大象出版社 2005

《历史背影》，散文集，江苏文艺出版社 2008

《我的人生档案——贾植芳回忆录》，回忆录，江苏文艺出版社 2008

《把人字写端正——贾植芳生平自述与人生感悟》，散文集，上海：东方出版中心 2009

二、翻译：

（日）西泽富夫等：《人民民主主义的长成与发展》，棠棣出版社 1950

（德）恩格斯：《住宅问题》，泥土社 1951

（捷）基希（E. E. Kisch）：《论报告文学》，泥土社 1953

（俄）契诃夫（Антон Павлович Чехов）：《契诃夫手记》，贾植芳据神西清氏日译本并参照 S. S. Koteliansky & L. Woolf 英译本重译，上海文化工作社 1953；浙江人民出版社 1982；百花文艺出版社 2000，2005；插图本，湖南文艺出版社 2006

（苏）巴鲁哈蒂（С. Д. Балухатый）：《契诃夫的戏剧艺术》，文化工作社 1951

（苏）谢尔宾娜等著：《俄国文学研究》，贾植芳辑译，泥土社 1954

（美）郑清茂等著：《中国现代文学的主潮》，贾植芳主编、参与翻译，复旦大学出版社 1990

三、理论：

《近代中国经济社会》，专著，棠棣出版社 1949；辽宁教育出版社 2003

《劫后文存》，序跋集，学林出版社 1991

《历史的背面》，学术自选集，山东教育出版社 1998

四、编辑：

《中国当代文学研究资料丛书》，编委

《中国现代文学史资料汇编》，编委

《中国比较文学》（期刊），编委（1984—1990），主编（1991—1996，与季羡林联名），顾问（1997—2008），上海外语教育出版社

《中国当代文学研究资料·赵树理专集》，复旦大学中文系《赵树理研究资料编辑组》编，福建人民出版社 1981

《中国当代文学研究资料·闻捷专集》，贾植芳编，福建人民出版社 1982

《中国当代文学研究资料·巴金专集》，贾植芳等编，江苏人民出版社 1982

《巴金写作生涯》，贾植芳等编，百花文艺出版社 1984，2006

《文学研究会资料》，贾植芳等编，河南人民出版社 1985

《巴金作品评论集》，主编，中国文联出版公司 1985

《中国现代文学社团流派》，主编，江苏教育出版社 1989

《中国现代文学词典》，顾问，与蒋孔阳、潘旭澜联名，上海辞书出版社 1990

《中国现代文学总书目》，主编，与俞元桂合作，福建教育出版社 1993

《中国近代散文精粹类编》，主编，上海文艺出版社 2000

《现代散文鉴赏辞典》,主编,上海辞书出版社 2003

《中外文学关系史资料汇编(1898—1937)》,主编,广西师范大学出版社 2004

五、文集:

《贾植芳文集》4 卷,上海社会科学院出版社 2004

《贾植芳全集》9 卷,北岳文艺出版社 2016(即出)

贾植芳先生评介和研究资料目录

张业松　编

一、文章和报道：

习　平　胡风集团骨干分子贾植芳的丑恶面目　揭露胡风反革命集团的丑恶面貌，湖北人民出版社　1955年

习　平　胡风集团骨干分子贾植芳的丑恶面目　中国作家协会上海分会编辑：揭露胡风黑帮的罪行，新文艺出版社　1955年

瞿光锐、聂真编著　贾植芳——"贩卖人口的教授"　胡风这个反革命黑帮，新知识出版社　1955年

习　平　胡风集团骨干分子贾植芳的丑恶面目　胡风反革命集团的罪恶活动，通俗读物出版社　1955年

人民日报记者揭发贾植芳的罪恶活动　新华社新闻稿　1955年第1850期

习　平　胡风集团骨干分子贾植芳的丑恶面目　新华月报；人民日报　1955年第7期；1955年6月25日

王永生　贾植芳在复旦大学的阴谋活动　文艺月报；中国作家协会上海分会编辑：揭露胡风黑帮的罪行，新文艺出版社　1955年总第30期/1955年

仲文编著　李滨声、丁午绘图　贾植芳　胡风反革命集团的丑恶嘴脸，大众出版社　1956年

刘熊祥　批判贾植芳"近代中国经济社会"一书的反动观点　争鸣（兰州）　1957年第3期

潭　清　为人拓路为人凿梯——访贾植芳教授　文学报　1982年10月28日

何满子　"这不是个人的文字事业"——《贾植芳小说选》小引　贾植芳著.贾植芳小说选.南京：江苏人民出版社　1983年9月

复旦大学贾植芳教授提出建立"比较文学"的中国学派　文学报　1983年第8期

诸　秀　一片冰心在玉壶——记复旦大学中文系教授贾植芳　老人　1984年第3期

贾植芳小传　山西师大学报(社会科学版)　1984年第4期

顾征南　贾植芳小说散论　艺谭　1985年第4期

萧　沱　贾植芳和比较文学　文汇报(香港)　1985年9月24日

吕　胜　做好人,做好学问——贾植芳教授印象　复旦　1985年10月4日

裴　高　爱,走在艰难的路上　现代家庭　1986年第3期

邱文选整理　贾植芳教授事略　中国人民政治协商会议山西省襄汾县委员会文史资料工作委员会编:襄汾文史资料第3辑　1987年

艾　春　博士生导师贾植芳教授　复旦学报(社会科学版)　1987年第6期

文　祥　大难不死　必有后福——访贾植芳教授　中国新闻　1988年1月21日

天　量　春雨频浇愈芬芳——访中文系贾植芳教授　复旦　1988年5月23日

卢　静摘录　真假反革命同押一牢房——贾植芳教授的一段奇遇　报刊文摘
1988年6月7日

贾植芳等的短篇小说第225页　屈毓秀等著:山西抗战文学史,北岳文艺出版社
1988年

晓　明　贾植芳先生其人其事　收获　1989年第4期

汤鲁阳　贵在扎实——贾植芳主编《中国现代文学社团流派》评介　中国现代文学研究丛刊　1990年第3期

伊藤虎丸　贾植芳先生欢迎会闭会致辞　1990年10月19日

周忠麟　事业·老伴·酒　文汇报　1991年6月26日

山口守　坐过三种牢狱的知识分子——忆贾植芳先生　留学生新闻(东京);文教资料　1991年6月号;1996年第1期

林建华　半个多世纪的执著追求——记中国比较文学专家贾植芳先生/烈士暮年　壮心不已——记中国比较文学学会名誉会长贾植芳先生第69页　文学报;茶与咖啡:比较文学与文学批评,广西民族出版社　1991年8月29日;1991年

应　红　我眼中的风景——贾植芳先生散记　文汇报　1991年10月30日

未　禾　大大的"人"字应该怎样写——听贾植芳先生谈做人与治学　复旦
1991年10月31日

陈思和　"人"字应该怎样写?——贾植芳教授印象　陈思和著.马蹄声声碎.上海:学林出版社　1992年5月

张国安　迟到的邀约——读《中国现代文学的主潮》　中国现代文学研究丛刊
1992年第3期

人生到处应何似——贾植芳先生笑谈风雨人生　文学报　1992年7月23日

孙乃修　深沉厚重显卓识　人民日报　1992 年 9 月 11 日

李　庆　大时代的剪影——读贾植芳作品选《悲哀的玩具》　文学报　1992 年 9 月 17 日

陈思和　人品风貌之一斑　读书　1992 年第 10 期

徐　澜　写在人生边上　钱江晚报　1992 年 10 月 1 日

武　扬　听贾植芳教授大侃　西北农工商报　1993 年 2 月 4 日

胡　风　酒醉花赞——怀贾植芳　文学报　1993 年 9 月 9 日

王宏图　劫难中的热力——记贾植芳先生　上海电台广播稿　1993 年

陈思和　读《劫后文存——贾植芳序跋集》　名作欣赏　1994 年第 3 期

中国现代文学社团流派　第 339—341 页　乔默主编:中国二十世纪文学研究论著提要,北京大学出版社　1994 年

孙乃修　苦难的超度——贾植芳传　业强出版社　1994 年 8 月

凌　云　丹心育后学　妙笔著文章——访复旦大学贾植芳教授　文汇报　1994 年 10 月 7 日

徐春萍　"把'人'字写得端正些"——记著名学者贾植芳先生　文学报　1994 年 10 月 13 日

戴围城　以文会友终不悔——访著名学者贾植芳教授　上海法制报　1995 年 1 月 2 日

谢天振　他没有大学文凭——访著名学者贾植芳教授　中文自修　1995 年第 1 期

流　舟　社会是一本读不完的大书——访复旦大学贾植芳教授　方法　1995 年第 1 期

管志华　文化人,应有社会责任感——访著名教授、作家贾植芳　劳动报　1995 年 5 月 22 日

赵华亚　访著名学者、作家贾植芳　山西老年　1995 年第 5 期

丁占魁　漫话"竖着"　新闻老战士　1995 年第 5 期

雷启立　读贾植芳著《狱里狱外》　文艺理论研究　1995 年第 6 期

陈鸣树　在风雨咆哮的狱里狱外　书屋　1995 年第 6 期

厚　夫　生活是部大书——复旦大学著名教授贾植芳先生访问记　三秦都市报　1995 年 7 月 3 日

王春林　作为历史见证的真实生命　中华读书报　1995 年 10 月 18 日

贾植芳、尊　里　贾植芳访谈录　上海教育报　1995 年 11 月 20 日

朱　健　贾先生风流事　朱健著.潇园随笔.沈阳:辽宁教育出版社　1995 年 10 月

志　仑、陆　兰摘　追求独立人格的贾植芳教授　每周文摘　1995 年 11 月 28 日

张　英　贾植芳:追求独立人格　做个真正的人　今日名流　1995 年第 11 期

曹正文　闯荡江湖五十年——记贾植芳　曹正文著.珍藏的签名本.上海:汉语大词典出版社　1995 年 12 月

陈思和　殊途同致终有别——记贾芝与贾植芳先生　文教资料　1996 年第 1 期

王同坤　以生命的真诚映出历史的荒诞——恩师贾植芳先生印象　文教资料 1996 年第 1 期

孙乃修　贾植芳传略(上)　新文学史料　1996 年第 2 期

孙乃修　贾植芳传略(下)　新文学史料　1996 年第 3 期

今富正巳　尊敬高贵——《狱里狱外》的启迪　书屋　1996 年第 3 期

刘挺生　度世金针——贾植芳先生印象　当代人　1996 年第 5 期

栾梅健　转轨的杂家——浪迹江湖的传奇学者贾植芳(上)　中央日报　1996 年 4 月 15 日

李国涛　看望贾植芳教授　山西日报　1997 年 1 月 6 日

张新颖　贾植芳先生的乐观和忧愤　香港大公报　1997 年 1 月 15 日

小林二男　贾植芳先生印象　日本东京外国语大学《综合文化研究》;作家报 1997 年第 1 期;1998 年 10 月 8 日

陈思和　留给下一世纪的见证——贾植芳《狱里狱外》读后　南方文坛　1997 年第 2 期

陈淑兰　铁杆夫妇——记复旦大学教授贾植芳夫妇　上海民政　1997 年第 3 期

祝　勇　非生非死之境——读贾植芳《狱里狱外》　全国新书目　1997 年第 6 期

马　迅　《狱里狱外》的人格魅力　读书人报　1997 年 6 月 18 日

褚潇白　永远的年轻人——贾植芳先生侧记　人民日报华东版　1997 年 6 月 18 日

吴中杰　把"人"字写得端正　文学报　1997 年 9 月 25 日

杜宁远　又读契诃夫　新民晚报　1997 年 10 月 8 日

袁　越　风雨岁月两代情　复旦　1997 年 11 月 11 日

张方晦　狱中的胡风集团三骨干——记许史华、贾植芳和耿庸　世界日报 1997 年 12 月 30—31 日

小林二男　追求自由的青春——贾植芳访谈录　主人　1997 年 B

万同林　贾植芳:透过囚窗看破人世间的风景　万同林著.殉道者　胡风及其同仁们.济南:山东画报出版社　1998 年 5 月

"我不是学问中人,而是社会中人"——访复旦大学贾植芳先生　大学生　1998 年第 5 期

葛　涛　我不是学问众人,而是社会中人——访复旦大学贾植芳先生　大学生　1998 年第 5 期

孙觉民　蹲过敌我四次监狱的贾植芳　炎黄春秋　1998 年第 6 期

汪　凌　道之传如涓涓细流　写给学生　1998 年第 7 期

殷国明　端端正正写个"人"——说说贾植芳教授　深圳特区报　1998 年 8 月 26 日

姜云生　恨不相逢年少时——书致《狱里狱外》作者贾植芳教授　姜云生著.细读自己.济南:山东友谊出版社　1998 年 9 月

马苾骊　贾植芳印象　语文学习　1998 年第 11 期

智效民　贾植芳:人事难言才说鬼(读贾植芳及其《雕虫杂技》)　山西文学;厦门日报　1998 年第 12 期;1999 年 11 月 7 日

姜云生　一言传世　解放日报·朝花　1998 年 12 月 16 日

栾梅健　传奇学者襄汾贾植芳　山西文献(台湾),第 51 期　1998 年

朱　莉　贾植芳:"做一个大写的人"　齐全胜主编:复旦逸事,辽海出版社 1998 年

王晓洁　"新闻要走在社会前列"——访复旦大学中文系贾植芳教授　新闻界 1999 年第 1 期

钱亦蕉　贾植芳先生的书房　时代文学　1999 年第 3 期

柳　珊　平平淡淡总是真——我所认识的贾植芳先生　科学时报　1999 年 3 月 29 日

李　辉　解冻时节——贾植芳和他的家书(《解冻时节》代序)　李辉著.太阳下的蜡烛.武汉:长江文艺出版社　1999 年 10 月

路　莘　磨难人生——贾植芳与任敏　路莘著.爱与执着.武汉:武汉出版社 1999 年 10 月

伊　学　老人走在小街上　新民晚报　2000 年 1 月 9 日

汪　凌　率真坦荡的贾植芳老人　统一论坛　2000 年第 2 期

董　桥　黑布鞋里的红枣和核桃　苹果日报;董桥著.旧情解构.北京:生活·读

书·新知三联书店　2000 年 5 月 9 日；2002 年 10 月

衣素洁　翻开"历史的背面"——《历史的背面——贾植芳自选集》读后　文汇报 2000 年 5 月 20 日

孙正荃　无悔一生　文汇报　2000 年 6 月 2 日

蔡春华　《余年余墨》编后记　厦门日报　2000 年 7 月 23 日

蔡兴水　博杂如斯——记贾植芳先生　大公报（香港）　2000 年 11 月 9 日

成永太、孙治荣　乡音——拜访贾植芳先生　丁香文化　2000 年 12 月 15 日

里　力　契诃夫的花边　中国图书商报·书评周刊　2001 年 1 月 11 日

吴建初　笔耕不辍的贾植芳教授　组织人事报　2001 年 1 月 20 日

姚宇怡　对一位老人的新春祝福——读《历史的背面——贾植芳自选集》书后 新民晚报　2001 年 1 月 21 日

董大中　私人档案　时代剪影——评贾植芳、任敏著《解冻时节》　深圳特区报 2001 年 2 月 24 日

柳　珊　一个人，一部史——贾植芳先生事略　沧桑　2001 年第 5 期

沈建中　贾植芳：在历史深处沉思　寻根　2001 年第 6 期

陈　村　心中的友人　文汇报　2001 年 7 月 28 日

陈青生　王进珊、贾植芳、巴彦等其他的散文作家和作品　第 194 页　陈青生著. 年轮　四十年代后半期的上海文学.上海：上海人民出版社　2002 年 1 月

邵嘉陵　我和贾植芳　新疆经济报；校史通讯　2002 年 2 月 23 日；2008 年 9 月 8 日

王启东　解读贾植芳　东疆学刊　2002 年第 2 期

叶　鹏　把"人"字写端正　叶鹏著.邙山秋风.上海：上海古籍出版社　2002 年 4 月

叶　鹏　读贾植芳先生　叶鹏著.邙山秋风.上海：上海古籍出版社　2002 年 4 月

孙正荃　贾植芳的新故事　沧桑　2002 年第 4 期

陈润华　贾植芳：坐牢如同回家／一生监狱常为家　东方；复印报刊资料　当代 文萃；南方都市报　2002 年第 4 期；2002 年第 5 期；2002 年 3 月 9 日

郑　重　把"人"字写得端正些——访著名学者贾植芳　新民周刊；读者　2002 年第 20 期；2002 年第 16 期

宝　迪、卓　滢　贾植芳　大橱的门合不拢　劳动报　2002 年 6 月 4 日

董保纲　贾植芳的韧性　团结报　2002 年 7 月 9 日

沈建中　《贾植芳致胡风书札》：一种缅怀式的阅读　新民晚报　2002 年 9 月

2 日

符杰祥　贾植芳先生　文汇报（香港）　2002 年 10 月 4 日

沈建中　贾植芳的人生传奇（《世纪老人的话·贾植芳卷》代跋）　中华读书报
2002 年 11 月 13 日

柳　叶　当贾植芳的老婆真难　信报（香港）　2002 年 11 月 28 日

丁春凌　能不能让我的爱人再醒过来　辽宁日报　2002 年 11 月 29 日

惜　珍　贾植芳和任敏：六十年风雨情深　上海滩　2002 年第 11 期、第 12 期

孙正荃　晚霞缤纷贾植芳　文史天地　2002 年第 12 期

蔡春华　解冻后的新生——贾植芳与比较文学　中国比较文学　2002 年第 4 期

朱　健　又见贾先生　三湘都市报　2002 年 12 月 3 日

沈建中　贾植芳的呼唤："任敏，任敏……"　文汇读书周报　2002 年 12 月 13 日

郑建华　贾植芳的历史　余钦伟、张幼川主编：书山三昧，青岛出版社　2002 年

袁　晞　精神的自由和丰富——读贾植芳先生新书《老人老事》　文汇读书周报
2003 年 1 月 3 日

孙正荃　立地顶天——一谈贾植芳/立地顶天一丈夫　羊城晚报；新民晚报
2003 年 1 月 11 日；2003 年 8 月 30 日

贾植芳、丁　西　我喜欢反映时代和历史的戏曲——与贾植芳谈戏剧　上海戏
剧　2003 年第 1 期

沈凤丽　来生，还娶任敏为妻——著名学者贾植芳与妻子的六十年风雨恋情
外滩画报　2003 年 2 月 14 日

孙正荃　晚霞缤纷——二谈贾植芳　羊城晚报　2003 年 2 月 15 日

吴欢章　贾植芳老师　厦门日报　2003 年 2 月 23 日

陈思和　感天动地夫妻情——记贾植芳先生和任敏师母　文汇报　2003 年 3 月
29 日

雷孟妮　把"人"字写端正——走访贾植芳先生　复旦人周报　2003-4-14

成永太　遥远的乡情　临汾日报　2003 年 4 月 17 日

丰绍棠撰文　王小玉绘像　令人难以置信的贾植芳　人民日报海外版　2003 年
6 月 13 日

罗银胜　凌云健笔意纵横　新民晚报　2003 年 6 月 21 日

王友贵　贾植芳先生玩书与赠书　文汇读书周报　2003 年 6 月 27 日

李　泳　老人老事　风骨依然　中华读书报　2003 年 7 月 2 日

化　铁　闲话贾植芳　书友；董宁文编：岁月回响，青岛出版社　2003 年 7 月 28

日;2006年

李　辉　和老人聊天·贾植芳　李辉著.和老人聊天.郑州:大象出版社　2003年9月

尹秋之　贾植芳和他的一部"传奇之著"　文汇读书周报　2003年9月19日

孙燕华　贾植芳添曾孙女小记　新民晚报　2003年9月27日

陈思和　行百里者半九十——记老有所为的贾植芳先生　新民晚报　2003年10月13日

秋　石　与贾植芳先生在一起　中华读书报　2003年10月27日

五　谷　前辈的无怨　文汇读书周报　2003年10月31日

王一桃　赠文艺家·贾植芳(一)、贾植芳(二)　王一桃著.诗的回音壁.当代文艺出版社　2003年11月

沈建中　时代情感的见证——贾植芳与《近代中国经济社会》　文汇报　2003年12月12日

王克强　一位平凡而坚强的女性——任敏女士对贾植芳教授六十年的风雨深情　山西老年　2003年第6期

周新桥　读《上海滩》〔贾植芳和任敏六十年风雨深情〕有感(七绝)　诗文存稿,邵阳市诗词协会编　2003年

李　频　胡风与贾植芳、王戎、舒芜　第411页　大众期刊运作,中国大百科全书出版社　2003年

刘海波、庄来来　贾植芳等主编的《中国当代文学研究资料丛书》和潘旭澜主编的《新中国文学辞典》　唐金海、周斌主编:20世纪中国文学通史,东方出版中心　2003年

陈麦青　血性汉子　真情文字——关于《贾植芳致胡风书札》手稿　陈麦青著:随兴居谈艺,复旦大学出版社　2003年

许道明　也说贾植芳先生　许道明著:挽歌的节拍,南方日报出版社　2003年

孙月霞　一位老人和一个晚上　姑苏晚报　2004年1月30日

王克强　贾植芳、任敏夫妇——凤凰于飞　其鸣铿锵　发展导报(山西)　2004年3月16日

白色—羽毛　七月的背影——读贾植芳《我的朋友们》　http://www.tianya.cn/publicforum/content/books/1/45771.shtml　2004-5-15

曾毅峰　贾植芳论　复旦大学硕士论文　2004年5月29日

董大中　"老顽童"的笑声　太原晚报　2004年6月10日

王雪明　老婆不能卖，书不能卖　上海新书报总第 15 期　2004 年 6 月 11 日

陈思和　推荐贾植芳的《狱里狱外》　语文建设　2004 年第 7 期

袁晓晗　打动人心的书　新民晚报　2004 年 8 月 9 日

李　辉　永远尴尬着，或者隐痛——从舒芜与贾植芳的见面谈起　文汇读书周报　2004 年 8 月 13 日

顾征南　反动派逮捕贾植芳夫妇　书友 69 期　2004 年 8 月 28 日

金理等整理　庆祝贾植芳先生九十华诞学术研讨会发言记录　原文　2004-10-15

沈建中　为贾老九秩大寿干杯　文汇读书周报　2004 年 10 月 15 日

于小轶　朱小雯　感受中国文学百年鲜活历史——听贾植芳和他的学生"坐而论道"　复旦青年　2004 年 10 月 20 日

滕育栋、虞　箐、丁晓文、浦宇平、张立琪　端正"人"字铸就风景一方——庆祝贾植芳先生九十华诞纪念特刊之走进·溯往　风景线　2004 年 10 月 21 日

罗四鸰　贾先生九十青春不老　文学报　2004 年 10 月 21 日

黄　泓　贾植芳的"狱内狱外"人生　瞭望东方周刊　2004 年 10 月 21 日

五　谷　知识分子的妻子(评《贾植芳画传》)　文汇读书周报　2004 年 10 月 29 日

宋炳辉　一个中国知识分子的肖像——贾植芳画传　复旦大学出版社　2004 年 10 月

刘志荣　"无从驯服的斑马"——由贾植芳先生画传所想起的　文景　2004 年第 5 期

Xu Jitao 许济涛　Quality of social backbone 社会脊梁的品格　Shanghai Star 上海星报　2004 年 November 11-17

张新颖　沧溟何辽阔，龙性岂易驯——琐记贾植芳先生　上海文学　2004 年第 10 期

寇宗哲　夕照下的贾植芳　新华文摘　2004 年第 10 期

张洁宇　俯仰无愧风骨文章——贾植芳先生访谈录　文艺研究　2004 年第 5 期

倪培森　贾植芳的读书观　学生之友　初中版　2004 年第 5 期

何满子　为贾植芳祝寿　世纪；《远年的蔷薇》，湖北人民出版社　2004 年第 5 期；2005 年

张业松、周立民、金　理　"庆祝贾植芳先生九十华诞学术交流会"侧记　复旦学报(社会科学版)　2004 年第 6 期

姜　华　真名士　自风流　复旦　2004 年 12 月 8 日

钱亦蕉　对话:被学生围绕着的老人　新民周刊　2004 年 12 月 14 日

孔海珠　贾家叔叔　新民晚报　2004-12-14

孙琴安　贾植芳:大学图书馆是大学面向世界的窗口　陈燮君、盛巽昌主编:二十世纪图书馆与文化名人,上海社会科学院出版社　2004 年

任　敏　我与贾植芳(三则)　邓九平主编:中国文化名人谈爱情,大众文艺出版社　2004 年

吴留兴　邻居贾植芳先生　新民晚报　2005 年 2 月 3 日

张业松　《贾植芳文集》出版感言　文汇读书周报　2005 年 2 月 4 日

乐秀拔　大写的“人”——记贾植芳先生　复旦　2005 年 4 月 20 日

黄希礼　邻居眼中的贾植芳先生——为贺贾先生就是华诞写　山西文学　2005 年第 4 期

黄希礼　贾植芳先生的婚姻注释　现代家庭上半月　2005 年第 5 期

钱理群　人类史前时期的风俗画——读《贾植芳小说选》　复旦学报(社会科学版)　2005 年第 3 期

曾　进　贾植芳:做人还像个人,书没白念　外滩画报　2005 年 6 月 2 日

黄　玮　曹　静　贾植芳:“把人字写端正”　解放日报　2005-6-10

黄　玮、曹　静　师者脱俗,于是教育脱俗　解放日报·解放周末　2005 年 6 月 10 日

姜云生　20 多年前的师表　瞭望东方周刊　2005 年 7 月 14 日

陈思和　《贾植芳文集》是一本好书　光明日报　2005 年 7 月 25 日

秦　演　九十初度的贾植芳先生　新民晚报　2005 年 7 月 31 日

蒯乐昊　贾植芳人字的最后一画　南方人物周刊　2005-8-1

邓　旭　五十年代的激情——记文坛泰斗贾植芳先生的复旦生涯　国际金融报　2005 年 9 月 2 日

李　辉　等待中,那一刻惊喜　中国青年报?　2005-9-21

刘志荣　贾植芳:书写纸上的春天　新京报　2005 年 10 月 8 日

朱　强/文　陆　杰　朱　强/图　贾植芳:高贵品格　传奇人生　上海画报　2005 年第 12 期

殷小勇　“人”字的诠释和证明——一生坚持知识良知的复旦大学教授贾植芳　鄂基瑞、燕爽主编:复旦的星空,复旦大学出版社　2005 年

曾毅峰　把“人”字写端正——贾植芳教授传论　陈思和、周斌主编:名师名流,

广西师范大学出版社　2005 年

　　赵长天　敬重贾植芳　赵长天著：仰观，上海人民出版社　2005 年

　　郭在精　平生写人字，胸中有春意——访贾植芳　青山对绝响——作家访谈录，上海远东出版社　2005 年

　　蒯乐昊、唐毅　人字的最后一画——记贾植芳　梁永安主编：日月光华同灿烂——复旦作家的足迹，复旦大学出版社　2005 年

　　潘　真　资深望重的贾植芳月入仅两千　联合时报　2006 年 1 月 20 日

　　朱静宇、李红东　不是跌倒，就是站起来——贾植芳先生学术印象　文学评论 2006 年第 1 期

　　秋　石　贾植芳：把人字写得端正些　中华读书报　2006 年 3 月 15 日

　　黄希礼　贾先生戒烟　复旦　2006 年 3 月 29 日

　　解融文　麦荣邦画　贾植芳买"窃听器"　咬文嚼字　2006 年第 4 期

　　苏兴良　解冻时节赴京华　绿土，第 81 期　2006 年 6 月

　　汪成法　另一种真实——也谈贾植芳"拒认"舒芜事件　粤海风　2006 年第 6 期

　　李怀宇　贾植芳：教书就像交朋友　监狱就像外婆家　南方都市报　2006-8-9

　　王京芳　贾先生安否？　文学报　2006 年 8 月 26 日

　　秦　演　贾植芳先生小记　新民晚报　2006 年 10 月 14 日

　　黄希礼　贾先生说钱　复旦退教协简报，第 22 期　2006 年 10 月 22 日

　　孙正荃　贾植芳的自由人格　文史天地　2006 年第 10 期

　　宋炳辉　贾植芳的《贾植芳文集》（理论卷）　乐黛云、陈惇主编：中外比较文学名著导读，浙江大学出版社　2006 年

　　孟绍勇　丹心一片著华章——读贾植芳先生《雕虫杂记》　张明旺主编：晋版优秀书评集，山西教育出版社　2006 年

　　张业松　贾拒认舒材料补　万象，第 8 卷第 9 期　2006 年 12 月

　　韩文玲　我内心的自豪与崇敬　新民晚报　2007 年 2 月 1 日

　　孙小琪　坐在书桌边的贾先生　现代家庭　2007 年第 3A 期

　　姚大勇　屡经磨难，童心不改——记贾植芳先生　绿土第 93 期　2007 年 6 月

　　fangjiaoliang　在贾植芳先生家做客　闲闲书话　2007-7-23

　　石剑锋　贾植芳：92 岁　无儿　无女　不孤独　东方早报　2007 年 8 月 10 日

　　潘　真　大写的"人"　几个关键词——访贾植芳教授　联合时报；潘真著.文化人生.上海：上海文艺出版社　2007/9/28；2008 年 3 月

　　叶　鑫　贾老的签名书　海派文化　2007 年 10 月 30 日

李怀宇　贾植芳:历史的最后阶段是喜剧　访问历史:三十位中国知识人的笑声泪影,广西师范大学出版社　2007 年

樊克宁　贾植芳:硬骨头的"胡风分子"　羊城晚报　2008 年 1 月 2 日

李　辉　历史的门——贾植芳先生散记　新民晚报　2008 年 3 月 9 日

孙琴安　贾植芳:书籍使人变得聪明而勇敢　孙琴安著.名人教你读书.上海:上海教育出版社　2008 年 4 月

楼乘震　著名学者贾植芳病逝　深圳商报　2008 年 4 月 25 日 C2

楼乘震　铁骨柔情贾植芳　深圳商报　2008 年 4 月 28 日 C1

楼乘震/卢羽华　贾植芳追悼会昨日举行　深圳商报　2008 年 4 月 30 日 C3

夏　琦　手碰得到的地方都是书　新民晚报　2008 年 4 月 25 日

张　弘　文化老人贾植芳平静离世　新京报　2008 年 4 月 25 日

夏　琦　文化老人贾植芳逝世　新民晚报　2008 年 4 月 25 日

罗皓菱　文化老人贾植芳昨去世　北京青年报　2008 年 4 月 25 日

陈熙涵;王　磊　笑书人生最后一笔　文汇报　2008 年 4 月 25 日

干琛艳　著名文化学者贾植芳昨在沪去世　众弟子送先生最后一程　新闻午报　2008-4-25

韩　垒　最后一刻,文字依然陪伴他　新闻晚报　2008-4-25

潘　真　贾植芳先生的一辈子像一堂课　新民晚报　2008 年 4 月 26 日

顾维华　石剑峰　现代文学家贾植芳去世　东方早报　2008-4-26

周立民　"哭泣不是我们的性格"——由《历史背影》说起　深圳商报　2008 年 4 月 28 日

周俊生　贾植芳的遗产仍是今天的稀缺品　东方早报　2008 年 4 月 28 日

朱四倍　从贾植芳先生看当下学术人格的蜕变　新京报　2008 年 4 月 29 日

夏　琦　端正地写完一个"人"字　新民晚报　2008 年 4 月 29 日

罗晓荷　回忆我的叔爷贾植芳　中国青年报　2008 年 4 月 29 日

姜泓冰　贾植芳:"人"字写得端正　人民日报　2008 年 4 月 29 日

杨剑龙　我呈贾植芳先生的三首诗　新民晚报　2008 年 4 月 29 日

宋炳辉　不忍思风雨白头六十年　申江服务导报　2008 年 4 月 30 日

文　静、惠　民　大师的城市,贾植芳去了　申江服务导报　2008 年 4 月 30 日

黄　俊　复旦学子校园里挂起千纸鹤送别国学大师贾植芳　劳动报　2008-4-30

职　烨　贾植芳:写完"人"字的最后一捺　申江服务导报　2008-4-30

李　辉　历史深处——记我的恩师贾植芳先生　新京报　2008 年 4 月 30 日

朱　强　逝者：硬骨头教授贾植芳　南方周末　2008 年 4 月 30 日

夏　琦　送行人排队排到灵堂外　新民晚报　2008 年 4 月 30 日

木　叶　冷魂贾植芳　南方人物周刊　2008 年第 13 期

贾植芳先生　瞭望东方周刊　2008 年第 20 期

王京芳　忆贾植芳先生　瞭望东方周刊　2008 年第 20 期

李　浩　怀念贾植芳先生　上海鲁迅研究　2008 年第 2 期

小　末　贾植芳先生追思会在沪举行　中国比较文学　2008 年第 3 期

本刊编辑部　斯人已去精神常驻——缅怀贾植芳先生对中国比较文学的贡献
中国比较文学　2008 年第 3 期

周立民　"我们不能让生活失色"——追忆贾植芳先生　收获　2008 年第 4 期

讣告　贾植芳先生逝世　中国现代文学研究丛刊　2008 年第 4 期

陈思和　"胡风分子"——我心中的贾植芳先生（之二）　随笔　2008 年第 5 期

吴福辉　饱尝苦难而坚守的贾植芳先生——对他晚年的印象小记　中国现代文
学研究丛刊　2008 年第 5 期

复旦大学教授贾植芳先生逝世　鲁迅研究月刊　2008 年第 5 期

李　楠　活出来的真正知识分子——章培恒、范伯群、曾华鹏、严绍璗等学者忆
贾植芳　中国现代文学研究丛刊　2008 年第 5 期

牛　汉　贾植芳：瘦小的大形象，匍匐的跋涉者　中国现代文学研究丛刊　2008
年第 5 期

赵英秀　贾植芳与胡风的交谊　春秋　2008 年第 5 期

罗四鸰　先生远去"人"字长存　文学报　2008 年 5 月 1 日

张业松　贾植芳先生的学术贡献　文汇读书周报　2008 年 5 月 2 日

张新颖　一个现代知识分子的精神遗产　第一财经日报　2008 年 5 月 2 日

刘晓玲　贾植芳：留得温情满人间　北京青年报　2008 年 5 月 3 日

梁　捷　贾植芳去世：他给中国的知识分子提供了一个人格参照　21 世纪经济
报道　2008 年 5 月 3 日

何佩刚　哀悼贾植芳教授（诗）　新民晚报　2008 年 5 月 4 日

胡中行　永远的珍藏　新民晚报　2008 年 5 月 4 日

张新颖　追忆贾植芳先生：脱胎未换骨　新民周刊第 18 期　2008 年 5 月 5 日

张业松　"把人字写端正"　复旦　2008 年 5 月 7 日

葛昆元　贾先生的"特种幽默"　新民晚报　2008 年 5 月 12 日

段怀清　那些日子，那些时光　都市快报　2008 年 5 月 12 日

陆幸生　著名的贾植芳　新民周刊第 19 期　2008 年 5 月 12 日

凌　馨　追忆文坛泰斗贾植芳一生四陷囹圄傲骨写就人生　文汇报（香港）2008 年 5 月 19 日

刘如根　一生为人民呐喊的人　新普陀报　2008 年 5 月 28 日

卢润祥　贾植芳的小说创作　新民晚报　2008 年 5 月 29 日

复旦鸿儒 贾植芳　政协襄汾县文史资料委员会、襄汾县教育局编.襄汾文史资料第 15 辑教育专辑.　2008 年 5 月

韦　泱　书里人生亦怆然——贾植芳旧著谈往录　藏书家（第 14 辑），齐鲁书社 2008 年 6 月

纪　申（李济生）　我的贾植芳老哥　文汇·笔会；李济生著.怀巴金及其他.上海：上海文艺出版社　2008/6/17；2009 年 12 月

萧斌如　贾植芳：把"人"字写得端正些　海派文化　2008 年 6 月 18 日

张业松、段怀清　贾植芳：我不是科班出身的书斋学者　教师报　2008 年 6 月 18 日

陈思和　我心中的贾植芳先生　文汇·笔会　2008 年 6 月 20 日

陆谷孙　性情中人，又弱一个——纪念高邻贾植芳先生　悦读 MOOK，第 8 卷，二十一世纪出版社　2008 年 7 月

陈思和　我心中的贾植芳先生（之三）　中国现代文学研究丛刊　2008 年第 5 期

乐黛云　新中国比较文学的前驱贾植芳先生　中国现代文学研究丛刊　2008 年第 5 期

周洁皓　文坛双星贾芝、贾植芳兄弟的"红""黑"人生　名人传记（上半月）；《名人传记》编辑部编著.名流沧桑.郑州：河南文艺出版社　2008 年第 5 期；2009 年 1 月

张业松　贾植芳先生的最后时刻　书城　2008 年第 6 期

朱　强　硬骨头教授贾植芳　新华月报（天下）　2008 年第 6 期

彭小莲　贾植芳：黑色幽默的人生　炎黄春秋　2008 年第 7 期

王晓渔　监狱比较学　杂文月刊（选刊版）　2008 年第 7 期

许丽青　逝者如斯——怀念贾植芳先生　书屋　2008 年第 7 期

周洁皓　贾植芳：我不后悔　学习博览　2008 年第 8 期

苗向东　画好"人"字最后一捺　杂文月刊（选刊版）　2008 年第 9 期

贾植芳把人字写得端正　做人与处世杂志　2008 年第 9 期

王春瑜　"贾植芳的人品最好！"　文汇读书周报　2008 年 7 月 4 日

林　希　遥祭贾植芳先生　光明日报　2008 年 7 月 11 日

果　然　贾植芳：我是读书人　报刊文摘·周末　2008 年 9 月 26 日

zhuguiying　我们不能让生活失色　http://blog.tianya.cn/blogger/post_show.asp?idWriter＝13309684＆Key＝445425919＆BlogID＝941699＆PostID＝15635609　2008-10-29

周　敏　江湖派的贾植芳先生　安徽师范大学校报第 494 期　2008 年 12 月 8 日

罗银胜　难忘贾植芳（《我的人生档案——贾植芳回忆录》）　文汇读书周报 2009 年 1 月 16 日

陈　远　贾植芳：负伤的知识人　湘声报；陈远著.负伤的知识人　民国人物评说.北京：商务印书馆　2009/1/23；2012 年

孙长清　贾植芳：天生傲骨　端正人生（评《我的人生档案》）　时代信报（重庆） 2009 年 1 月 23 日

季为群　贾植芳（1916—2008）　上海文化年鉴　2009 年第 1 期

林　夏　贾植芳：自由悲歌与人生坚守　河南教育：高校版　2009 年第 1 期

张业松　先生身后事　湘声报　2009 年 2 月 20 日

五　谷　文人的肖像录——读贾植芳《我的人生档案》　文汇报　2009 年 3 月 7 日

李　辉　绝响谁听？——再读贾植芳先生的来信　文汇读书周报　2009 年 3 月 13 日

孙立川　深心追往　远情逐化——忆贾植芳先生二三事　大公报（香港）　2009 年 3 月 22—23 日

张　莉、郭君臣　贾植芳的比较文学观　延安大学学报（社会科学版）　2009 年第 3 期

舒　坦　贾植芳《我的人生档案》开启尘封往事　文学教育　2009 年第 4 期

刘炳善　贾植芳《1979 年进京记》　刘炳善著.随感录.开封：河南大学出版社 2009 年 4 月

刘炳善　贾植芳《狱里狱外》　刘炳善著.随感录.开封：河南大学出版社　2009 年 4 月

钦　鸿　贾植芳先生给我的十封信　出版史料　2009 年第 4 期

罗银胜　"硬骨头文人"贾植芳　环球人物　2009 年第 6 期

《我的人生档案：贾植芳回忆录》　南方人物周刊　2009 年第 10 期

韩石山　贾植芳：苦难张扬的人生　档案天地　2009 年第 10 期

何宝民 《贾植芳传》:自由悲歌与人生坚守 何宝民著.鸣溪谷书话.郑州:大象出版社 2009 年 12 月

倪 平 所谓"邵洵美狱中重托"是虚构的故事 新文学史料 2010 年第 1 期

追忆贾植芳先生 沙地 2010 年第 1 期

华 南 陈思和:我与贾植芳亦师亦友三十年 中华儿女 2010 年第 2 期

潘 真 我采访了贾植芳、王元化 潘真著.蓝色评论.上海:上海辞书出版社 2010 年 3 月

宋炳辉 作为翻译家的贾植芳:贾植芳先生二周年祭 东方翻译 2010 年第 2 期

孙 钿 哀贾植芳 钱志富著.孙钿诗歌赏析与研究.北京:作家出版社 2010 年 6 月

吴 再 贾植芳:烈火焚烧若等闲 吴再著.乌托邦 30 年现代化万花筒.深圳报业集团出版社 2010 年 6 月

吴培显 "世界的文学"与中国现代文学:贾植芳先生的新文学研究的启示述要 扬子江评论 2010 年第 4 期

沈国凡 "胡风分子"贾植芳 文史天地 2010 年第 5 期

沈国凡 拘捕"胡风分子"贾植芳 文史天地 2010 年第 5 期

贺越明 "另册"里的三六九等 杂文选刊(上旬版) 2010 年第 7 期

贾植芳:颠颠簸簸过一生 金色年华 2010 年第 7 期

张新颖 早春日记中的人与事(外二篇) 长城 2010 年第 7 期

朱 正 作者来信 新文学史料 2010 年第 2 期

罗永麟 纪念老友贾植芳 上海采风 2010 年第 11 期

辛 笛 悼念贾植芳教授夫人任敏女士之丧 王圣思编.海上文学百家文库 109 辛笛卷.上海:上海文艺出版社 2010 年

张新颖 回过头来,回到实感经验之中 文艺争鸣 2011 年第 1 期

裴毅然 深怀贾植芳先生 档案春秋 2011 年第 1 期

潘采夫 《我的人生档案——贾植芳回忆录》:贾植芳的历史非常道 潘采夫著.贰时代 解剖文化界的 100 个关键词.上海:上海三联书店 2011 年 2 月

曾华鹏 怀念贾植芳师 现代中文学刊 2011 年第 2 期

钱谷融 回忆贾植芳 现代中文学刊 2011 年第 2 期

徐中玉 老贾仍活在我们心里 现代中文学刊 2011 年第 2 期

严绍璗 贾植芳先生的比较文学观 严绍璗著.比较文学与文化"变异体"研究.

上海：复旦大学出版社　2011年6月

贾植芳先生纪念集　书城　2011年第7期

王晓君　贾植芳与海外华文文学沙龙　王晓君著.斜阳半城．记上海文化名人.上海：上海人民出版社　2011年8月

书评：贾植芳著《我的人生档案——贾植芳回忆录》　韩钢主编.中国当代史研究2.北京：九州出版社　2011年8月

坂井洋史　贾植芳先生的教诲　东吴学术　2011年第4期

陈广宏　重读贾植芳《周作人新论》一文的感想　东吴学术　2011年第4期

钱理群　一个"人"的标尺——从小说创作看贾植芳先生　钱理群著.中国现代文学史论.桂林：广西师范大学出版社　2011年9月

文　文　堂堂正正贾植芳　文文著.我欣赏的作家.北京：中国文联出版社　2012年10月

宋炳辉　贾植芳先生的人格精神及其学术贡献：以其翻译实践为重点　同济大学学报　2012年第2期

王　孙　怀念恩师贾植芳　王孙著.80自省.北京：生活·读书·新知三联书店　2012年

陈思和　我心中的贾植芳先生（全）　陈思和著.思和文存　第1卷　传统与当代立场.合肥：黄山书社　2013年1月

康　凌　编书这么小的事：贾植芳与《巴金专集》　书城　2013年第7期

陈思和　五年来的思念　人民文学　2013年第9期

彭小莲　站立的灵魂　江南　2013年第5期

张　璐　才华缘三晋大地　风骨蕴求真之旅：从山西地域文化特点及其人生经历看贾植芳的学术成就　山西档案　2014年第6期

本刊编辑部　任敏与贾植芳的爱情故事　现代阅读　2014年第7期

张小黑　把"人"字写得端正些　财会月刊（上）　2014年第12期

好友间的"认识与不认识"　文史天地　2014年第12期

王基德　贾植芳印象　王基德著.把董桥请下玩月楼.西安：陕西师范大学出版总社有限公司　2014年

李　勇、闫　巍　贾植芳（1915—2008）作家　新中国比较文学的前驱　李勇、闫巍著.流淌的人文情怀　近现代名人墨记3.上海：东方出版中心　2014年

常　楠　从一封珍贵的诺贝尔文学奖推荐信说起：兼谈贾植芳的巴金研究　鲁迅研究月刊　2015年第2期

河西学院举办"纪念贾植芳先生百年诞辰学术研讨会" 河西学院学报 2015 年第 3 期

南 方 贾植芳与任敏:没有婚书的一生陪伴 各界 2015 年第 8 期

颜煦之 叶子细长的草——"菅"/贾植芳妙说草菅人命 颜煦之编著.一字一世界 北京:台海出版社 2015 年

钱秀琴 激情涌动下的癫狂与沉郁——论贾植芳小说语言艺术 甘肃广播电视大学学报 2016 年第 1 期

二、专集和专辑:

《贾植芳先生纪念集》

作者:陈思和主编

定价:98 元　　　　　　　页数:752 页

ISBN:978-7-309-07989-0/K.319　　字数:874 千字

开本:16 开　　　　　　　装帧:平装

出版日期:2011 年 4 月

目录

一、贾植芳先生简传

二、先生之书

三、先生之学

四、先生之行

胡中行：永远的珍藏

韩石山：贾植芳：苦难而又张扬的人生

杨剑龙：我呈贾植芳先生的三首诗

史承钧：回忆贾植芳先生

孙正荃：由索尔仁尼琴想到贾植芳

萧斌如：贾植芳："把'人'字写得端正些"

孙立川：深心追往远情逐化——忆贾植芳先生二三事

傅查新昌：人格与尊严——此文献给贾植芳先生

孙小琪：坐在书桌边的贾先生

木叶：冷魂贾植芳

严锋：回忆短章

王宏图：先生，你一路走好！

张业松：贾植芳先生的最后时刻

冯进：贾植芳先生二三事

段怀清：那些日子，那些时光——贾植芳先生琐忆

汪凌：那个硬骨铮铮的人走了

周立民："我们不能让生活失色"——追忆贾植芳先生

石曙萍：跌倒了爬起来——怀念贾植芳先生

吴敏：我所见到的晚年贾先生

金理："到处去跑"的贾先生

〔日〕木村泰枝：怀念贾植芳先生

刘涛：香远益清——悼贾植芳先生

许丽青：逝者如斯——怀念贾植芳先生

杨光辉：大学图书馆人文关怀通识教育——关于复旦、哈佛、耶鲁图书馆的感想兼怀贾植芳馆长

陈离：怀念一个人

刘志荣：一些记忆的断片——贾植芳先生三年祭

李仁和：他"肩住了黑暗的闸门"

孙桂森：先生，您走好

赵文礼：贾老，您永远活在故乡人民心中！——深切怀念著名文化大师贾植芳先生

邱文选、刘润恩：沉痛悼念乡友贾植芳先生——写在贾植芳先生仙逝一周年

六、先生永生

编后记

《史料与阐释.贰零壹壹卷合刊本》

作者：陈思和王德威主编

定价：60元　　　　　　　　　　页数：401页

ISBN：978-7-309-09541-8/I.743　　　　字数：589千字

开本：16 开　　　　　　　　　　装帧：平装

出版日期：2013 年 6 月

目录

【文献】

编 后 记

　　时间过得很快,转眼已是贾植芳先生(1916—2008)诞辰百年纪念之期,先生逝世也已经 8 年之久了。先生在生时,上海作协和复旦大学中文系曾联合组织"庆祝贾植芳先生九十华诞学术交流会",会后没有出版相关文集。先生逝世后,复旦大学出版社支持出版了《贾植芳先生纪念集》(2011)。随后,因为陆续征集到一批贾先生书信,陈思和先生与王德威先生联合主编的集刊《史料与阐释》2011 卷合刊本(2013 年 6 月版)刊出了一组"贾植芳专辑"。再往后,先生藏书捐赠甘肃河西学院图书馆,该院以此为契机,于 2015 年组织举办了"纪念贾植芳先生百年诞辰学术研讨会",首开贾植芳先生百年诞辰纪念先声。

　　杨斌华兄告诉我,上海作协也准备举办相关纪念活动,并命我编选贾先生百年诞辰纪念文集,我欣然应承,足成此编,以告慰先生在天之灵。

　　本书取材,主要考虑上述几重因缘,首先避免与复旦大学出版社版《贾植芳先生纪念集》重复,其次考虑反映上述相关活动的面貌,最后广泛搜求文海遗珍。编书小道,个中甘苦,勿复多言。这里特别要提出来表达感谢的,是朴宰雨先生等几位特为赶写新稿或提供材料的友人。这么多年来在贾先生身边行走,我对"贾先生的朋友"可算是深有体会。先生在与不在,朋友们的每一次行为,都可算是在刷新这个概念。先生生前爱对人开玩笑说"人还在,心不死",说的是呢,先生不在了,先生的朋友们的心,都是热的!

张业松,2016 年 4 月 23 日,于神户。